제주학 총서 8

제주도 신구간 풍속 연구

윤용택 저

제주대학교출판부
JEJU NATIONAL UNIVERSITY PRESS

머리말

 육지로부터 멀리 떨어진 제주섬에는 독특한 자연환경과 문화가 있다. 여인의 젖가슴 같은 봉긋봉긋한 수많은 오름, 기상천외한 경관을 자랑하는 동굴, 생태계 보고이면서 청정지하수를 잉태하는 곶자왈, 그리고 푸른 바다와 녹색 대지를 갈라놓는 검은 현무암 해안 등은 모두 제주가 화산섬이었기에 가능한 자연환경들이다. 그러나 태풍의 길목인 화산섬 제주는 일 년에도 몇 차례씩 태풍이 통과하고, 비가 올 때는 몇 날며칠을 그치지 않고 내리며, 토질의 보습력이 약해서 열흘만 비가 안 와도 가물어서 옛 제주사람들은 늘 바람, 비, 가뭄 피해 등을 안고 살았다. 게다가 제주섬은 온난다습한 기후 덕분에 겨울에도 식물성장이 가능하다는 이점도 있지만, 일 년 내내 미생물 번식이 가능해서 전염병과 질병의 위험성이 상주하고 있었다.

 제주사람들은 그러한 자연환경에서 살아남기 위해 나름대로의 독특한 문화를 형성하였다. 이를테면 1만8천신과 당오백 절오백으로 상징되는 뿌리깊은 무속신앙, 똥돼지를 키우는 돗통시, 특정시기에만 이사하는 신구간(新舊間)풍속, 상호부조하는 수눌음과 접(계) 등의 친목(親睦)문화, 철저한 분가(分家)제도에서 비롯된 퀜당문화 등은 제주섬 특유의 풍속과 문화들이다. 하지만 이러한 풍속과 문화들이 애초부터 제주에서 발생했다고 보기는 어렵다.

 그런데도 제주도의 문화가 독특한 이유는 어디에 있을까. 첫째는 제주사람들이 다른 지역의 문화들을 흡수하여 제주의 자연환경에 맞게 분화시키고 변형시켰기 때문이다. 즉 문물의 근원은 외부에서 비롯되었지만 제주에 맞게 변형되었다는 것이다. 둘째는 제주섬이 육지와 멀리 떨어져 있어서 다른 지역에서는 이미 사라진 문화들이 잘 보존되고 있기 때문이다. 즉 우리문화의 집결처로써 다른 지역에 비해 전통문화의 원형들을 잘 간직하고 있다는 것이다.

그러나 이처럼 독특한 제주섬의 문화와 삶의 방식이 외부에 널리 알려지기 시작한 것은 반세기가 채 안 된다. 1950년대에 피난민들이 몰려들고, 1960년대 이후 관광객들이 늘어나면서 제주섬의 자연환경과 문화가 육지부와 많이 다르다는 것이 알려지게 되었고, 제주사람들은 외부인들의 그러한 평가에 민감하게 반응하게 되었다.

자신들의 문화나 삶의 방식이 다른 지역의 것과 다를 때 크게 세 가지 입장이 있을 수 있다. 첫째는 자기문화 중심주의로, 다른 문화나 삶의 방식이 잘못 되었거나 자신들의 것에 비해 열등하고 후진된 것으로 보는 것이고, 둘째는 자기문화 비하주의로, 자신들의 것이 잘못되었거나 열등하고 후진된 것으로 인정하는 것이며, 셋째는 문화 다원주의로, 문화나 삶의 방식은 어느 한 입장에서 우월하거나 열등하다고 할 수 없으며, 자연과 사회 환경의 맥락에서 평가되어야 한다는 입장이다.

근대화 과정을 거치는 1960, 70년대에 우리나라에서는 세 가지 입장 중에 자기문화 비하주의에 빠졌다. 특히 새마을운동 과정에서 우리의 전통적 삶의 방식은 무조건 낡은 것이고 없애야할 부끄러운 유산으로 여겼다. 제주섬도 예외는 아니어서, 행정관청에서는 제주섬의 무속행위, 돗통시, 신구간 풍속 등을 폐지해야 할 대표적 악습으로 규정하여 폐지운동을 적극적으로 펼쳤다. 물론 당국에서 그것들을 악습으로 규정하여 없애려 했던 데는 나름대로 이유가 있었다. 이를테면 무속행위는 불필요한 돈을 지출하게 함으로써 가난한 살림살이를 더욱 궁색하게 하고, 돗통시는 위생상 불결할 뿐만 아니라 관광지의 이미지를 안 좋게 하며, 일시에 이사를 하는 신구간 풍속은 임대료 폭등과 쓰레기 대란 등을 가져오게 한다는 이유에서였다.

그러나 관계당국의 그러한 노력도 제주사람들에게 깊게 뿌리내린 문화를 하루아침에 없앨 수는 없었다. 제주도의 돗통시는 거의 1980년대 후반까지 지속되었고, 신구간 풍속은 개명천지한 오늘날까지도 여전히 지속되고 있다. 행정당국의 대대적인 폐지 노력에도 불구하고 돗통시와 신구간 풍속이 사라지지 않았던 데는 그 나름대로의 이유가 있을 것이다. 그리고 한 지역에서 다른 곳에서는 찾아보기 힘든 풍속이나 문화를 지니고 있다는 것은 낯선 문화체험을 강조하는 문화산업사회에서 엄청난 자산이 될 수도 있다.

그런데도 행정당국에서 무속신앙, 돗통시, 신구간 풍속 등을 부끄러운 문화유산으로 규정하여 폐지하려 하였기 때문인지, 돗통시나 신구간 풍속에 대해서는 심도있는 연구가 거의 없는 실정이다. 하여 더 늦기 전에 이에 대한 심층적 연구에 앞서 제주학계에 관심이라도 불러 일으켜야 한다는 절박한 심정에서 민속에 대해서 문외한인 필자가 신구간 풍속 연구에 뛰어들게 되었다.

이 연구는 2005년도 제주대학교 발전기금 학술연구지원사업 가운데 하나로 선정되어, 탐라문화연구소 학술연구비 지원으로 이루어졌다. 그 과정에서 한국과학사학회 추계학술대회(2005.10)에서 「제주도 '신구간' 풍습에 대한 기후학적 고찰」을 발표하였고, 「제주도 '신구간' 풍속의 유래에 대한 고찰」『탐라문화 28호(2006.2)』, 「제주도 '신구간'

풍속에 대한 기후환경적 이해」『탐라문화 29호(2006.8)』,「신구간을 아시나요? 기후학으로 풀어본 제주도 이사풍습의 비밀」『과학동아(2007.1)』「'신구간' 풍속의 축제화 가능성에 대한 고찰」『탐라문화 30호(2007.2)』 등을 발표하였다. 이 책은 그동안 학술지에 실렸던 것들과 거기에 싣지 못했던 연구 성과물들을 기워서 보완한 것이다.

그동안 미신으로만 치부되던 신구간 풍속을 자세히 들여다본 결과 그 안에는 합리적 측면이 많이 있으며, 지역적인 것이 세계적인 것이 되는 문화산업 시대에는 신구간 풍속이 세계에 내놓을 수 있는 제주섬의 독특한 문화자산이 될 수도 있다는 확신을 갖게 되었다. 이 조그만 성과를 계기로 제주학계에서 신구간과 관련된 보다 진전된 논의가 이루어지고, 더 나아가 제주도민들이 제주섬의 문화에 대해 보다 많은 관심을 갖게 되기를 바란다.

신구간 풍속을 연구할 수 있도록 지원해준 제주대학교 탐라문화연구소와 신구간의 유래와 관련해서 대담에 기꺼이 응해주신 제주민속학계의 원로 현용준, 진성기, 오문복, 김익수 선생님, '세관교승' 번역을 도와주신 안재철 교수님께 감사드린다. 그리고 신구간 관련 기사와 사진 등 신문자료를 이용할 수 있게 허락해준 제주일보사, 제민일보사, 한라일보사, 그리고 대담을 녹취하고 신문자료를 찾아 디지털카메라로 일일이 찍느라고 수고한 홍성택 군과 진소정 양에게도 깊은 고마움을 전한다.

2008년 신구간에
섬사람 윤용택

목 차

머리말 / 3

개 관 ··· 11

제1장 신구간 풍속의 유래

1. 들어가는 말 ·· 21
2. 신구간 풍속과 '세관교승' ································· 23
3. 신구간 풍속과 관련된 기록 ······························ 33
4. 신구간 풍속의 유래 ··· 38
5. 이사철로서의 신구간 ··· 68
6. 맺는말 ··· 70

제2장 신문에 나타난 신구간 풍속도

1. 들어가는 말 ·· 75
2. 사글세 대란 시대(1950-1970년대) ················ 79
3. 민원 대란 시대(1980-2000년대) ·················· 109
4. 맺는말 ··· 174

제3장 신구간 풍속에 대한 기후 환경적 이해

1. 들어가는 말 ··· 177
2. 시간의 흐름과 달력 ······································ 181
3. 계절의 순환과 24절기 ·································· 185
4. 24절기와 자연계절 ······································· 192
5. 제주도 기후의 특징 ···································· 195
6. 신구간의 기후적 특징 ·································· 199
7. 맺는말 ·· 203

제4장 신구간 풍속과 유사 풍속의 비교

1. 들어가는 말 ··· 207
2. 신구간 풍속 ·· 208
3. 제석수세(경신수야) 풍속 ······························ 210
4. 조왕제 풍속 ·· 213
5. 투수일(투시) 풍속 ·· 216
6. 윤달 풍속 ·· 219
7. 춘경(입춘굿) 풍속 ·· 222
8. 맺는말 ·· 227

제5장 신구간 풍속의 축제화 가능성에 대한 고찰

1. 들어가는 말 ··· 231
2. 신구간 풍속의 민속학적 의미 ························ 235
3. 신구간 풍속의 축제화 가능성 ······················· 239

4. 신구간 축제의 의의와 현실화 방안 ·································· 244
   5. 맺는말 ··· 256

맺음말 ·· 259

참고문헌/265
영문초록/268

개관

개명천지한 시대에도 제주섬에는 신화가 살아 있다. 신들의 고향이라 불리는 제주섬에도 신구간(新舊間), 즉 대한(大寒) 후 5일부터 입춘(立春) 전 3일까지는 제주섬을 다스리는 1만8천 모든 신들이 부재한다. 제주사람들은 신이 두려워서 못하던 일도 신이 없는 신구간에 하면 괜찮다는 속신(俗信)을 따르며 살아왔고, 제주섬에는 정보화시대니 과학의 시대니 하는 오늘날까지도 그러한 속신에 근거한 신구간 풍속이 살아 있다.

살림살이에서 가장 주요한 일 가운데 하나는 주거지(집)를 마련하는 것이다. 그러기에 집을 짓거나 수리하고 이사를 특정시기에만 할 수 있는 풍속이 있다면, 개인의 삶과 사회 전반에 많은 영향을 미칠 것이다. 제주섬의 민간에는 대한 후 5일에서 입춘 전 3일에 집을 수리하고 변소를 고치고 이사를 하는 특이한 풍속이 있는데, 이를 '신구간' 풍속이라 한다.

제주도의 민간에서는 이사나 집수리 따위를 비롯한 손질은 언제나 이 '신구간(新舊間)'이라는 기간에만 하는 것으로 생각되고 있다. 일반적으로 이러한 '신구간'은 대한(大寒) 후 5일에서 입춘(立春) 전 3일간으로, 이 기간은 보통 일주일 정도가 된다. 이 신구간은 보통 신구세관(新舊歲官)이 교승(交承)하는 과도기간을 뜻한다. 그래서 이 기간에는 대체로 제반 신격(神格)이 천상에 올라가서 지상에는 신령이 없는 것으로 관념되고 있는 것 같다.

 그러기에 이 기간에는 이사나 집수리를 비롯한 평소에 꺼려했던 일들을 손보아도 아무런 탈이 없이 무난하다고 한다. 그러나 다른 평상시에 그러한 일들을 저질렀다가는 동티가 나서, 그 집에는 큰 가환(家患)이 닥치고 액운(厄運)을 면치 못하게 된다고 하니, 날이 갈수록 일상생활에서는 미신으로만 돌려 버리던 이들까지도 이 속신(俗信)에만은 속박을 받고 있는 것이다.

 우리의 생활 주거지를 중심으로 늘 우리의 생활과 관계있다고 믿는 신으로서는 대개 본향(本鄕) 토주관(土主官) 한집을 비롯해서 성주신, 조왕신, 문전신, 토신, 신장, 마두직이, 올래마두, 정살직이, 칙간임신, 나무벌목신, 석상신, 칠성신, 정주목신 따위로, 이들은 일체의 지상신으로서 심방[巫覡]들은 지신(地神)으로 보고 있는 듯하다.

 아무튼 제주사람들은 이 신구간이 아닌 다른 시기에 부엌, 문, 변소, 외양간, 집중창 등을 고치거나, 울타리 안에서 흙을 파고, 울담을 고치고, 나무를 자르는 따위의 일을 하면 동티가 생긴다는 것이다. 이러한 동티로 인해 잘 아프게 되는 증상으로는 대개 다리, 눈, 머리, 목, 가슴 등이 아프거나, 전신불구 따위로 그 아픈 증상이 한결같지 않으며, 급한 동티가 생겼을 때는 심방을 청해다가 빌 사이도 없이 죽는다는 것이다. 이러한 일들이 있기 때문에 사람들은 특별한 주의를 하여 이사나 집수리 따위는 반드시 이 신구간에 하게 된다. 이것은 평상시에 그러한 일들에 대해서 신의 노여움을 사지 않으려 매우 조심스럽게 살아가는 것이다.

 이러한 신구간은 옥황상제의 임명을 받아 내려온 여러 신격(神格)들의 임기가 다 끝나게 되어 구관(舊官)은 옥황으로 올라가고, 거기서 다시 신관(新官)이 서로 부임해 내려오는 이른바 신관·구관이 교대되는 기간이다. 이 기간에는 지상의 모든 신들이 일 년 동안 인간 세계에 있었던 온갖 일들을 옥황상제님 앞으로 총결산을 함과 아울러 그 일의 성과에 따라 새로운 임지로 발령도 받게 된다. 제주도민은 여러 신들이 옥황상제에게로 오가고, 또 그 신들이 많은 일거리들을 처리하느라고 인간세계를 보살필 겨를이 없는 분망한 틈을 타서 신들의 눈을 피해 쓰러져 가는 가옥을 다시 고쳐 세우고 또한 새로운 살림살이를 꾸며온 것이다.[1]

이러한 신구간은 오래전부터 행해져온 풍속이어서 음력에 근거한 것으로 오해하는 이들이 있다. 하지만 신구간은 음력이 아니라 양력에 토대를 둔 것이다. 이는 24절기의 마지막 절기인 '대한'과 첫 절기인 '입춘' 사이에 있는 것만 봐도 알 수 있다. 24절기는 태양의 시운동하는 길인 황도(黃道)를 따라 동쪽으로 15° 간격으로 24점을 정한 것으로, 1태양년을 대략 15일 간격으로 나눈 것이다. 따라서 대한 후 5일부터 입춘 전 3일까지인 신구간은 음력으로는 들쑥날쑥하지만 양력으로는 매년 1월 25일부터 2월 1일까지로 고정되어 있다.

만일 신구간 풍속을 '특정 시기에 집중적으로 이사하는 현상'에 초점을 맞춰 '대한 후 5일부터 입춘 전 3일까지 이사하는 풍속'으로만 이해한다면, 아주 오래된 풍속이라 보기는 어렵다. 왜냐하면 전통적 농경사회에는 요즈음과 같이 이사를 자주 행하지도 않았고, 이사를 빈번하게 행하는 현상 자체는 순전히 산업화 이후부터 나타난 근대적 현상이기 때문이다. 따라서 신구간에 행해지는 일들을 '이사'로 국한하여 '신구간=이사철'로 좁게 규정할 경우 신구간 풍속의 의미는 대폭 축소된다. 그러나 신구간 풍속을 "대한 후 5일부터 입춘 전 3일까지 평소에는 동티가 날까 두려워 못 했던 일들, 즉 변소개축, 집수리, 이사, 이장 등을 하는 풍속"이라고 규정한다면, 신구간 풍속의 의미가 더욱 풍부해질 뿐만 아니라, 변화된 사회 환경에 맞게 재해석하여 의미를 변용할 수 있

---

1) 진성기,『제주도민속』(제주민속연구소, 1997[9판]), 383-388쪽 및『제주도지(하)』(제주도, 1982), 926-928쪽.

는 여지도 있게 된다.

　농경사회에서 유래한 신구간 풍속은 오늘날까지도 제주섬의 산업과 경제에도 많은 영향을 미치고 있다. 그런 점에서 신구간 풍속은 아직까지도 살아 있는 제주도의 가장 독특한 전통문화 가운데 하나이다. 그런데도 그에 대한 체계적인 연구는 거의 전무하다. 따라서 기초자료마저도 없는 상황 속에서 신구간 풍속의 유래를 밝히는 데는 한계가 있다.

　제1장에서는 우선 신구간 풍속의 근거로 제시되는 성여훈의 『천기대요(天機大要)』와 홍만선의 『산림경제(山林經濟)』에 등장하는 '세관교승(歲官交承)'을 토대로 신구간 풍속의 유래에 대한 실마리를 풀어 보았다. "대한 후 5일에서 입춘 전 3일 사이에 옥황상제의 명을 받아 지상(地上)의 일을 관장하던 신들이 하늘로 올라가고 새로 임명받은 신들이 내려오므로, 이 기간에는 지상에 신이 없기 때문에 신이 두려워서 못했던 일들을 해도 아무런 탈이 없다."[2]는 제주사람들의 속신(俗信)과 "대한 후 5일부터 입춘 전 2일은 곧 신구세관(新舊歲官)이 교차하는 때이다. … 이때에는 산운(山運)에도 거리낌이 없어 길흉살에 이르기까지 극복되므로, 임의대로 가택을 짓고 장사를 지내도 불리함이 없다."는 '세관교승'이 대단히 유사한 것으로 보아 둘 사이에 밀접한 관련이 있다는 점은 부인하기 어렵다.

　제주민속학계의 원로이신 현용준, 진성기, 오문복, 김익수 선생과 신구간의 유래에 대담한 결과, 그들은 '세관교승'과 연관이 있다는 것을 인정하면서도 나머지 부분에 대해서는 의견이 제각기 달랐다. '세관

---

2) 진성기, "新舊間과 民俗信仰", 『국어국문학』 34·35 합병호, 국어국문학회, 1967, 11쪽, 진성기, 『제주도민속』, 제주민속연구소, 1997, 383-388쪽 및 『제주도지』 하, 제주도, 1982, 926-928쪽 참조.

교승'의 내용이 실려 있는 『천기대요』와 『산림경제』는 조선시대에 조정에서부터 일반 백성에 이르기까지 일용편람으로 널리 애용되었기 때문에 육지에서도 '세관교승'의 내용은 익히 알고 있었을 것이다. 만일 신구간 풍속이 '세관교승'에서 직접적으로 비롯된 것이라면, 신구간 풍속이 육지부에서도 그 흔적이라도 남아있어야 하는데 그렇지 않다. 따라서 '세관교승'을 신구간 풍속의 직접적 이유로 삼기 위해서는 또 다른 설명이 필요하다.

　그리고 제주섬은 1만 8천신이 있는 신들의 고향이라 할 정도로 무속신앙이 강하며, 신구간 풍속은 제주 고유의 무속신앙에서 생겨났다는 주장도 설득력이 부족하다. 왜냐하면 심방[巫覡]들이 굿을 할 때 암송하는 수많은 본풀이[巫歌] 가운데 어디에도 신들이 신구간에 하늘로 올라가고 내려온다는 내용은 없을 뿐만 아니라, 무속신앙이 강한 다른 지역에서도 신구간 풍속과 유사한 풍속조차 찾아보기 힘들기 때문이다.

　신구간이 농사력인 24절기의 마지막 절기인 대한과 첫 절기 입춘 사이인 것으로 보아 신구간 풍속은 농경사회의 산물인 것은 분명하다. 하지만 우리나라의 세시풍속을 다룬 조선후기 문헌에 신구간이란 개념이 전혀 등장하지 않는 것으로 볼 때, 육지부에서는 신구간이란 개념이 없었던 것으로 보인다. 그리고 일제시대에 쓰인 제주관련 문헌에도 신구간 풍속에 대해서 이야기되는 바가 없으며, 해방 직전에 제주도에 2년 남짓 살면서 제주문화와 관련해서 비교적 상세하면서도 광범위하게 연구해서 제주도 박사라 일컫는 석주명의 연구서들에서도 신구간 풍속은 등장하지 않는다.

　그러나 제주 섬의 촌로들에 따르면, 해방 이전에도 신구간 풍속이 분명 있었다. 그런데도 문헌기록이 없는 이유를 몇 가지로 추측해볼 수 있다. 첫째는 예전에도 신구간에 집을 수리하고, 변소를 고치고, 이장을 하고, 이사를 하는 풍속이 있었지만, 그 빈도가 많지 않아서 조선시대의 목사(牧使), 귀양 왔던 선비, 일제식민지시대의 일본학자, 그리고 석주명 등 외지인들에게 주목받지 못했다는 것이다. 다시 말해서 인구이동이 많지 않던 시절이었기에 예전에도 신구간에 집을 수리하고 변소를 고치고 이사를 하긴 했지만 그 빈도수가 외지인들의 눈에 띨 정도로 많지는 않았기에 기록에서 누락되었을 수 있다. 둘째는 풍토록을 썼던 작자들이 제주에 오래 머물지 않아서 신구간 풍속을 관찰하지 못했을 수도 있다. 다시 말해서 신구간은 일 년에 단 한 차례, 그것도 대한 후 5일부터 입춘 전 3일이라는 1주일 남짓한 기간이기 때문에, 그 기간에 제주섬에 없었다면 신구간 풍속을 보지 못하여 기록에 누락될 수도 있다. 셋째는 유교적 내지는 과학적 사고에 젖어있던 작자들이 신구간 풍속을 무지몽매한 서민들이 행하는 미신으로 폄하하여 문자로 기록할 만한 가치가 없다고 간주하여 기록하지 않았을 수도 있다. 하지만 입춘굿에 대해서는 문헌기록이 전해지는 것으로 보아 그럴 가능성은 적어 보인다.

 신구간 풍속이 문자로 기록된 것은 "연중관례로 이사하는 시기인 신구간을 앞두고 방세가 껑충 뛰어 피난민과 영세민들이 살림살이가 어려워지고 있다."는 신문보도(1953. 1. 21 제주신보)가 처음이다. 그리고 신구간 풍속에 대한 자료는 지난 50여 년간 신문에 보도된 것이 거의 전부이다. 4.3사건으로 많은 주택들이 소실된 데에다 설상가상으로 한국전쟁으로 피난민들이 밀어닥치면서 제주섬에는 주택난이 심각하게 되었고, 신구간에만 이사하는 풍속은 엄청난 사글세 대란을 불러와서 심각한 사회문제로 되었다. 그런 점에 비춰본다면 신구간 풍속이 외지인에게 알려지기 시작한 것은 한국전쟁 중에 피난민들이 제주에 들어오게 되면서부터라 할 수 있다.

　신구간 풍속에 대한 지난 50여년의 신문보도는 신구간 풍속에 대한 거의 유일한 기록이다. 따라서 제2장에서는 제주도내 신문에 보도되었던 기사와 칼럼 등을 통해 제주사회의 신구간의 풍속도를 살펴보았다. 해마다 신구간이 되면 제주도내 언론은 신구간 풍속으로 인한 사회문제를 단골메뉴로 다루고 있다. 산업화와 도시화 과정에서 수많은 가구가 한꺼번에 이동하게 되면서 임대료가 폭등하고, 경제사정이 나아져서 살림살이가 늘어나 이사과정에 버리는 쓰레기가 많아지고, 정보화 사회로 접어들면서 전화, 인터넷, 유선방송 등의 통신시설 이설 등의 문제가 생겨났다. 1960년대 이후부터는 행정당국에서 신구간을 악습으로 규정하면서 폐지운동을 펼치기도 하였지만, 오늘날까지 지속되고 있다.

　'세관교승'이 신구간 풍속에 커다란 영향을 미친 것은 부정할 수 없다. 일 년 내내 신이 두려워서(또는 동티가 날까 두려워서) 하고 싶은 일도 못하면서 살던 제주사람들에게 대한 후 5일에서 입춘 전 2일 사이에는 지상에 신이 없다는 '세관교승'은 마치 복음(福音)처럼 받아들여졌을 것이다. 신에게 늘 구속되어 살던 제주사람들에게 '세관교승'은 (단지 신구간 동안이긴 하지만) 신으로부터 해방문서나 다름없었다. 제주사람들에게 신구간은 신으로부터 해방된 시간이었고, 그들의 자유의지를 마음대로 행사할 수 있는 기간이었다. 하지만 신구간 풍속이 왜 제주섬에만 있고, 오늘날까지 그 풍속이 유지되는지에 대해서는 여전히 설명이 필요하다. 무속신앙이 유난히 강한 제주사람들에게 '세관교승'이 전파되면서 제주섬이 신구간 풍속이 생겼다는 것을 인정하더라도, 그것이 풍속으로 오랫동안 지속되기 위해서는 보다 합리적인 이유가 있어야 한다.

　제3장에서는 신구간 풍속이 제주섬에만 있는 이유를 본토와는 다른 제주섬의 독특한 기후환경에서 찾아보았다. 신구간 풍속에 대한 보다 객관적인 이해를 위해서 지난 80여 년간의 우리나라의 기상자료와 기후표를 분석해 보았다. 아열대 기후에서 온대기후로 전이되는 지역에 위치한 제주섬의 기후는 육지부와 상당히 다르다. 이를테면 겨울에 해당하는 일평균기온 5℃ 미만인 기간이 서울 112일, 광주 98일인데, 제주는 8일(1.27~2.3)에 불과하다. 그리고 그 기간은 우연하게도 신구간(1.25~2.2)과 거의 일치한다. 따라서 제주섬에서 일평균기온이 5℃ 미만으로 내려가 식물 생장과 미생물 번식이 둔화되는 시기는 신구간이 유일한 셈이다. 일 년 내내 세균 번식이 가능하기 때문에 질병에 시달리던 제주사람들에게 신구간에는 어떤 일을 해도 동티가 안 난다는 정보는 대단한 희소식이었다. 그리고 평소에는 동티날 일도 신구간에 하면 괜찮다는 '세관교승'의 이야기는 단순히 신화적 믿음을 넘어서 경험적으로도 뒷받침되는 사실이었기에, 거기에 근거한 신구간 풍속은 오랫동안 지속될 수 있었다.

　제4장에서는 신구간 풍속과 유사하다고 여겨지는 여러 풍속들을 살펴보았다. 섣달 그믐날 밤을 지새우는 제석수세(除夕守歲) 풍속, 우리 몸에 사는 삼시충(三尸蟲)이 하늘로 올라가지 못하도록 섣달 경신일(庚申日)에 밤을 지새우는 경신수야(庚申守夜) 풍속, 부엌신인 조왕(竈王)이 지상에 있던 일을 옥황상제에게 보고하러 하늘로 올라가는 섣달 23일에 제사를 올리는 조왕제(竈王祭)풍속, 구신(舊神)이 물러가고 신신(新神)이 아직 도래하지 않은 투수일(대한 후 10일 입춘 전 5일)에 신이 두려워서 못했던 일을 하는 투시(偸時) 풍속, 공달(空月)인 윤달(閏月)

에 신이 두려워서 못하던 여러 가지 일들을 하던 윤달 풍속, 입춘일에 풍농의례를 행하는 입춘굿 풍속 등은 신구간과 유사한 면도 있었지만, 여러 면에서 다르다.

  오늘날 제주사람들은 신들이 하늘로 올라가고 내려온다는 신화를 믿지도 않으며, 위생과 방역이 좋아져서 더 이상 질병 감염을 우려하지 않아도 된다. 그렇기 때문에 신구간 풍속은 차츰 약화될 게 분명하다. 하지만 개명천지한 오늘날까지 여전히 신구간 풍속이 지속되고 있다. 아마 거기에는 수십 년간 임대차 계약기간이 '이번 신구간에서 다음 신구간까지'로 관례화된 데도 한 요인이 있을 것이다. 다시 말해서 임대인이 되었든 임차인이 되었든 그 관례를 깨뜨리는 자는 임대료 등과 관련해서 경제적 불이익을 감수해야 하는 현실적 요인 때문에 신구간 풍속이 오늘날까지 지속되고 있다는 것이다.

  신구간 풍속은 전통적 농경사회의 산물이다. 하지만 산업사회로 들어선 이후에도 더욱더 확연하게 이어졌고, 문화산업사회인 오늘날까지도 상당수의 제주사람들이 신구간 풍속을 지키고 있다. 그리고 신구간 풍속은 오늘날까지도 긍정적으로든 부정적으로든 제주사회에 문화적, 경제적으로 상당한 영향을 미치고 있다. 따라서 신구간의 본래적 의미를 파악하여 부정적 측면은 지양하고 긍정적 측면은 계승시킬 필요가 있다. 지역적인 것이 세계적인 것이라는 말이 있다. 제주섬에만 있는 독특한 신구간 풍속은 문화적 측면에 볼 때, 없애야 할 부끄러운 문화유산이 아니라 새롭게 재해석되어야 할 문화적 자산이다.

  제5장에서는 신구간 풍속의 축제화 가능성을 살펴보았다. 신화적 세계에 살면서 신이 없는 기간을 설정했다는 것은 대단한 발상이었다. 제주사람들은 자신들을 구속하던 신이 지상에 없는 신구간에 신이 두려

워 할 수 없던 일을 하면서 새봄맞이 준비를 하였다. 예전엔 신화적 세계에 사로잡혀 살아갔듯이 오늘날 우리는 여러 가지 사회적 굴레 속에서 살아간다. 신화적 세계에 살던 옛 제주사람들이 '신구간'에 신화적 세계의 금기를 깨었듯이, 오늘날 우리는 신구간의 축제화를 통해 여러 가지 사회적 금기를 깰 수 있다. 신구간 축제 기간에 인간 본연의 모습으로 돌아가 그동안 쌓였던 스트레스를 풀고, 새봄에 다시 새로운 출발을 하는 계기를 마련할 수 있을 것이다.

제주섬에는 신구간이 끝나서 하늘에 올라갔던 1만8천신들이 지상으로 내려오면 새철드는 날인 입춘일에 신들을 청하여 대접하면서 풍농굿을 올리는 입춘굿 풍속이 있었고, 오늘날엔 도시축제로 복원되어 행해지고 있다. 따라서 입춘굿 풍속과 신구간 축제가 연계된다면 보다 흥미진진한 축제가 될 것이다.

신들의 고향인 제주섬도 신구간이 되면 인간의 세상이 된다. 따라서 신구간에 인간적 욕구를 맘껏 발산하는 축제를 기획해보는 것은 대단히 흥미로운 일이다. 신구간에 축제를 벌이면서 정신적, 물질적 차원에서 묵은 것을 털어내고 홀가분하게 새롭게 새봄(새철)을 맞는 것은 신구간 풍속의 본래적 의미와도 부합한다. 신구간의 의미를 새롭게 발굴하여 다양한 프로그램을 개발해낸다면, 제주의 관광과 경제 활성화에도 큰 도움이 될 것이다.

이러한 조그만 논의들이 그동안 부끄러운 유산으로만 여겨온 신구간 풍속이 창조적 변형을 통해 소중한 제주섬의 문화자산으로 올라설 수 있는 계기가 되기를 기대한다.

제1장
신구간 풍속의 유래

1. 들어가는 말

제주도에는 육지부에서는 찾아볼 수 없는 '신구간(新舊間)'이라는 특이한 세시풍속이 있다. 제주도의 민간에서는 이사, 집수리, 변소개축 등을 이 '신구간'에만 해야 하는 것으로 생각해 왔다. 즉 제주인들은 "대한(大寒) 후 5일에서 입춘(立春) 전 3일 사이에 옥황상제(玉皇上帝)의 명을 받아 지상(地上)의 일을 관장하던 신[舊官]들이 하늘로 올라가고 새로 임명받은 신[新官]들이 내려오므로, 이 기간[新舊間]에는 지상에 신이 없기 때문에 신이 두려워서 못했던 일들을 해도 아무런 탈이 없다. 그러나 평상시에 그러한 일들을 했다가는 동티[動土]가 나서, 그 집에는 큰 가환(家患)이 닥치고 액운(厄運)을 면치 못하게 된다."[1]는 속신(俗信)을 믿으면서 살아왔다.

여기서 '대한'과 '입춘'이라는 절기가 말해주듯이, 신구간은 묵은철과

---

1) 진성기, "新舊間과 民俗信仰", 『국어국문학』 34·35 합병호(국어국문학회, 1967), 11쪽, 진성기, 『제주도민속』, 제주민속연구소, 1997, 383-388쪽 및 『제주도지』 하 (제주도, 1982), 926-928쪽 참조.

새철이 교체되는 시기이다. 즉 음력을 사용하던 농경 사회에서 제주사람들은 신구간을 묵은 것과 새로운 것이 갈리는 기준이면서, 묵은철을 정리하고 새철을 준비하는 준비 기간으로 삼았다. 계절은 태양과 지구 사이의 관계에서 비롯되는 것이기 때문에 태음력만으로는 계절의 오고 감을 알 수 없다. 따라서 농경사회에서 계절의 순환을 알기 위해서는 태양이 시운동(視運動)하는 황도(黃道) 상을 15° 간격으로 24등분한 이른바 24절기를 도입해야 했다. 즉 24절기는 태음태양력(오늘날 사용되고 있는 음력)에서의 태양력의 요소로 음력을 사용하던 농경사회에서의 농사력 역할을 하였다. 그리고 24절기의 마지막 절기인 대한과 첫 절기인 입춘 사이에 있는 신구간은 농경 사회의 제주인들에게 묵은철이 가고 곧 새철(봄)이 시작된다는 것을 알려 주는 역할을 하였다.

그러나 제주도가 도시화되는 과정에서 신구간이 곧 '이사철'로 통용되면서 그 폐단도 적지 않다. 일시에 많은 가구가 이사를 해야 하기 때문에 주택이 부족하던 시절에는 임대료 폭등을 가져왔고, 이삿짐센터의 횡포로 이사비용이 많이 들며, 한꺼번에 쏟아져 나오는 쓰레기를 처리하기가 쉽지 않았기 때문에 행정관청에서는 1960~70년대에 제주도의 6대 악습2)의 하나로 규정하여 신구간을 없애기 위해 많은 노력을 기울이기도 하였다. 그러나 신구간 풍속은 예전보다는 많이 완화되었지만 정보화사회로 접어들고 의학이 발달한 오늘날까지 여전히 지켜지고 있다. 그러다 보니 오늘날 아파트를 분양하는 경우에도 신구간에 맞춰 입주할

---

2) 관에서는 제주도에서 폐지해야 할 낡은 악습으로 1960년대에는 ①신구간, ②점술 및 무당 등 미신, ③경작지내 매장, ④돗통시(재래식 변소), ⑤허례허식, ⑥농어촌의 도박 등을 꼽고 이에 대한 계몽운동을 벌였고, 1970년대에는 ①신구간, ②미신, ③암매장, ④허례허식, ⑤목야지 화입, ⑥무고(誣告) 등을 없애기 위해 계몽 위주에서 처벌 위주로 전환하기도 하였다.

수 있도록 준공일자를 맞추고 있고, 행정관청에서는 신구간만 되면 쓰레기 대란에 대비해서 비상체제로 바뀌며, 전화, 가스, 유선방송, 인터넷 등의 설비업체에서는 신구간에 비상근무를 해야 하는 실정이다.

따라서 신구간 풍속의 유래와 연원을 살펴보고 그 의미를 규명해봄으로써, 신구간 풍속이 과연 현대 사회에서도 유효한 세시풍속인지를 검토하는 작업이 필요하다. 그러나 신구간과 관련된 기존 연구가 부족하고, 신구간에 대한 기록이나 자료가 많지 않아서 그 유래와 연원을 밝히기가 쉽지 않다. 따라서 여기서는 제주의 원로 민속학자, 무속학자, 향토사학자 등과의 대담, 단편적으로 전승되는 이야기, 신문자료 등을 바탕으로 신구간 풍속의 유래와 연원을 찾아보고자 한다.

2절에서는 신구간의 직접적인 연원으로 알려진 '세관교승'에 대해 고찰하고, 3절에서는 신구간에 대한 문자화된 기록이 없는 이유를 분석해보고자 한다. 그리고 4절에서는 제주도의 원로 학자들과의 대담과 세간의 의견들을 바탕으로 신구간의 유래와 연원을 추론해 보고, 5절에서는 해방 이후에 제주 사회의 산업화와 도시화 등을 통해 신구간이 이사철로 정착되는 과정을 살펴볼 것이다.

2. 신구간 풍속과 '세관교승'

제주도의 신구간이 예전부터 행해져 왔고 오늘날까지 지켜지고 있는 민간 세시풍속이지만 언제부터 행해져왔고 어떤 연유에서 비롯된 것인지에 대해서는 정확히 알 길이 없다. 대체로 제주도의 민속학자들은 신구간의 연원을 "대한 후 5일부터 입춘 전 2일 사이가 신세(新歲) 구세

(舊歲)의 관신(官神)이 교차하는 때(大寒後五日立春前二日 乃新舊歲官交 쉬之際)이므로, … 집을 짓고 장사를 지내도 불리함이 없다."는 '세관교 승(歲官交承)'에서 찾는다.

대한역법연구소가 영인한 『新增參贊秘傳 天機大要』(대지문화사, 2004)와
김혁제가 교주한 『改正增補 天機大要』(명문당, 2000)

偷修曰大寒後十日立春前五日只一日為上前一日後一日為次右日舊鬼將謝新神未進此乃一年之空亡故不計年月日時受剋而百事無忌但無吉星之來助五日內畢功為可〇大寒後五日立春前二日乃新舊歲官交令之際不犯立春日須擇黃黑道先請祖先神主出避吉方不忌山運被克及諸般凶殺起造葬埋任意為之無不利

增補夫機天要甚下 三一

〇寒食清明卽諸神上天日動作修營新舊墓無所不利

一日內未畢役則可於清明日畢功 古者不擇日皆用此時

四時首足腹背日 開新土破舊墳及治突改竈先破腹富貴大吉

運只擇右日及陽吠日為吉世人有三五七九日葬者謂之凶葬無忌

처음엔 '두수일'조와 '세관교승'조기 분리되지 않다(『新增參贊秘傳 天機大要』, 131쪽).

증보된 『천기대요』에서 '투수일'과 '세관교승'조가 분리된다(『改訂增補 天機大要』, 하권 4쪽).

'세관교승'의 내용은 조선후기 관청과 민간에서 널리 사용되었던 도참서(圖讖書)인 『천기대요(天機大要)』3)와 실학자로 널리 알려진 홍만선의 『산림경제(山林經濟)』4)에 실려 있는데, 우선 초기의 『천기대요』에 실린 내용부터 살펴보자.

투수일 대한 후 10일, 입춘 전 5일인데, 다만 그 하루가 가장 좋고, 그 전 날과 그 다음 날이 다음으로 좋다. 투수일은 옛 귀신[舊鬼]은 막 떠나고 새로운 귀신[新神]은 아직 오지 않은 때이다. 이것은 곧 1년 중의 공망일(空亡)인 까닭에 연월일시를 세지 않으며, 상극(相剋)이라 하더라도 모든 일에 거리낄 것이 없다. 다만 길성(吉星)이 와서 도와주지 않으니, 5일 내

---

3) 『천기대요』는 역학(易學)과 오행설(五行說)의 원리에 바탕을 둬서 상장(喪葬), 기조(起造), 혼인(婚姻), 이사(移徙) 등 인간생활의 길흉화복을 가리는 방법을 기술한 도참서로 조선시대에는 조정에서부터 일반 백성에 이르기까지 일용편람으로 널리 애용되었다. 『천기대요』는 명나라 임소주(林紹周)가 편찬하였고, 인조14년(1636) 성여훈(成汝櫄 : 1583-1662)이 도입하여 간행하였다가 병자호란 뒤인 효종4년(1653)에 시헌력(時憲曆)에 따라 개편되었다. 이 책을 원전으로 하여 음양과 출신인 지백원(池百源)이 영조 13년(1737년)에 증보본(增補本)을 만들고, 이를 바탕으로 그의 손자 지일빈(池日賓)이 영조39년(1763년)에 신증본(新增本)을 간행하였다. 그리고 관상감에서 고종 39년(1902년)에 지송욱(池松旭)의 증보신본(增補新本)을 발간하였고, 그것의 영인본을 1977년에 대한역법연구소에서 발행하였다. 대한역법연구소 역편, 『詳譯新增參贊秘傳 天機大要』(대지문화사, 2004), 1쪽. 한편 김혁제(金赫濟)는 이전의 『천기대요』를 교주(校註)하여 1970년에 『개정증보 천기대요』를 발행하였다. 김혁제 교주, 『改正增補 天機大要』卷之下(명문당, 2000), 4쪽.
4) 『산림경제』는 조선 후기 실학자 홍만선(洪萬選.1643(또는 1664)· -1715)이 농업과 일상생활에 관한 광범위한 사항을 기술한 농촌생활에 필요한 가정보감(家庭寶鑑)이다. 이 저술은 한국 최초의 자연과학 및 기술에 관한 교본으로 한국과학사에 빛나는 금자탑을 이룬다. 그러나 홍만선의 『산림경제』는 간본(刊本) 없이 필사본으로만 전해 오다가 1766년(영조 42) 유중림(柳重臨)에 의하여 16권 12책으로 증보되었다. 신승운, "산림경세 해세", 민족문화추진회 역, 『신림경제』 I(민족문화고간행회, 1986), 1쪽-15쪽 및 홍이섭, '홍만선의 산림경제에 대하여', 『山林經濟』(한국학기본총서제8집, 吳漢根 소장본 영인본), 경인문화사, 1973, 1-3쪽 참조.

에 일을 마치는 게 좋다. ○ 대한 후 5일부터 입춘 전 2일은 곧 신세관(新歲官)과 구세관(舊歲官)이 교승하는 때이다. 입춘일을 범하지 말고, 반드시 황도일(黃道日)과 흑도일(黑道日)을 가려서, 먼저 조상의 신주에게 길(吉)한 방향으로 피해서 나가도록 청해야 한다. 이때에는 산운(山運)에도 거리낌이 없어 제반 흉살이 극복되므로, 임의대로 가택을 짓고 장사를 지내도 불리함이 없다. ○ 한식 청명은 곧 모든 신이 상천(上天)하는 날이므로, 새 묘를 짓고 낡은 묘를 고치는 데 불리한 게 없다. 하루에 일을 끝마치지 못하면, 청명일까지는 끝마치는 게 좋다.(옛날에는 택일하지 않고 모두 이 시기를 이용하였다.)5)

여기서 알 수 있듯이, '세관교승'은 처음부터 『천기대요』에서 별도의 '조(條)'로 있었던 게 아니고 '투수일(偸修日)'6)조의 일부로, 여러 투수일들 중에 하나였던 것으로 보인다. 다시 말해서 투수일은(대한을 1월 20일 기준으로 할 때) 1월 30일, 1월 25일~2월1일, 한식청명(4월 5일 경) 등으로 3회 있었던 것이다.

그러나 후에 증보된 『천기대요』와 홍만선(1664~1715)의 『산림경제(山林經濟)』에 와서는 '투수일(또는 투시[偸時])'조에서 '세관교승'조가 별도의 조로 분리되고 있다.

---

5) **偸修日** 大寒後十日 立春前五日 只一日爲上 前一日後一日爲次 右日 舊鬼將謝 新神未進 此乃一年之空亡 故不計年月日時 受剋而 百事無忌 但無吉星之來助 五日內畢功爲可 ○大寒後五日 立春前二日 乃新舊歲官交令之際 不犯立春日 須擇黃黑道 先請祖先神主 出避吉方 不忌山運 被克及諸般凶殺 起造葬埋 任意爲之 無不利 ○寒食淸明 卽諸神上天日 動作修營新舊墓 無所不利 一日內未畢役 則可於淸明日畢功(古者不擇日 皆用此時) 대한역법연구소 편, 原本 影印版 『新增參贊秘傳 天機大要』(대지문화사, 1981), 131-132쪽.

6) 신이 조회(朝會)하러 하늘로 올라가서 지상에는 신이 없기 때문에, 그 틈을 이용하여 평소에 꺼리던 일을 해도 탈이 없는 날을 의미한다.

투수일(이 날은 옛 귀신[舊鬼]은 떠나고 새로운 귀신[新神]은 아직 나오지 않은 1년 중의 공망[空亡]일이므로 모든 일에 거리낄 것이 없다. 다만 길성[吉星]이 와서 도와주지 않을 뿐이다) 대한 후 10일 입춘 전 5일로 다만 그 하루가 가장 좋고, 그 전 날과 그 다음 날은 다음으로 좋다. 이 때는 연월일시를 가리지 않으며 상극이라 하더라도 해롭지 않다. 그러나 5일에 일을 끝마치는 게 좋다. **세관교승**(입춘일을 범하지 말고 반드시 황도일과 흑도일을 가려라) 대한 후 5일부터 입춘 전 2일까지로 신세관과 구세관이 교승하는 때이다.(먼저 조상의 신주에게 길[吉]한 방향으로 피해서 나가도록 청한다. 다만 이 기간에 일시를 잘 가리게 되면 산운[山運]에 거리낄게 없고 모든 흉살이 극복되므로 가택을 짓고 장사를 지내도 이롭지 않음이 없다.) 한식 청명(모든 신이 상천[上天]하는 날이므로 낡은 묘를 새롭게 고치더라도 이롭지 않은 바가 없다. 하루, 즉 한식일에 일을 끝마치지 못하면 청명일에 끝마쳐도 된다.) 비석을 세우고 섬돌을 고치고 무덤을 고치거나 옮기는 것을 이 날에 하였는데, 옛날에는 택일하지 않고 모두 이 시기를 이용하였다.[7]

투시(옛 귀신[舊鬼]이 물러가고 새로운 귀신[新神]이 나오지 않으므로, 이때가 곧 1년간의 공망[空亡]이다. 살신[殺神]들이 전혀 맥을 쓰지 못하므로 모든 일에 거리낄 것이 없다. 다만 길성[吉星]이 와서 도와주지는 않는다.) 대한 후 10일, 입춘 전 5일인데, 다만 그 하루가 가장 좋고 그 전 날과 그 다음 날은 다음으로 좋다. 이 날은 연월일시를 세지 않으며, 상극이 되더라도 해가 없다. 그러나 5일 안에 일을 끝마치는 게 좋다. **세관교승**(입춘

---

[7] 偸修日(舊鬼將謝新神未進 此乃一年之空亡 故百事無忌 但無吉星之來助矣) 大寒後十日 立春前五日 只一日爲上 前一日後一日爲次 不計年月日時 受剋而爲之無害也 五日內畢功爲可 歲官交承(不犯立春日須擇黃黑道) 大寒後五日立春前二日 乃新舊歲官交令之際 (先請祖先神主出避吉方 只可其間善擇日時 不忌出運[山運] 被克及諸般凶殺 起造葬埋任意爲之無不利) 寒食淸明(此兩日諸神上天日 動作修營新舊墓無所不利 一日內未畢役 則可於淸明日畢功) 立石修砌改墳者宜於此日動作 古者不擇日此時皆用之. 金赫濟 校註, 『改正增補 天機大要』 卷之下(명문당, 2000), 4쪽. 여기서 '出運'은 '山運'의 誤記이다.

일을 범하지 말고 모름지기 황도[黃道]와 흑도[黑道]를 가려서 사용한다.)
대한 후 5일과 입춘 전 2일은 곧 신세관과 구세관이 교승하는 때이다. 그
사이(대한 후 5일과 입춘 전 2일)에 사용할 날짜와 시간을 잘 가리면 산운
(山運)에 거리낄 게 없고, 모든 흉살(凶殺)이 극복된다. 집을 짓고 장사를
지내는 일을 마음대로 하여도 불리함이 없다. **한식청명일** 비석을 세우고
섬돌을 고치고 무덤을 고치거나 옮기는 것은 마땅히 이 날에 해야 한다.
옛날에는 택일하지 않고 모두 이 때를 사용했다. 이 두 날은 모든 신들이
상천(上天)하는 날이므로 물건을 움직이고 고치고 지으며 새로운 묘와 오
래된 묘에 때를 입히고 보수하거나 옮겨도 불리함이 없다. 하루에 일을 마
치지 못하면 후에 청명일에는 일을 끝내야 한다.[8]

그리고 "대한 후 5일부터 입춘 전 2일까지 구세관과 신세관이 교체된
다"는 내용은 오늘날 민간에서 택일을 하는 경우에 널리 사용되는 『택
일대감(擇日大鑑)』[9], 『백방길흉보감(百方吉凶寶鑑)』[10], 『대한민력(大
韓民曆)』[11] 등에도 수록되어 있는데, 이는 모두 '세관교승'에 바탕을
두고 있는 것이다.

---

8) **偸時**(舊鬼將謝 新鬼未進 此乃一年之空亡也 殺神專不用事 百事無忌而 但無吉星之來
助) 大寒後十日 立春前五日 只一日爲上 前一日後一日爲次 不計年月日時 受剋而爲之
無害也 五日內畢功爲可 **歲官交承**(不犯立春日 須擇黃黑道)大寒後五日 立春前二日 乃新
舊歲官交令之際 其間善擇日時 不忌山運 被剋及諸般凶殺 起造葬埋 任意爲之 無不利 **寒
食淸明日** 立石修砌改墳者 宜於此日動作 古者不擇日 此時皆用之 此兩日 諸神上天 動作
修營新舊墓 無所不利 一日不畢役 後則淸明日 畢功. 『山林經濟』[한국학기본총서제8
집, 오한근 소장본 영인본](경인문화사, 1973), 639-640쪽. 인용문에서 〈歲官交承〉
조와 〈寒食淸明日〉조 부분은 『산림경제』의 원본에 가장 가까운 삼목영(三木榮)소장
본(日)에는 없고, 후에 증보된 것으로 보이는 오한근(吳漢根)소장본과 한독의학박물
관(韓獨醫學博物館)소장본 등에는 있다. 민족문화추진회 역, 민족문화문고간행회
편, 『산림경제』I, 11-12쪽, 『산림경제』II, 199-203쪽. 동 영인본 76-77쪽 참조.
9) 대한역법연구소, 『擇日大鑑』(대지문화사, 1976), 442쪽.
10) 이종영 편저, 김우제 감수 『百方吉凶寶鑑』(명문당, 1999), 153-154쪽.
11) 김혁제 원저, 김동구 편제, 『乙酉年 大韓民曆』(명문당, 2005), 46쪽.

한편, 민간에서는 신구간을 '대한 후 5일부터 입춘 전 3일까지'로 정착된 것은 그리 오래되지 않았다. 1960년대까지만 해도 신구간을 '대한 후 3일에서 입춘 전 3일'[12], 대한 후 3일부터 입춘 전날까지'[13], '1월 25일부터 10일간'[14], '입춘 전 10일부터 1주일 정도의 기간[섣달 그믐에서 정월 초까지]'[15] 등 여러 의견들이 있었다. 하지만 신구간은 통상적으로 '대한 후 5일부터 입춘 전 3일까지 1주일'로 알려져 있었다.

한편, 세간에서는 신구간을 '대한 후 5일부터 입춘 전 3일까지'라고 하면서도 입춘 전 3일째 되는 날을 신구간에 포함시킬 지에 대해서 혼란이 있었던 것으로 보인다. 제주도내 신문에서 신구간과 관련된 보도(1953.1~2005.2)를 분석한 결과, 대체로 1990년대 중반 이전에는 입춘 전 3일째 되는 날을 포함시키지 않아서 신구간을 1주일로 잡았고, 1990년대 중반 이후는 입춘 전 3일째 되는 날을 포함시켜 8일간으로 삼고 있다.[16] 따라서 현재는 신구간을 '대한 후 5일부터 입춘 전 3일까지 8일간'으로, 대한이 1월 20일이고 입춘이 2월 4일인 경우에 신구간은 '1월 25일부터 2월 1일까지 8일간'이 되는 셈이다.

그러나 여전히 문제는 남는다. 만일 신구간 풍속이 '세관교승'에서 비롯된 것이 사실이라면, 통상적으로 알려진 '대한 후 5일, 입춘 전 3일'이 아니라, '대한 후 5일, 입춘 전 2일'이라야 한다. 이는 어떻게 해석해야 할까.

"대한 후 5일, 입춘 전 2일에 신구세관이 교체된다."는 '세관교승'에

---

12) 1958. 1. 21자 제주신보.
13) 제주신문, 1965. 1. 24일자
14) 제주신문, 1966. 1. 24일자
15) 『백록어문』 창간호(제주대학교 국어교육과, 1986), 239쪽.
16) 제주일보, 1994. 1. 25일자.

비춰본다면, 지상에 신이 없는 기간은 '대한 후 5일에서 입춘 전 3일'이 된다. 따라서 신구간은 '대한 후 5일부터 입춘 전 3일까지'가 된다. 이 경우에 '입춘 전 3일째 되는 날'을 신구간에 포함시키는 이유는 바로 '대한 후 5일, 입춘 전 2일'에 신구세관이 교체되기 때문이다. 대한이 1월 20일이고 입춘이 2월 4일인 경우, 신구간은 대한 후 5일째 되는 1월 25일부터 입춘 전 3일째 되는 2월 1일까지 8일간이다.

1/20 (대한)	21	22	23	24	25	26	27	28	29	30	31	2/1	2	3	2/4 (입춘)

그리고 『천기대요』와 『산림경제』 등에는 투수일(또는 투시), 세관교승, 한식청명일 이외에도 신이 하늘로 올라가서 지상에는 신이 없는 제신조천일(諸神朝天日)과 여러 투수길일(偸修吉日), 집을 짓거나 수리하고 방이나 창고, 외양간, 변소 등을 수리하며 흙을 다루어 집터를 닦거나 벽을 바르는 등 모든 흙을 다루는 날에 길한 수조·동토길일(修造·動土吉日), 문을 만들어 달거나 수리하는 데 길한 수조문길일(修造門吉日), 변소를 짓거나 수리하는 데 좋은 날인 작수측일(作修厠日) 등을 설정해 놓고 있다. 그런데도 유독 제주섬에서는 그 가운데 '세관교승'만을 받아들여 신구간에 변소를 고치고, 집을 짓거나 수리하고, 이사를 한다.

신구간이 '세관교승'에서 비롯된 것이라면, 어째서 신구간이 전국적인 세시풍속으로 자리 잡지 못하고 제주도에서만 행해지고 있는 것일까. 이에 대해서 신구간 풍속이 예전에는 전국적으로 행해지다가 현재는 제주도에만 남아 있다는 가설을 제기해볼 수 있다. 그러나 그 가능성이 낮아 보인다. 왜냐하면 조선 후기 이후의 세시풍속을 다룬 여러

서적들,17) 즉 홍석모(洪錫謨)의 『동국세시기, 1849』, 김매순(金邁淳) 의 『열량세시기, 1819』, 유득공(柳得恭, 1749-1807)의 『경도잡지』, 조수삼(趙秀三)의 『세시기, 1795』, 조운종(趙雲從)의 『세시기속, 1821』, 권용정(權用正, 1801~?)의 『한양세시기』 등 어디에도 신구간 풍속을 이야기하는 곳이 없고, 해방 이전(1876~1945)의 중앙의 신문과 잡지18)에도 신구간 풍속이 전혀 등장하지 않고 있기 때문이다.

  그렇다면 신구간 풍속은 '세관교승'에서 비롯되었지만 예전부터(다른 지역에는 없고) 제주도에서만 행해져온 풍속이라는 가설을 제기할 수도 있다. 그러나 그것이 가능하려면 신구간 풍속이 예전부터 제주도에서만 행해져온 까닭에 대한 좀더 합리적인 설명이 필요하다. 다시 말해서 『천기대요』와 『산림경제』가 조선시대 후기에 전국적으로 널리 읽힌 책들인데도 불구하고 신구간 풍속이 예전부터 제주도에만 있는 설득력 있는 이유가 제시되어야 한다. 그러나 그 부분에 대해서는 다른 장에서 논의하기로 한다.

3. 신구간 풍속과 관련된 기록

  신구간 풍속에 대한 이야기는 조선시대에 제주섬에 파견된 목사(牧使)나 유배왔던 선비들의 제주 풍속을 기록해 놓은 곳19)에도 없고, 일

---

17) 김성원 편, 신편 『한국의 세시풍속』(명문당, 1994) 및 국립민속박물관 편, 『조선대세시기I』(민속원, 2003) 참조. 앞의 책에는 홍석모의 『동국세시기』, 김매순의 『열량세시기』, 유득공의 『경도잡지』 등이 실려 있고, 뒤의 책에는 조수삼의 『세시기』, 조운종의 『세시기속』, 권용정의 『한양세시기』 등이 실려 있다.
18) 국립민속박물관 편, 『한국세시풍속자료집성(신문·잡지편, 1876~1945)』(민속원, 2003) 참조.

제 식민지 시대에 제주도의 풍속에 대해 기록해 놓은 곳20)에도 없다. 이러한 사실은 제주도의 원로 민속학자, 무속학자, 유학자, 향토사학자 들과의 대담21)에서도 확인된다.

필자가 확인한 바로는 신구간과 관련된 최초의 기록은 다음의 〈제주신보〉(1953. 1. 21일자)의 보도이다.22)

신구간 앞두고 방세 껑충, 살림 위협받는 세궁민층

연중관례(年中慣例)로 집 이사(移舍)하는 시기인 '신구간(新舊間)'을 앞두고 세방(貰房)사리하는 공동원(公動員)과 피난민(避難民)들에 일부 가주(家主)들이 엄청난 방세(房貰)를 요구하여 겹치는 한파(寒波)와 더부러 옹색한 살림살이를 한 고비 위협하고 있다. 이러한 악덕(惡德) 가주(家主)에 대하여 경찰당국(警察當局)은 누차(屢次) 중앙지시(中央指示)에 의한 피난민주택임시조치령(避難民住宅臨時措置令) 등을 적용 가차(假借)없이 의법처단(依法處斷) 할 터이라 한다.…

하나의 풍속이 신문에 등장하고 있다는 것은 이미 예전부터 있었던

---

19) 김상헌(1570-1652)의 『南槎錄』, 이원진(1594-?)의 『耽羅誌』, 이증(1628-1686)의 『南槎日錄』, 이형상(1653-1733)의 『南宦博物』, 김춘택(1670-1717)의 『北軒集』, 김윤식(1835-1922)의 『續陰晴史』 등이다.
20) 市川三喜의 『濟州島紀行』(1905), 靑柳綱太郎의 『朝鮮의 寶庫 濟州島 案內』(1905), 大野秋月의 『南鮮寶窟 濟州島』(1911), 全南 濟州島廳의 『未開의 寶庫 濟州島』(1924), 김두봉의 『濟州島實記』(1936), 泉靖一의 『濟州島』(1935-1965) 등으로 이 책들은 제주시 우당도서관에서 영인(影印)과 번역 작업이 이루어졌다.
21) 필자는 2005년 1월 11일~15일에 진성기(민속연구가), 오문복(유학자), 현용준(무속학자), 김익수(향토사학자) 선생 등과 대담을 하였다.
22) 〈제주일보〉의 전신인 〈제주신보〉는 1945년에 창간되었지만, 상당 부분 누실되어 신문이 현재 1953년 이후부터 남아 있다. 따라서 그 이전 신문을 찾을 수 있다면 신구간에 대한 기록은 1953년보다 이전으로 거슬러 올라갈 수 있다.

풍속이 사회 문제가 되고 있음을 보여주는 것이다. 따라서 신구간 풍속에 대한 기록이 한국전쟁 이후에야 등장한다고 해서 신구간 풍속이 그때부터 생겼다고 보기는 어렵다. 특히 이 기사 가운데 '연중관례로 집 이사하는 시기인 신구간을 앞두고…'라는 표현은 이미 한국전쟁보다 훨씬 이전부터 제주섬에서는 신구간에 이사를 하는 풍속이 있었다는 것을 보여준다. 그리고 신구간 풍속이 해방 이전부터 있었다는 것은 제주 노인들의 이야기를 들어보아도 알 수 있다.

특정 시기에야 문헌에 기록이 나온다고 해서 그것을 근거로 어떤 풍속이 그때부터 있게 된 것이 아니다. 풍속이 먼저 있어서 그것을 기록한 게 문헌이요 기록이라는 것을 염두에 둔다면, 민속 문화를 연구하는 경우에 문헌 기록만을 지나치게 신성시해서는 안 된다. 특히 대부분의 제주 민속 문화가 구술로 전해졌다는 사실을 염두에 둔다면, 신구간의 유래와 연원을 밝히는 작업을 문헌 기록에만 의지할 수는 없다.

아무튼 신구간 풍속이 오래 전부터 있었던 게 사실이라면, 문헌에 기록되지 않은 이유를 몇 가지로 추측해 볼 수 있다. 첫째는 제주에 파견된 목사(牧使)나 유배된 선비들이 성리학의 이데올로기에 젖어서 무속 신앙에 바탕을 둔 신구간 풍속을 미신이라 폄하해서 기록하지 않을 수도 있다. 그러나 그럴 가능성은 낮아 보인다. 왜냐하면 그들 가운데는 "제주 풍속에 대체로 산, 숲, 냇물, 연못, 물가, 평지 등 나무나 바위가 있는 곳에 신사(神祠)를 만들어 놓는다. 그리고 매년 설날부터 성월 보름까시 심방[巫覡]이 신대[神纛]을 앞세워 들고 나희(儺戱)를 행하는데, 징과 북을 앞세워 울리며 마을을 돌면 사람들은 서로 다투어 재물과 돈을 바친다. 이로서 굿을 하는데 이름하여 화반(花盤)이라고 한다."[23]는 기록에

---

23) 이 기록은 조선 중기(1530년) 양성지(梁誠之)의 『신증동국여지승람』〈제주목〉에

서 알 수 있듯이 무속과 관련된 풍속을 기록한 경우도 있기 때문이다.

둘째는 신구간 풍속이 기록될 만한 가치가 없어서 기록되지 않았을 수도 있다. 예를 들어 일제 식민지 시대 말기에 제주의 특이한 문화 현상에 대해 많은 관심을 가졌던 석주명(1908-1950)은 제주도와 관련된 여러 책24)에서 다른 무속에 대해서는 비교적 상세히 기록하고 있지만 신구간 풍속에 대한 기록은 없다. 석주명이 신구간 풍속을 기록되지 않았거나 못했던 데는 연구자의 세심함의 부족에서 기인할 수도 있고, 신구간 풍속 자체가 두드러진 현상이 아니었을 수도 있다. 즉 당시에는 지금처럼 이사를 많이 했던 것도 아니고, 신구간에 변소를 고치거나 집을 수리하는 것 등은 기록할 만한 이야기꺼리로 보지 않아서 기록을 하지 않았을 수도 있다.

셋째는 신구간 풍속은 오래 전부터 있었지만 기록자들의 눈에 띠지

수록된 이후로 이원진(李元鎭)의 『탐라지』, 이증(李增)의 『남사일록』, 이형상의 『남환박물』 등에도 수록되고 있다. 고찬화 편저, 『제주의 전설과 민요』(디딤돌, 2004), 27쪽, 36쪽, 40쪽, 51-54쪽 및 박정석, "화반(花盤) 놀이에 대하여", 『서귀포문화』 제2호 (서귀포문화원, 1998), 247-277쪽 참조.

24) 나비박사로 널리 알려진 석주명 선생은 1936년에 제주도의 동물을 채집하기 위해 1개월간 체류한 바 있고, 1943년 4월부터 1945년 5월까지 2년 1개월간 서귀포에 있던 경성제대 부속 생약연구소 제주도시험장(현재 제주대 아열대농업생명과학연구소)에 소장으로 근무하였다. 그는 이 기간에 제주도 연구에 박차를 가했고, 4년 후인 1948년 2월에 제주도를 다시 찾아 제주도의 고유문화가 사라져 가는 것에 대한 감회를 신문에 기고하기도 하였고, 제주도를 떠나고서도 해방 직후부터 3년 동안 제주도와 관련된 각종 신문기사들을 거의 빠짐없이 모으고 분석하기도 하였다. 그가 남긴 제주도 관련 자료들은 4·3사건 이전의 생생한 자료들이기에 더욱 가치가 있다. 이처럼 그는 '나비 박사'에 이어 '제주도 박사'라는 별명을 하나 더 얻을 정도로 제주도에 관해서 양과 질에서 큰 업적을 쌓았다. 1945~1949년에 제주도 관련 논문 10 편을 발표했고, 1949년부터 '제주도 총서'라는 이름으로 『제주도 방언집』(1947년), 『제주도의 생명 조사서-제주도 인구론』(1949년), 『제주도 문헌집』(1949년), 『제주도 수필-제주도의 자연과 인문』(유고·1968년), 『제주도 곤충상』(유고·1970년) 『제주도 자료집』(유고·1971년) 등을 출판했다.

않아서 기록되지 않았을 수도 있다. 즉 신구간 풍속이 일주일 정도의 짧은 기간에만 행해지는 풍속이기 때문에, 그 기간에 제주섬에 머물지 않았다면 그런 풍속이 있다는 걸 알기가 힘들다는 것이다. 그러나 그것을 감안하더라도, 제주에서 12년 가까이 체류하면서 세 번이나 이사했던 김춘택(金春澤 : 1670-1717)이 지은 『북헌집』(제주기록)에 이사했던 소감과 이사한 지역의 분위기에 대한 묘사는 있으나 제주에는 특정한 시기에만 이사하더라는 기록은 없다.25) 반면에 구한말(1897-1901)에 제주에 유배왔던 김윤식(金允植 : 1835-1922)의 일기에 신구간을 전후한 시기에 이사한 기록이 두 번 나온다26) 하지만 이 기록을 신구간에 이사하는 풍속으로 보아야 할지는 의문이다.

넷째는 신구간 풍속이 예전에도 있었지만, 지금처럼 외부인의 눈에 드러날 정도의 풍속은 아니었다는 주장을 펼 수도 있다. 예전에도 신구간에 평소에 동티가 날까 두려워 못했던 일들, 즉 집수리, 변소개축, 이사 등을 하는 풍속은 있었지만, 이사하는 빈도나 규모가 지금과는 많이 달랐다는 것이다. 전통적 농경사회에서 한 마을을 떠나 다른 지역으로 이사를 가거나 다른 지역 사람이 그 마을로 이사 오는 경우는 극히

---

25) 북헌(北軒) 김춘택(金春澤)은 두 차례에 걸쳐 제주에 체류하였다. 첫 번째는 그의 부친 김진구(金鎭龜)가 1689년에서 1694년까지 제주 동천(東泉)가에 와서 적거하는 동안 함께 와서 살았고, 두 번째는 자신이 유배 와서 1706년에서 1711년까지 그 전에 적거하던 동천에 있다가 산지(山池)로 옮겼고, 다시 남문 청풍대(淸風臺) 근처에 옮겨 살았다. 김춘택 저, 김익수 역 『북헌집(제주기록)』 (전국문화원연합회 제주도지부, 2005), 17쪽 참조.
26) 1900년 1월 27일: 같이 유배온 삼은(三隱 李承五[李奎瑞])이 막은골(莫隱洞; 웃 막은골은 현재 제주은행본점 동쪽일대이고, 아랫 막은골은 한양신용금고 앞 일대이다)로 집을 옮겼다. 1901년 2월 2일: 동녘 이웃인 이윤성의 집을 사서 2월 5일에 옮겼다. 김윤식 저, 김익수 역, 『속음청사(續陰晴史)』(제주문화원, 1996), 166쪽 및 208, 209쪽 참조.

드물었을 것이고, 이사를 하더라도 대체로 한 마을 안에서 이뤄졌고 이 삿짐의 양도 지금처럼 많지 않아서 외부인 눈에 띠지 않았을 것이다. 그런 점에서 신구간 풍속은 예전부터 제주도에 있어 왔지만, 단지 외부인의 시각에 드러나지 않아서 기록되지 않았다고 볼 수도 있다.

4. 신구간 풍속의 유래

지금까지 살펴본 바와 같이 신구간 풍속에 대한 문헌에 나타난 기록은 거의 없다. 따라서 여기서는 제주도의 원로 민속학자(진성기), 무속학자(현용준), 유학자(오문복), 향토사학자(김익수) 및 세간에 알려진 의견을 토대로 신구간의 유래와 연원을 논하되, 편의상 진성기 선생의 의견을 고유문화설, 현용준 선생의 의견을 외래문화설, 오문복 선생의 의견을 백낙연 목사 기원설, 김익수 선생의 의견을 자연환경설 등으로 부르기로 한다.

4.1. 고유문화설[27]

신구간 풍속은 제주인들이 척박한 환경 속에서 살아오면서 제주인들

---

[27] 이 절은 진성기(1938년생) 선생과의 대담(2006. 1. 11, 제주민속박물관)과 그가 발표한 글들을 근거로 하였다. 진 선생은 제주도의 대표적인 민속연구가로 많은 신화와 전설을 채록하여 제주민속총서 20여권을 펴냈고, 신구간에 대한 글을 최초로 중앙학회지에 발표하였고 이를 바탕으로 여러 문헌에 신구간에 대하여 서술하였다. 진성기, "新舊間과 民俗信仰", 『국어국문학』 34 · 35 합병호(국어국문학회, 1967), 211-213쪽, 『제주도민속』, 제주민속연구소, 1997, 383-388쪽, 제주도, 『제주도지』 하(제주도, 1982), 926-928쪽. 『제주무속학사전』, (제주민속연구소, 2004). 211-215 참조.

이 터득해낸 지혜의 산물이라는 주장이 있다. 제주의 민속을 오랫동안 연구해온 진성기(秦聖麒) 선생에 따르면, 신구간 풍속은 "동양철학의 사상에 근거하면서도 무속과 불교, 그리고 유교의 삼교가 혼합되고 복합된 형태로부터 발전시켜 본도 고유의 습속을 이루고 있다."[28]

제주도의 민간에 있어서 이사나 집수리 따위를 비롯한 손질은 언제나 이 '신구간'이라는 기간에만 하는 것으로 생각되고 있다. 일반적으로 이러한 '신구간'은 대한 후 5일에서 입춘 전 3일간으로, 이 기간은 보통 일주일 정도가 된다. 이 신구간은 보통 신구세관(新舊歲官)이 교승(交承)하는 과도기간을 뜻한다. 그래서 이 기간에는 대체로 제반 신격(神格)이 천상에 올라가서 지상에는 신령이 없는 것으로 관념되고 있는 것 같다.

그러기에 이 기간에는 이사나 집수리를 비롯한 평소에 꺼려했던 일들을 손보아도 아무런 탈이 없어 무난하다고 한다. 그러나 다른 평상시에 그러한 일들을 저질렀다가는 동티가 나서, 그 집에는 큰 가환(家患)이 닥치고 액운(厄運)을 면치 못하게 된다고 하니, 날이 갈수록 일상생활에서는 미신으로만 돌려 버리던 이들까지도 이 속신(俗信)에만은 속박을 받고 있다.

우리의 생활 주거지를 중심으로 늘 우리의 생활과 관계있다고 믿는 신으로서는 대개 본향(本鄕)을 비롯해서 '조왕'이니 '문전'이니 '측간'이나 '토신'이니 할 것 없이 흑백양파신을 막론하고 심지어는 본향 군졸까지 지칭하게 마련인데, 이는 일체의 '지신(地神)'으로써 심방들은 여기에 '본향'을 '토주관'이라 일컫는 것이다. 그러기에 이 '본향'은 '토주관'으로 높여 일컫게 된 것이고, 이 명칭은 '지신'을 후세에 차츰 인격화시킴으로 '관(官)'자를 덧붙이게 된 것 같으니, '지방군장(地方群長)' '지방(地方長官)'의 뜻과 상통하는 것으로 보아진다. 이 모두가 우리를 관리하고 있는 '주인(한집)'을 받들고 해서 '신관'이니 '구관'이니 하는 말이 있게 된 것임을 알 수 있다.

이러한 데서 해마다 예외없이 찾아오게 마련인 '신구간', 곧 임기가 다

---

28) 진성기, 『제주무속학사전』, 제주민속연구소, 2004. 211쪽.

된 구관은 옥황으로 올라가고 거기서 또 신관이 새로 부임해 내려오는 이른바 신관과 구관이 교차되는 기간이 대한 후 5일에서 입춘 전 3일로 1주일간이다. 말하자면 이렇게 제 신격이 옥황으로 오가고 또 여러 일을 처리하느라고 인간계를 보살필 겨를이 없는 분망한 틈을 타서 본도에서는 예부터 이러한 신들의 눈을 피해서 쓰러져 가는 가옥을 다시 세우고 또 살림살이를 꾸려온 것이다. 다시 말해서 신구간은 심방들이 전하는 본도 1만 8천이라는 신격(神格)의 신구세대가 교차되는 이른바 과도기로써, 설령 인간이 저지른 잘못이 있다 손치더라도 관대히 묵인해주는 시기라는 것이다.

아무튼 사람들은 이 신구간이 아닌 다른 시기에 조왕, 물류[門戶], 통시(변소), 쇠막(외양간), 집중창 등을 고치거나, 울타리 안에서 흙을 파고, 울담을 고치고, 나무를 자르는 따위의 일을 하면 동티가 생긴다는 것이다. 이러한 동티로 인해 잘 아프게 되는 증상으로는 대개 다리, 눈, 머리, 목, 가슴 등이 아프거나, 전신불구 따위로 그 아픈 증상이 한결같지 않게 나타난다. 특히 급한 동티가 생겼을 때는 심방을 청해다가 빌 사이도 없이 죽는다는 것이다.

그런데 특히 조왕, 칠성, 변소 등의 동티는 대개 눈아픔으로 나타나게 된다고 한다. 이러한 일들이 있기 때문에 사람들은 특별한 주의를 하여 이사나 집수리 따위는 반드시 이 신구간을 찾게 된다. 이것은 평상시에 그러한 일들에 대해서 신의 노여움을 사지 않으려 매우 조심스럽게 살아가는 것이다.29)

그리고 진성기 선생은 신구간과 관련한 대담에서

제주 속담에 '오뉴월에는 아진 방석도 오몽 아년다(오뉴월에는 앉은 자리도 움직여서는 안 된다)'는 말이 있다. 이는 고온다습한 시기에 물건을

---

29) 진성기, 『제주도민속』9판(제주민속연구소, 1997), 383-388쪽. 『제주도지』하(제주도, 1982), 926-928 쪽.

옮기며 이사할 경우에 질병 감염을 비롯하여 위생상 좋지 못하기 때문에 오뉴월에 이사해서는 안 된다는 말이다. 신구간 풍속은 그와는 반대되는 속신인 셈이다. 즉 가장 추운 계절에 변소를 고치고 집을 수리하고 이사를 해야 한다는 것이다. 옛 제주인들은 오랜 경험과 수많은 시행착오를 거치면서 신구간에 집을 수리하고 이사하는 것이 가장 좋다는 것을 알아냈다. 신구간 풍속은 대단히 과학적이고 합리적인 풍속이다.30)

라고 하고 있다. 하지만 제주사람들이 처음부터 과학적이고 합리적이었기 때문에 신구간 풍속이 생겨났다고 보기는 어렵다. 오히려 제주사람들은 만물에 신이 깃들어 있으며, 길흉화복을 신의 조화로 보고, 신에 대한 제례를 통해 복(福)을 구하고 화(禍)를 피하려는 무속신앙에 젖어 살아온 것이 사실이기 때문이다.

제주섬은 신들의 고향31)이라 할 만큼 많은 신화가 존재하고, 제주섬의 무속신앙에서는 잡다한 신격(神格)이나 귀령(鬼靈)들이 숭배되고 있다. 그리고 제주섬의 심방[巫覡]들은 신의 수효를 말할 때 보통 '1만8천 신'이라고 한다. 실제로 그 신의 숫자를 다 셀 수는 없다 하더라도 그 숭배대상이 다신다령(多神多靈)임은 분명하다. 그러한 신들은 크게 인간생활의 일반적인 일을 관장하는 일반신, 마을을 수호해주는 당신(堂神)인 부락수호신, 한 집안 또는 씨족을 수호해주는 일월조상인 씨족수호신 등으로 나뉜다.32) 그 가운데 일반신반신을 직능별로 열거하면 다음과 같다.

---

30) 진성기 선생과의 대담(2006. 1. 11).
31) 고대경, 『신들의 고향』(중명, 1997) 참조.
32) 현용준, 『제주도 무속과 그 주변』(집문당, 2002), 291-292쪽.

1. 옥황상제(하늘神) 2. 지부사천대왕(땅神) 3. 산신대왕(산神) 4. 대사용궁(바다神) 5. 서산대사, 육관대사(절神) 6. 삼승할망또는 맹진국할망(인간神) 7. 홍진국대별상[夫]서신국마누라[婦](얼굴神) 8. 날궁전, 달궁전(日月神) 9. 초공(巫祖神) 10. 이공(서천꽃밭神) 11. 삼공(전상[前生]神) 12. 시왕[十王]과 차사(저승과 인간생명神) 13. 명관(冥府使者) 14. 세경과 테우리(農畜神) 15. 성주(家屋神) 16. 문전(門神) 17. 안칠성, 밧칠성(富神) 18. 조왕(부엌神) 19. 오방토신(방위 및 집터神) 20. 주목지신, 정살지神(집안출입로神) 21. 울담, 내담지신(울타리神) 22. 눌굽신(낟가리神) 23. 칠성(壽福神) 24. 구삼싱(兒魂神) 24. 칙도부인(변소神). 33)

그리고 제주의 심방들은 의례를 행할 때 다음과 같이 최고의 신 옥황상제로부터 최하위신인 눌굽신까지 서열을 매겨 면서 신들을 청입(請入)한다.

1. 옥황상제(하늘神) 2. 지부사천대왕(땅神) 3. 산신대왕(산神) 4. 대사용궁(바다神) 5. 삼승할망과 그 권속 6. 홍진국대별상 서신국마누라(얼굴神) 7. 날궁전, 달궁전(日月神) 8. 초공(巫祖神)과 그 권속 9. 이공(서천꽃밭神)과 그 권속 10. 삼공(前生神)과 그 권속 11. 시왕[十王](저승과 인간생명神)과 하위신 12. 차사(시왕의 使者) 13. 명관(冥府使者) 14. 세경(農畜神)과 그 권속 15. 구능, 조상(집안 내지 씨족수호신) 16. 성주(家屋神) 17. 문전(門神) 18. 본향 토지관(부락수호신) 19. 영혼, 혼백, 마을의 諸死靈 20. 칠성(富神-蛇神) 21. 조왕(부엌神) 22. 오방토신(방위 및 집터神) 23. 주목지신, 정살지神(집안출입로神) 24. 울담, 내담지신(울타리神)34)

---

33) 현용준, "濟州島 巫神性格과 神統", 『제주도』 16호(제주도, 1963), 영인본 『제주도』 ⑦(제주도, 2002), 343-351쪽.
34) 현용준 외 『한국민속종합조사보고서(제주도편)』(문화공보부 문화재관리국, 1974) 97-106쪽.

이처럼 제주인들은 주변에 존재하는 모든 것에 신이 깃들어 있으며 그들이 우리의 길흉화복을 지배하고 있다고 믿어왔다. 무속신앙은 인간의 자유의지로써는 어찌할 수 없었던 자연재해와 질병 등을 이겨내기 위한 제주인들의 신앙체계였다. 이는 앞에서 본 바와 같이 제주에는 옛날부터 "음사(淫祀)를 숭상하여 산의 숲, 하천과 못, 언덕, 무덤, 물가 등의 나무나 돌에 신사(神祀)를 만드는 풍속이 있다."는 기록만 보아도 알 수 있다. 제주도가 한반도에서 멀리 떨어져 있어서 무속문화를 흡수하고 분화해서 보존해온 우리나라 무속문화의 종착적인 집결처이고,[35] 그렇기 때문에 한반도의 다른 지역보다 무속신화가 가장 풍부하고 무속의례의 원형을 잘 보여주고 있다. 그리고 제주도의 민속 문화는 무속문화라 해도 과언이 아니다.

그러나 제주인들이 다른 지역민들에 비해 훨씬 무속적이라 하더라도, 신구간 풍속을 무속신앙의 탓만으로 돌리기에는 한계가 있다. 왜냐하면 무속신앙은 제주만의 고유한 것이라기보다는 전과학시대의 보편적 현상이기 때문이다. 그리고 신구간 풍속이 무속에 기인한다면, 무속이 성한 다른 지역에도 신구간, 즉 대한과 입춘 사이에 이사, 집수리, 변소개축 등을 하는 풍속이 있어야 했는데, 그런 흔적조차 거의 보이지 않는다. 이 점에서 진성기 선생은 신구간은 제주섬 고유의 풍속으로 보아야 한다고 주장한다.

  제주인들은 인력으로 극복하기 힘든 척박한 환경과 고온다습한 기후로 인해 재해와 질병에 시달리면서 무속신앙을 초월적인 의지처로 삼으면서 거의 일 년 열두 달을 신에게 구속되어 살아왔다. 그러면서 제주인들은 추

---

35) 장주근, "제주도 무속문화의 지역성에 대하여", 『제주도』 14호(제주도, 1963), 영인본 『제주도』 ⑥(제주도, 2001), 516쪽.

운 계절에 꺼리던 일을 하더라도 동티가 안 난다는 것을 체득하였다. 그런 점에서 가장 추운 때인 신구간에 변소개축, 집수리, 이사 등을 함으로써 전염병 유행을 막으려고 했던 것은 제주인들의 슬기요 과학이기 때문에 신구간 풍속은 자연발생적인 것으로 보아야 하며 굳이 '세관교승'과 연결시킬 필요가 없다.36)

그러나 제주의 민간에서 신구간을 '대한 후 5일부터 입춘 전 3일까지'로 삼은 것은 "대한 후 5일, 입춘 전 2일에 신구세관이 교체된다."는 '세관교승'과 전혀 무관하다고 보기는 어렵다. 제주인들이 추운 시기에는 어떤 일을 하더라도 동티가 안 난다는 것을 체험을 통해 터득하고 있었다 하더라도, 그들이 신에 구속된 삶을 살고 있었다는 것을 부정할 수는 없다. 그렇다면 "대한 후 5일과 입춘 전 2일에 신구세관이 교체되는 시기로 지상에는 신이 없다."는 '세관교승'은 제주사람들에게 '신구간'이라는 기간을 구체적으로 명시해주었을 뿐만 아니라, 그 기간에는 동티가 안 난다는 자신들의 체험을 추인하는 근거가 되었다고 볼 수 있다. 다시 말해서 '세관교승'은 신구간을 하나의 풍속으로 정착시키는 직접적인 원인이 아니라 하더라도 하나의 계기가 되었다고 볼 수 있다.

4.2. 외래문화설37)

제주인들이 다른 지역민들보다 훨씬 무속적이고, 신구간 풍속이 제주만의 특이한 풍속이라 하더라도, 신구간 풍속을 제주의 고유한 무속

---

36) 진성기 선생과의 대담(2006. 1. 11).
37) 이 절은 제주도의 신화, 전설, 무가 등을 채록하고 오랫동안 연구한 무속학자 현용준(1931년 생) 선생과의 대담과 장정룡의 『한·중 세시풍속 및 가요연구』(집문당, 1988)를 토대로 하였다.

신앙과 연결시키기는 어렵다는 주장도 있다. 제주도의 대표적인 무속학자인 현용준 선생은 신구간 풍속이 외래문화에서 기인한다고 주장한다.

제주도 심방[巫覡]들이 구송하는 경전인 무가(巫歌)의 본풀이 어디에도 대한과 입춘 사이에 신이 하늘로 올라가거나 내려온다는 이야기가 없고 신구간에 대한 이야기도 없는 것으로 보아, 신구간 풍속이 제주도의 고유한 무속신앙에 기인한다는 주장은 설득력이 부족하다. 신구간 풍속은 『천기대요』가 제주도에 유입되면서 생겨났다. 그리고 "신구간에는 옥황상제의 명을 받아 내려온 여러 신들의 임기가 다 끝나 구관은 옥황으로 올라가고 신관은 아직 내려오지 않아서 이 기간에는 지상에는 신이 없기 때문에, 집수리, 변소개축, 이사 등 평소에 꺼려했던 일들을 손보아도 아무런 탈이 없어 무난하다."는 속신은 제주도 고유한 무속신앙에 기인한다기보다는 중국의 민간신앙적 요소가 짙다.38)

사실, 지상의 신이 지상에서 있던 일들을 옥황상제에게 보고하기 위해 특정시기에 올라간다는 생각은 중국의 도교사상에서 비롯된 것이다. 고려시대에 우리나라에 전승된 도교신앙 풍속으로 경신수야(庚申守夜) 풍속이 있다. 이는 경신일(庚申日) 밤에 잠을 자지 않는 풍속이다. 이 날 잠을 자면 삼시충(三尸蟲)이라는 것이 체내에서 빠져나가 상제께 그 사람이 저지른 악행을 보고하여 수명을 단축시킨다는 것이다.39)

그리고 중국에는 일찍부터 정초(正初)에 조왕신(竈王神)에게 제사를 드리는 풍속이 있었고,40) 우리나라에서도 조왕신앙은 오래 전부터 주

---

38) 현용준 선생과의 대담(2006. 1. 15).
39) 김용덕 외 『한국의 민속사상』(민속원, 1996), 146쪽.
40) 중국의 세시풍속을 기록한 『酌中志略』『荊楚歲時記』, 『東京夢華錄』, 『夢梁錄』, 『宛署雜記』, 『帝京景物略』, 『熙朝樂事』, 『淸嘉錄』『燕京歲時記』에서는 조왕신을 여기는 풍속이 기재되어 있다. 장정룡의 위의 책 107쪽 및 226쪽 참조.

부들 사이에 널리 신앙되었다. 조왕은 중국에서 도교와 습합된 비중있는 가신(家神)으로, 조왕신(竈王神)은 옥황상제의 부속신으로 집안의 평안과 복록을 관장하는데, '조군(灶君)', '조군(竈君)', '동주사명진군(東廚司命眞君)', '호택천존(護宅天尊)', '조왕야(灶王爺)' 등으로도 불리는데, 가택 6신의 하나이다. 중국의 민간에서는 조왕신은 섣달[臘月] 23, 24일에 하늘로 올라가서 옥황상제에게 한 집안의 선악을 보고하고 다시 정월 초 4일에 내려온다고 믿었다. 그렇기 때문에 중국의 가정에서는 섣달 24일과 정월 초 4일에 조왕신에 대한 제사[竈神祭]를 지낸다.41)

우리나라에서도 일찍부터 주부들을 대상으로 조왕신앙이 널리 신앙되고 있다. 한국과 중국의 민속을 비교 연구한 장정룡은 대한 후 5일에서 입춘 전 3일에 신들이 하늘로 올라가서 지상에는 신이 없기 때문에 평소에 꺼렸던 부엌[竈王], 변소, 외양간 등을 수리하면 동티가 나지 않는다는 제주도의 신구간 풍속은 한국과 중국의 민속의 교류를 일면을 보여주는 사례라고 주장한다.42)

그러나 제주섬의 '신구간'과 '조왕상천일(竈王上天日)' 풍속은 지상의 일을 관장하는 신이 조회(朝會)하기 위해 하늘로 올라가고 간다는 점에서 유사하지만, 그 때에 행해지는 풍속은 상당히 다르다. 즉 제주사람들은 신이 하늘로 올라가서 없는 기간을 신이 두려워서 꺼리던 일들을 할 수 있는 자유로운 기간으로 보았다. 그렇기 때문에 제주사람들은 신들이 없는 신구간을 적극적으로 활용하여 평소에 못하던 일들을 마음

---

41) 『帝京景物略』, 券2, "二十四日以糖劑餠, 黍糕, 棗栗, 胡桃, 炒豆祀竈君, 以糟草秣竈君馬, 謂竈君 翌日朝天去, 白家問一歲事, 祝曰 好多說, 不好少說.", 陳瑞隆, 『臺灣民間年節習俗』, (臺北:裕文堂書局, 1982), 44쪽. "初四, 接神, 俗以臘月二十四日灶君和諸神上天奏報, 初四日回到人間, 家家以牲禮,果品供奉, 燒金馬, 放爆竹迎新, 意在祈求衆神下降賜吉祥." 장정룡의 위의 책, 106쪽, 226쪽에서 재인용.
42) 장정룡, 위의 책, 106쪽.

놓고 할 수 있는 기간으로 삼았던 것이다. 반면에 중국인들은 조왕상천일(섣달 23, 24일)에는 조왕신이 하늘로 올라가기 때문에 옥황상제에게 보고할 때 좋은 이야기는 많이 하고 궂은 이야기는 적게 해달라고 빌고, 조왕하강일(정월 초 4일)에는 좋은 일이 많이 있게 해달라고 비는 제사를 지낸다. 제주사람들이 신구간에 신의 구속으로부터 벗어나 집수리, 변소개축, 이사 등의 적극적인 행위를 했다면, 중국인들은 조왕 상천일과 하강일에 오히려 신에게 더욱 더 구속되어 제사를 지냈던 것이다.

한편, 제주 무속인들의 사설(辭說)에 신구간에 대한 이야기가 한 마디도 없는 것으로 볼 때, 무속과는 관련이 없으며『천기대요』자체가 주역(周易)과 음양오행(陰陽五行) 사상에 바탕을 두고 있는 것으로 보아 '세관교승'에 근거를 둔 신구간 풍속은 외래문화라는 현용준 선생의 주장은 일리가 있다.

그러나 신구간 풍속이 '세관교승'이 실려 있는『천기대요』가 제주에 유입되면서 생겨난 풍속이라는 주장은, '세관교승'이 실려 있는『천기대요』와『산림경제』가 제주에서뿐만 아니라 다른 지역에서도 널리 읽혔지만 유독 제주에만 신구간 풍속이 있다는 사실은 설명하기 힘들다. 이에 대해 현용준 선생은 제주에서 신구간 풍속으로 자리잡게 된 이유를 농사력과 기후에서 찾고 있고, 오늘날까지 지켜지는 이유는 신구간이 임대차(賃貸借)의 회계연도로 되었기 때문이라고 본다.

신구간 풍속을 미신이니 뭐니 하면서도 타파할 수 없었던 이유는 그 시기가 제주도의 농한기이기 때문이었다. 농촌에서 고구마 수확, 보리 파종, (초가지붕을 이을) 새[띠]베기, 굴묵 땔 소똥 줍기 등 모든 일을 끝내려면 양력 1월이 되어야 했고, 대한이 지나가야 시간을 조금 낼 수 있었다. 그리고 제주에서의 신구간 추위는 집수리, 변소수리, 이사 등을 할 만한 추위이다. 육지에서처럼 사람이 움직일 수 없는 정도의 추위라면 이 풍속이 지켜지질 못했을 것이다. 그리고 오늘날에도 신구간이 지속되는 이유는 신구간이 임대차의 제주도의 회계연도이기 때문이다. 주인의 입장에서 볼 때 계약기간을 신구간에서 다음 해의 신구간까지로 정해버리니까, 빌리는 사람이 어쩔 수없이 그 계약을 따르게 된다.43)

그러나 제주사람들이 '세관교승'의 내용을 문자 그대로 받아들여서 신구간 풍속으로 정착시킬 수 있었던 것은 이미 그들의 사고체계 속에 '세관교승'의 내용을 받아들일 수 있는 풍토가 조성되어 있었기 때문이라고 할 수 있다. 1만 8천신이 인간사(人間事)를 좌지우지하고 있기 때문에 그 어느 것도 함부로 해서는 안 된다는 믿음체계를 가지고 있던 제주사람들에게 '세관교승'은 하나의 복음(福音)과도 같은 것이었다. 다시 말해서 일 년 열두 달 매사에 신의 구속을 받으면서 살아온 제주사람들에게 "대한 후 5일에서 입춘 2일에는 신이 없는 기간이기 때문에 평소에 신이 두려워서 꺼리던 일들을 해도 괜찮다."는 '세관교승'의 이야기는 복음이었을 것이고, 그렇기 때문에 신구간 풍속은 곧바로 속신(俗信)으로 자리잡을 수 있었다.

그런 점에서 신구간 풍속은 주역(周易)과 오행(五行) 사상에 바탕을 둔 『천기대요』의 '세관교승'이 제주섬의 전통에 맞게 변형되어 받아들여진 것이라고 볼 수 있다. 외래문화인 '세관교승'이 제주섬에 유입되어서는 제주섬의 민간신앙과 접목되어 다른 지역에는 없는 신구간 풍속으로 자리잡게 되었던 것이다. 한마디로 신구간 풍속은 "우리를 둘러싼 모든 것에는 신이 깃들어 있으며, 그 신이 우리의 길흉을 좌우한다."

---

43) 현용준 선생과의 대담(2006. 1. 15).

는 제주 고유의 민간신앙과 "대한 후 5일에서 입춘 전 2일에는 신들이 조회를 하러 하늘로 올라가서 없다."는 '세관교승'이라는 외래사상이 접목되어 나타난 제주만의 독특한 풍속이라는 것이다.

4.3. 백낙연 목사 기원설[44]

유학(儒學)과 한학(漢學)에 밝은 향토학자인 오문복(吳文福) 선생은 신구간이 처음에는 이사, 집수리, 장매(葬埋) 등을 따로 택일하지 않고도 가능한 기간이기 때문에 자손들이 많아서 택일하기가 쉽지 않은 집안에서 묘를 이장하는 기간으로 삼았지 지금처럼 이사철의 의미는 없었다고 본다. 그리고 그는 제주는 무속이 심하기 때문에 신구간 풍속이 있다는 주장에 대해서, 제주보다 무속이 더 심한 곳에도 신구간과 같은 풍속은 없다고 반박한다.

> 내가 본 바로는 전라도의 진도가 무속이 아주 심하다. 어릴 때 200호 정도 되는 연도라는 소리섬에서 한 3년 살았는데 거기는 바로 학교 운동장이 당(堂)이다. 운동장 한 가운데가 큰 당산나무가 있어서, 그 섬의 모든 집에서 음식을 장만해서 한 상 차려서 큰굿을 한다. 그러나 진도에는 신구간과 같은 풍속이 없다.[45]

뿐만 아니라 그는 척박한 자연 환경 때문에 신구간 풍속이 생겨났다는 가설에 대해서도 회의적이다. 즉 실제적으로 보면 극한 상황에 처하

---

44) 이 절은 오문복(1938년 생)선생과의 대담을 바탕으로 하였다. 오 선생은 제주도의 내표적 유학자로 제주와 관련된 많은 문집(文集)과 한시(漢詩)를 번역하고 한시 창자집을 내기도 하였으며, 현재 제주동양문화연구소 소장으로 있다.
45) 오문복 선생과의 대담(2006. 1. 12).

게 되었을 때 제주보다 육지부가 더 어려웠고, 제주는 고온다습한 기후로 질병이 심했다는 주장에 대해서도 예로부터 제주에는 의술이 발달했기 때문에 그리 큰 문제가 없었을 거라는 것이다.

제주도만 어렵게 살았을 것이라 생각하지만 육지가 어려운 것을 안 봐서 그렇지. 제주도에 흉년들어서 굶어서 죽었다는 말은 없다. 목사들이 흉년 들어 백성들이 죽어가니 쌀 달라고 중앙에 장계(狀啓)를 올렸지만 실질적으로 사람이 죽었다는 이야기는 별로 없다. 제주에는 겨울에도 풀이 있고, 바다에 가면 보말이라도 있지만 육지에서는 흉년이 들었다고 하면 겨울에는 풀 한포기 없으니까 천민들은 굶어죽는다. 여기서는 육지같이 가을에 쌀밥 못 먹어서 어렵게 살았다는 말이지 극한상황에 가서는 그래도 제주도가 나은 편이라고 봐야 한다. 그리고 TV드라마 '대장금'에서도 약간 언급되었지만 예전에 제주는 꽤 의술이 발달한 곳이었다. 예를 들어 세종 때 궁궐 안에서 먼지가 많아 눈병이 나서 '제주에 색자니(塞自尼)라는 여자가 눈병을 잘 고치니 남편과 자식과 함께 올려 보내라'[세종실록, 12년(1430) 12월 23일], '제주에 사는 효덕(孝德)이라는 여자가 눈병과 충치를 잘 고치니 올려 보내라'[세종실록, 세종 13년(1431) 5월 6일] 는 등의 이야기가 그것을 말해준다.46)

이처럼 오문복 선생은 제주도가 척박한 자연환경과 고온다습한 기후로 재해와 질병이 심해서 무속에 많이 의존하게 되었고, 그로 인해 신구간 풍속이 있게 되었다는 설을 부정한다.

그에 따르면, 무속에서 기인하는 것이 아니라 조선 말기에 백낙연(白樂淵) 목사(牧使)47)가 제주 성내(城內)의 도로를 확장하는 과정에서 생

---

46) 오문복 선생과의 대담(여기서 효덕(孝德) 이야기는 논자가 보충함).
47) 담수계, 『증보 탐라지(1954)』(제주문화원, 2004), 420쪽.

겨났다. 고려 이후에 제주에 부임했던 관리들의 치적을 기록한 〈관풍안(觀風案)〉에 따르면, 백낙연은 고종 14년(1877) 1월부터 고종 18년(1881) 5월까지 제주목사겸 방어사로 제주에 4년 4개월 동안 재임하였는데, 실제로 '제주목의 동남성 바깥의 길을 넓혔다(東南城外大路修治)'는 기록이 있다.

오문복 선생은 제주향교에서 수 년 전에 돌아간 오인환 씨로부터 들은 이야기라면서 신구간의 유래를 다음과 같이 말하고 있다.

> 일본에 합방되기 30여 년 전에 백낙연 목사가 있었는데, 그 분의 공적에 성안의 도로를 넓혔다는 기록이 나온다. 길을 넓히려면 개인 땅을 내놓아야 하는데 백성들이 땅을 내놓으려고 하지 않았다. 당시에 목사 임기가 3년이지만 조선 후기로 가면서 3년 임기를 채우는 목사가 그리 많지 않았다. 따라서 백성들은 어찌어찌 핑계대어 목사가 떠나버리면 안 하려고 하였다. 그래서 한 해만 더 끌면 되겠다 싶어 "길을 트려면 통시담을 고쳐야 되는데 제대로 된 날짜를 안 보고 할 수 있습니까. 이대로 금만 그어두면 다음에 우리가 맞는 날짜를 봐가지고 하겠습니다."라고 하였다. 이에 백 목사가 『천기대요』의 '세관교승'을 인용하여 "대한 후 5일과 입춘 전 2일 사이에 귀신 다 하늘로 올라가버린 때이니까 따로 택일할 필요가 없다. 그리고 관(官)에서 명령하는 것이기 때문에 '官'이라고 쓰인 깃발을 꽂아놓고 일을 하면, 신에게 벌을 받더라도 그대들이 아니라, 목사인 내가 벌을 받는다."라고 백성들을 설득하였다. '신구간'이란 말은 그 때부터 나온 것이다.[48]

한편, 백낙연 목사가 '세관교승'조를 인용하여 "대한 후 5일에서 입춘 전 2일이 신구세관(新舊歲官)이 교차하는 때이므로, '官'자 기(旗)를 꽂고 일을 하면, 나중에 잘못되더라도 그 책임은 그것을 명령한 관리에

---

48) 오문복 선생과의 대담(2006. 1. 12).

게 있는 것이 되니, 두려워하지 말고 일을 시행하라."는 영(令)을 내렸다는 주장을 뒷받침하는 이야기는 후에 변소를 고치는 과정에서도 찾아볼 수 있다.

일제시대에 7월 장마가 끝난 뒤 청결일이라는 날이 있었다. 청결일에는 집안에서 모든 가구를 명석에 꺼내어 깔아놓고 집안을 청소하면, 일본순사가 돌아다니면서 검사를 한다. 그래서 청소가 잘 된 집들은 조그만 쇠로 된 카드를 대문에 붙여서 가구와 집기들을 방안으로 들여놓게 했다. 그런데 그 과정에서 어떤 사람이 관(官)에 해당하는 순사에게 미리 가서 "우리 집에 검사오거든 '왜 화장실을 수리하지 않았냐?'면서 뺨을 때려 달라."고 부탁을 했다고 한다. 그래서 그 순사가 그 집에 가서 다른 데는 청결한데 왜 화장실을 수리하지 않았냐고 뺨을 때렸고, '예, 예' 하면서 화장실을 고쳐서 아무런 탈이 없었다는 얘기가 있다.[49]

그리고 굿을 하지 않고도 액(厄)을 면하는 방법의 하나로 신이나 잡귀의 의지에 거슬리는 일을 하면서 '국령(國令)'이니 '관령(官令)'이니 하는 글을 써서 붙였다. 이것은 나라의 명령이나 관의 명령은 귀신도 꼼짝 못하게 하는 힘을 가졌다는 일반백성들의 사고에서 나온 것이다. 이는 나라의 명령이 얼마나 무서운가를 웅변해주고 있다. 이 방법은 변소를 수리하거나 집을 고치거나 신당(神堂)을 부술 때 흔히 사용했는데, 제주에서 새마을운동을 할 때 공무원들이 '官令'이라 써 붙여 놓고 당을 부순 것도 같은 맥락의 의식이다.[50] 그리고 1980년대 초에 변소 개량을 하는 과정에서도 이와 비슷한 일들이 있었다.

---

49) 현용준 선생과의 대담(2006. 1. 15).
50) 현용준, 『민속사진집 靈』(각, 2004), 93-94쪽 참조.

행정관청에서 어느 마을에 돗통시를 현대식 변소로 개량하도록 행정지시를 내렸더니 지역주민들이 돗통시를 함부로 고치면 동티가 난다고 갑론을박하다가 "신구간에 가서 고칠 것이니 기다려줄 것과 그 때 가서 관청에서 질긴 백지에다 뻘건 인주로 '官' 자를 찍어 한 장씩 나누어주면 돗통시에다 꽂아 놓고 고치겠다."는 기사가 지방신문에 실린 적이 있다.51)

그만큼 백성들은 '관(官)'을 두려워하고, 관의 명령은 곧 지상(至上) 명령으로 여겼던 것이다. 오문복 선생의 주장은 백낙연 목사라는 역사적 실존 인물을 끌어들여 '세관교승' 이야기가 어떻게 제주도에 도입되었고, 신구간 풍속이 어떻게 자리잡게 되었는가를 설명하고 있다는 점에서 특이하다.

그러나 신구간 풍속이 우연한 계기에 생겨났다고 해도 그것이 민간풍속으로 정착되고 오랫동안 지켜질 수 있었던 것은 문화적 적합성과 자연 환경적 적합성이 있었기 때문이다. 제주인들이 '세관교승'을 문자 그대로 받아들일 수 있었던 것은 매사에 신에 구속되는 삶을 살던 무속문화라는 문화적 토양이 있었고, 신구간 풍속이 오랫동안 지켜질 수 있었던 것은 그것을 지킴으로써 얻어지는 실질적 효과가 있었기 때문이다.

백낙연 목사에 의해 우연한 계기에 '세관교승'이 제주에 알려지게 되면서 신구간 풍속이 생겨났다 하더라도, 제주사람들이 제주의 기후적 특성상 변소개축, 집수리, 이사 등을 아무 때나 하게 되면 동티가 나지만, 신구간에 하면 동티가 나지 않는다는 것을 경험적으로 확인할 수 있었기에 신구간 풍속은 지속될 수 있었던 것이다.

---

51) 김인호, 『한국 제주 역사·문화 뿌리학』 상(우용출판사, 1997), 42쪽에서 재인용.

4.4. 탐관오리설

세간에는 신구간 풍속이 탐관오리(貪官汚吏)의 수탈로부터 벗어나려는 데서부터 비롯되었다는 설이 있다. 이 설은 1970년 신구간에 제주신문에 등장한 이후로, 신구간의 유래를 이야기할 때 자주 인용되기도 한다.

> 아주 오랜 옛적에 목사(牧使)가 중앙에서 임명을 받고 내려와서 도민을 다스렸는데, 제주에 파견된 목사 양반들이 그리 마음씨 좋은 분들이 아니었는지 도민들에게 붙일 만한 명목이 있으면 서슴지 않고 세금을 내라고 억지를 썼다. 하물며 집수리를 해도 돈을 많이 벌었기에 집을 수리하는 것이라 해서 세금을 받아가고, 이사를 하고 있으면 이삿짐이 많은 것은 재산이 많이 있음을 나타내는 것이라 해서 세금을 받았다. 그러니 섣불리 집을 고치고 이사를 하다가는 애꿎은 세금을 물게 되자 참고 견디다가 목사가 임지를 옮겨 제주를 떠나고 신임목사가 제주 땅에 도착하는 그 사이에 집을 고치고 이사를 한다고 해서 신관(新官)과 구관(舊官)이 제주땅에 없는 동안을 표현한 것이 '신구간'이다.[52]

'신구간(新舊間)'은 '세관교승', 즉 "대한 후 5일 입춘 전 2일이 신세관과 구세관이 교승하는 때이다(大寒 後 五日 立春 前 二日 乃 新舊歲官 交令之際)"에서 비롯된 말이다. 하지만 여기서 '관(官)'을 문자 그대로 '관리(官吏)'라는 의미로 받아들이는 것은 무리이다. 왜냐하면 "세관교승(歲官交承) 바로 앞에 "투수일(偸修日)은 대한 후 10일 입춘 전 5일인데 단 이 하루가 가장 좋고 그 전날이나 그 뒷날이 그 다음으로 좋다.

---

[52] 강무중, "신구간 是非", 제주일보, 1970. 1. 26, 현치방, "신구간", 제주일보, 1977. 1. 19.

이 날은 구귀(舊鬼)가 막 떠나고 신신(新神)이 아직 오지 않은 때이다 (像修日 大寒 後 十日 立春 前 五日 只一日爲上 前一日後一日爲次 右日舊鬼將謝 新神未進)"라는 대목이 있는 것으로 보아서, '세관(歲官)'은 문자 그대로 '관리(官吏)'로 해석하기보다는 '귀신(鬼神)'으로 해석해야 하기 때문이다. 특히 '관(官)'을 '목사(牧使)'로 해석해야 할지는 의문이다.

목사(牧使)는 원래 고려 때부터 도입된 제도로, 제주목사의 시초를 보면 1295년(충렬왕21) 4월 원(元)의 직속으로 되면서 불러왔던 읍호 탐라(耽羅)를 다시 제주(濟州)로 개칭하면서 두게 되었다. 그러나 고려시대 때의 목사는 꾸준히 이뤄진 것은 아니었고 원의 다루가치(達魯花赤)를 비롯하여 부사(副使), 안무사(按撫使), 만호(萬戶) 등 관직의 변천이 심했다. 목사제도가 정착된 것은 조선시대 이후의 일로 갑오경장 뒤인 1895년(고종32)부터 3년 동안의 관찰사와 1906년(광무10)의 직제 개편으로 목(牧)이 군제(郡制)로 조정될 때까지 500여 년 동안 지속했다. 하지만 조선시대에도 제주의 수령은 목사로 통일돼 있지 않고 안무사(按撫使), 절제사(節製使), 방어사(防禦使), 찰리사(察里使) 등 여러 관직이 제수되었고, 제주목사는 대체로 절제사나 방어사를 겸직시켜 병마권(兵馬權)을 동시에 부여했기 때문에, 임용 당시의 중요도에 따라 보직이 제수되었던 것으로 어떤 경우이든 목사의 직분을 수행한 점에서는 다를 바 없다.[53]

그리고 '신세관(新歲官)'과 '구세관(舊歲官)'을 문자 그대로 '새로운 목사'와 '이전 목사'로 해석하는 것은 무리라는 것을 조선시대에 제주에 파견된 목사와 그들의 부임 및 퇴임 일시를 비교해 보면 알 수 있다.

---

53) 홍순만, "제주목사에 관한 서설", 『제주도사연구』 창간호(제주도사연구회, 1991) 35-36쪽.

조선시대 목사 부임 및 퇴임 연월일[54]

성 명	부임 연 월 일	퇴임 연 월 일
여의손(呂義孫)	태조2년(1393) 계유12월	태조4년(1395) 을해4월
이 심(李 沈)	태조4년(1395) 을해4월	태조6년(1397) 정축4월
김천신(金天伸)	태조6년(1397) 정축4월	정종1년(1399) 기묘7월
김사민(金思敏)	정종1년(1399) 기묘8월	태종1년(1401) 신사10월
박덕공(朴德公)	태종1년(1401) 신사10월	태종3년(1403) 계미12월
이원항(李原恒)	태종4년(1404) 갑신4월	태종6년(1406) 병술9월
조 원(趙 原)	태종6년(1406) 병술9월	태종9년(1409) 기축 윤4월
정 초(鄭 初)	태종9년(1409) 기축 윤4월	태종10년(1410) 경인1월
김정준(金庭雋)	태종10년(1410) 경인1월	태종12년(1412) 임진4월
윤 임(尹 臨)	태종12년(1412) 임진4월	태종14년(1414) 갑오8월
오 제(吳 湜)	태종14년(1414) 갑오 윤9월	태종17년(1417) 정유4월
이 간(李 暕)	태종17년(1417) 정유4월	세종1년(1419) 기해6월
정을현(鄭乙賢)	세종1년(1419) 기해6월	세종2년(1420) 경자4월
이 신(李 伸)	세종2년(1420) 경자5월	동년 11월
정 간(鄭 幹)	세종2년(1420) 경자11월	세종5년(1423) 계묘1월
김 소(金 素)	세종5년(1423) 계묘3월	세종7년(1425) 을사3월
조희정(趙希鼎)	세종7년(1425) 을사5월	세종8년(1426) 병오9월
장우량(張友良)	세종9년(1427) 정미1월	세종11년(1429) 기유4월
김 흡(金 洽)	세종11년(1429) 기유4월	세종13년(1431) 신해9월
김 인(金 裀)	세종13년(1431) 신해9월	세종16년(1434) 갑인3월
이 붕(李 鵬)	세종16년(1434) 갑인3월	동년 8월
최해산(崔海山)	세종16년(1434) 갑인10월	세종19년(1437) 정사2월
한승순(韓承舜)	세종19년(1437) 정사2월	세종21년(1439) 기미2월
정 간(丁 艮)	세종21년(1439) 기미4월	세종23년(1441) 신유10월
신처강(辛處康)	세종23년(1441) 신유10월	세종25년(1443) 계해12월
기 건(奇 虔)	세종25년(1443) 계해12월	세종27년(1445) 을축12월

---

54) 김봉옥, "제주목민관 명단", 『증보 제주통사』(세림, 2000), 415-470쪽 및 『북제주군지』상, (북제주군, 2000), 527-537쪽, 『제주도지』제1권(제주도, 1993), 862-884쪽, 999-1009쪽, 1032-1041쪽 참조. 이 표에서 성명에 배경색으로 처리된 부분은 목사가 선정관(善政官)임을 나타내며, 부임일시와 퇴임일시의 배경색으로 처리된 부분은 12월과 1월에 부임과 퇴임했음을 나타낸다.

이흥문(李興門)	세종28년(1446) 병인2월	세종29년(1447) 정묘4월
신숙청(辛淑晴)	세종29년(1447) 정묘6월	세종31년(1449) 기사7월
이명겸(李鳴謙)	세종31년(1449) 기사10월	문종1년(1451) 신미9월
홍익성(洪益誠)	문종1년(1451) 신미11월	단종1년(1453) 계유11월
최수평(崔守平)	단종2년(1454) 갑술5월	세조2년(1456) 병자4월
장맹창(張孟昌)	세조2년(1456) 병자4월	동년 7월
설효조(薛孝祖)	세조2년(1456) 병자8월	세조5년(1459) 기묘1월
원지어(元志於)	세조5년(1459) 기묘3월	세조7년(1461) 신사1월
최경례(崔景禮)	세조7년(1461) 신사2월	세조8년(1462) 임오7월
복승리(卜承利)	세조8년(1462) 임오7월	세조11년(1465) 을유2월
문여량(文汝良)	세조11년(1465) 을유2월	세조12년(1466) 병술 윤3월
이유의(李由義)	세조12년(1466) 병술 윤3월	예종1년(1469) 기축2월
김호인(金好仁)	예종1년(1469) 기축 2월	성종1년(1470) 경인10월
이약동(李約東)	성종1년(1470) 경인10월	성종4년(1473) 계사8월
이장손(李長孫)	성종4년(1473) 계사8월	성종7년(1476) 병신6월
정 형(鄭 亨)	성종7년(1476) 병신6월	성종9년(1478) 무술8월
양 찬(梁 讚)	성종9년(1478) 무술10월	성종12년(1481) 신축7월
최 전(崔 湔)	성종12년(1481) 신축7월	성종15년(1484) 갑진1월
이거인(李居仁)	성종15년(1484) 갑진4월	성종17년(1486) 병오7월
이수생(李壽生)	성종17년(1486) 병오10월	성종18년(1487) 정미7월
허 희(許 熙)	성종18년(1487) 정미10월	성종21년(1490) 경술5월
이종윤(李從允)	성종21년(1490) 경술8월	성종25년(1494) 갑인12월
정인운(鄭仁耘)	연산1년(1495) 을묘4월	연산3년(1497) 정사10월
민 휘(閔 暉)	연산4년(1498) 무오2월	연산6년(1500) 경신8월
남궁찬(南宮璨)	연산6년(1500) 경신11월	연산9년(1503) 계해7월
김 륵(金 玏)	연산9년(1503) 계해8월	연산10년(1504) 갑자11월
육 한(陸 閑)	연산11년(1505) 을축4월	중종1년(1506) 병인10월
방유영(方有寧)	중종2년(1507) 정묘1월	중종4년(1509) 기사7월
이 전(李 琠)	중종4년(1509) 기사9월	중종5년(1510) 경오6월
장 림(張 琳)	중종5년(1510) 경오6월	동년 12월
김석철(金錫哲)	중종6년(1511) 신미1월	중종8년(1513) 계유6월
성수재(成秀才)	중종8년(1513) 계유9월	중종 10년(1515) 을해3월
정 건(鄭 健)	중종10년(1515) 을해5월	중종12년(1517) 정축9월

문계창(文繼昌)	중종12년(1517) 정축 윤12월	중종13년(1518) 무인4월
이윤번(李允蕃)	중종13년(1518) 무인4월	중종15년(1520) 경진8월
이 운(李 耘)	중종15년(1520) 경진9월	중종18년(1523) 계미3월
김흠조(金欽祖)	중종18년(1523) 계미 윤4월	중종21년(1526) 병술4월
이수동(李壽童)	중종21년(1526) 병술4월	중종23년(1528) 무자12월
송인수(宋仁粹)	중종23년(1528) 무자12월	중종26년(1531) 신묘6월
이희옹(李希雍)	중종26년(1531) 신묘7월	중종29년(1534) 갑오3월
송인수(宋麟壽)	중종29년(1534) 갑오3월	동년 6월
심연원(沈連源)	중종29년(1534) 갑오9월	중종32년(1537) 정유6월
김수성(金遂性)	중종32년(1537) 정유6월	중종33년(1538) 무술3월
권 진(權 軫)	중종33년(1538) 무술3월	중종35년(1540) 경자8월
조사수(趙士秀)	중종35년(1540) 경자11월	중종36년(1541) 신축3월
윤준형(尹仲衡)	중종36년(1541) 신축3월	중종37년(1542) 임인11월
김윤종(金胤宗)	중종38년(1543) 계묘3월	인종1년(1545) 을사11월
임형수(林亨秀)	인종1년(1545) 을사11월	명종1년(1546) 병오10월
김 숙(金 淑)	명종1년(1546) 병오10월	명종4년(1549) 기유5월
한 흡(韓 洽)	명종4년(1549) 기유5월	명종5년(1550) 경술7월
김충렬(金忠烈)	명종5년(1550) 경술7월	명종7년(1552) 임자5월
남치근(南致勤)	명종7년(1552) 임자6월	명종10년(1555) 을묘2월
김수문(金秀文)	명종10년(1555) 을묘2월	명종12년(1557) 정사10월
민응서(閔應瑞)	명종12년(1557) 정사10월	명종13년(1558) 무오10월
이 영(李 榮)	명종13년(1558) 무오10월	명종15년(1560) 경신10월
오 성(吳 誠)	명종16년(1561) 신유1월	명종17년(1562) 임술10월
김우서(金禹瑞)	명종17년(1562) 임술10월	명종20년(1565) 을축9월
이선원(李善源)	명종20년(1565) 을축9월	동년10월
변 협(邊 協)	명종20년(1565) 을축11월	동년12월
곽 흘(郭 屹)	명종20년(1565) 을축12월	선조1년(1568) 무진6월
이 전(李 戩)	선조1년(1568) 무진7월	선조4년(1571) 신미1월
소 흡(蘇 潝)	선조4년(1571) 신미3월	선조6년(1573) 계유6월
강 려(姜 侶)	선조6년(1573) 계유6월	선조7년(1574) 갑술10월
송중기(宋重器)	선조7년(1574) 갑술12월	선조10년(1577) 정축8월
임 진(林 晉)	선조10년(1577) 정축8월	선조12년(1579) 기묘10월
신 각(申 恪)	선조12년(1579) 기묘11월	선조14년(1581) 신사2월

제1장 신구간 풍속의 유래 59

김태정(金泰廷)	선조14년(1581) 신사3월	선조15년(1582) 임오8월
최여림(崔汝霖)	선조15년(1582) 임오9월	선조16년(1583) 계미9월
김응남(金應南)	선조16년(1583) 계미10월	선조18년(1585) 을유4월
임응용(任應龍)	선조18년(1585) 을유4월	선조19년(1586) 병술8월
양사영(梁思瑩)	선조19년(1586) 병술11월	선조22년(1589) 기축10월
이 옥(李 沃)	선조22년(1589) 기축10월	선조25년(1592) 임진3월
양대수(楊大樹)	선조25년(1592) 임진3월	동년 6월
이경록(李慶祿)	선조25년(1592) 임진9월	선조32년(1599) 기해1월
성윤문(成允文)	선조32년(1599) 기해3월	선조34년(1601) 신축6월
조 경(趙 儆)	선조34년(1601) 신축8월	선조35년(1602) 임인7월
김명윤(金命胤)	선조35년(1602) 임인7월	선조37년(1604) 갑진8월
이 영(李 英)	선조37년(1604) 갑진10월	선조40년(1607) 정미7월
이응해(李應獬)	선조40년(1607) 정미7월	선조41년(1608) 무신6월
변량걸(邊良傑)	선조41년(1608) 무신6월	광해2년(1610) 경술2월
이기빈(李箕賓)	광해2년(1610) 경술2월	광해3년(1611) 신해9월
이 현(李 玹)	광해3년(1611) 신해9월	광해5년(1613) 계축2월
현 즙(玄 楫)	광해5년(1613) 계축2월	광해8년(1616) 병진4월
이 괄(李 适)	광해8년(1616) 병진5월	광해11년(1619) 기미2월
홍 걸(洪 傑)	광해11년(1619) 기미2월	동년 5월
양 호(梁 濩)	광해11년(1619) 기미10월	광해14년(1622) 임술10월
유주문(柳舜懋)	광해14년(1622) 임술11월	인조1년(1623) 계해8월
민 기(閔 機)	인조1년(1623) 계해8월	인조2년(1624) 갑자6월
성안의(成安義)	인조2년(1624) 갑자6월	인조5년(1627) 정묘4월
박명부(朴命榑)	인조5년(1627) 정묘4월	인조7년(1629) 기사6월
이진경(李眞卿)	인조7년(1629) 기사6월	인조10년(1632) 임신2월
이 곽(李 廓)	인조10년(1632) 임신3월	인조12년(1634) 갑술 윤8월
신경호(申景琥)	인조12년(1634) 갑술9월	인조15년(1637) 정축5월
성하종(成夏宗)	인조15년(1637) 정축5월	인조16년(1638) 무인6월
심 연(沈 演)	인조16년(1638) 무인6월	인조18년(1640) 경진9월
이시방(李時昉)	인조18년(1640) 경진9월	인조20년(1642) 임오8월
원 숙(元 䎘)	인조20년(1642) 임오8월	인조23년(1645) 을유4월
유정익(柳廷益)	인조23년(1645) 을유4월	인조25년(1647) 정해5월
김여수(金汝水)	인조25년(1647) 정해5월	인조27년(1649) 기축9월

김수익(金壽翼)	인조27년(1649) 기축9월	효종2년(1651) 신묘7월
이원진(李元鎭)	효종2년(1651) 신묘7월	효종4년(1653) 계사10월
소동도(蘇東道)	효종4년(1653) 계사10월	효종6년(1655) 을미9월
구의준(具義俊)	효종6년(1655) 을미9월	효종9년(1658) 무술4월
이 회(李 檜)	효종9년(1658) 무술4월	현종1년(1660) 경자5월
이지형(李枝馨)	현종1년(1660) 경자5월	현종3년(1662) 임인8월
이익한(李翊漢)	현종3년(1662) 임인8월	현종4년(1663) 계묘3월
이중신(李重信)	현종4년(1663) 계묘3월	현종6년(1665) 을사11월
홍우량(洪宇亮)	현종6년(1665) 을사11월	현종8년(1667) 정미5월
이 인(李 土因)	현종8년(1667) 정미6월	현종10년(1669) 기유9월
노 정(盧 錠)	현종10년(1669) 기유9월	현종13년(1672) 임자5월
윤 계(尹 堦)	현종13년(1672) 임자5월	동년 10월
김흥운(金興運)	현종13년(1672) 임자10월	숙종1년(1675) 을묘6월
소두산(蘇斗山)	숙종1년(1675) 을묘6월	숙종2년(1676) 병진2월
윤창형(尹昌亨)	숙종2년(1676) 병진2월	숙종4년(1678) 무오8월
최 관(崔 寬)	숙종4년(1678) 무오8월	숙종6년(1680) 경신5월
원 상(元 相)	숙종6년(1680) 경신5월	동년 8월
임홍망(任弘望)	숙종6년(1680) 경신8월	숙종7년(1681) 신유12월
신경윤(愼景尹)	숙종7년(1681) 신유12월	숙종10년(1684) 갑자4월
김세귀(金世龜)	숙종10년(1684) 갑자4월	숙종11년(1685) 을축1월
강세귀(姜世龜)	숙종11년(1685) 을축4월	동년 10월
이상전(李尙전)	숙종11년(1685) 을축10월	숙종14년(1688) 무진4월
이희룡(李喜龍)	숙종14년(1688) 무진4월	숙종15년(1689) 기사5월
이우항(李宇恒)	숙종15년(1689) 기사5월	숙종17년(1691) 신미12월
윤정화(尹鼎和)	숙종18년(1691) 임신1월	숙종19년(1693) 계유4월
이기하(李基夏)	숙종19년(1693) 계유4월	숙종20년(1694) 갑술7월
이익태(李益泰)	숙종20년(1694) 갑술7월	숙종22년(1696) 병자9월
유한명(柳漢明)	숙종22년(1696) 병자10월	숙종25년(1699) 기묘5월
남지훈(南至薰)	숙종25년(1699) 기묘5월	숙종27년(1701) 신사9월
박성서(朴星錫)	숙종27년(1701) 신사9월	숙종28년(1702) 임오6월
이형상(李衡祥)	숙종28년(1702) 임오6월	숙종29년(1703) 계미6월
이희태(李喜泰)	숙종29년(1703) 계미6월	숙종30년(1704) 갑신10월
송정규(宋廷奎)	숙종30년(1704) 갑신10월	숙종32년(1706) 병술9월

이규성(李奎成)	숙종32년(1706) 병술9월	숙종35년(1709) 기축5월
최계옹(崔啓翁)	숙종35년(1709) 기축5월	숙종36년(1710) 경인12월
백시구(白時耉)	숙종36년(1710) 경인12월	숙종37년(1711) 신묘5월
이익한(李翊漢)	숙종37년(1711) 신묘5월	숙종39년(1713) 계사7월
변시태(邊是泰)	숙종39년(1713) 계사7월	숙종42년(1716) 병신3월
홍중주(洪重周)	숙종42년(1716) 병신3월	숙종43년(1717) 정유9월
정석빈(鄭碩賓)	숙종43년(1717) 정유9월	숙종45년(1719) 기해6월
정동후(鄭東後)	숙종45년(1719) 기해6월	숙종46년(1720) 경자7월
민제장(閔濟章)	숙종46년(1720) 경자7월	경종1년(1721) 신축8월
정사효(鄭思孝)	경종1년(1721) 신축8월	경종2년(1722) 임인4월
최 완(崔 烷)	경종2년(1722) 임인4월	경종3년(1723) 계묘5월
신유익(愼惟益)	경종3년(1723) 계묘8월	영조1년(1725) 을사6월
한범석(韓範錫)	영조1년(1725) 을사6월	영조3년(1727) 정미10월
정계장(鄭啓章)	영조3년(1727) 정미10월	영조5년(1729) 기유6월
이수신(李守身)	영조5년(1729) 기유10월	영조7년(1731) 신해9월
정필녕(鄭必寧)	영조7년(1731) 신해9월	영조9년(1733) 계축8월
정도원(鄭道元)	영조9년(1733) 계축8월	영조10년(1734) 갑인9월
김 정(金 𤥨政)	영조11년(1735) 을묘4월	영조13년(1737) 정사9월
이희하(李希夏)	영조13년(1737) 정사 9월	영조14년(1738) 무오10월
홍중징(洪重徵)	영조14년(1738) 무오10월	영조15년(1739) 기미9월
조동점(趙東漸)	영조15년(1739) 기미9월	영조16년(1740) 경신9월
안경운(安慶運)	영조16년(1740) 경신9월	영조19년(1743) 계해3월
김 윤(金 潤)	영조19년(1743) 계해3월	영조20년(1744) 갑자9월
윤 식(尹 植)	영조20년(1744) 갑자9월	영조21년(1745) 을축9월
유정귀(柳徵龜)	영조21년(1745) 을축9월	영조22년(1746) 병인3월
한덕승(韓億增)	영조22년(1746) 병인3월	영조23년(1747) 정묘11월
박태신(朴泰新)	영조23년(1747) 정묘11월	영조25년(1749) 기사10월
정언유(鄭彦儒)	영조25년(1749) 기사10월	영조27년(1751) 신미8월
윤구연(尹九淵)	영조27년(1751) 신미8월	영조28년(1752) 임신12월
김몽규(金夢奎)	영조28년(1752) 임신12월	영조30년(1754) 갑술10월
홍태두(洪泰斗)	영조30년(1754) 갑술10월	영조32년(1756) 병자 윤9월
이윤성(李潤成)	영조32년(1756) 병자 윤9월	영조33년(1757) 정축10월
조위진(趙威鎭)	영조33년(1757) 정축11월	영조35년(1759) 기묘5월

허 류(許 瑬)	영조35년(1759) 기묘5월	영조36년(1760) 경진7월
이창운(李昌運)	영조36년(1760) 경진7월	영조37년(1761) 신사7월
신광익(申光翼)	영조37년(1761) 신사7월	영조39년(1763) 계미5월
이 달(李 鏈)	영조39년(1763) 계미5월	동년 7월
이명운(李明運)	영조39년(1763) 계미7월	영조41년(1765) 을유6월
유진하(柳鎭夏)	영조41년(1765) 을유6월	동년 8월
윤시동(尹蓍東)	영조41년(1765) 을유8월	영조42년(1766) 병술6월
안 표(安 杓)	영조42년(1766) 병술6월	영조43년(1767) 정해2월
남익상(南益祥)	영조43년(1767) 정해2월	영조45년(1769) 기축7월
안종규(安宗奎)	영조45년(1769) 기축7월	영조47년(1771) 신묘1월
양세현(梁世絢)	영조47년(1771) 신묘1월	영조49년(1773) 계사3월
박성협(朴聖浹)	영조49년(1773) 계사3월	영조50년(1774) 갑오5월
신경준(申景濬)	영조50년(1774) 갑오7월	영조51년(1775) 을미2월
유 혁(柳 爀)	영조51년(1775) 을미2월	정조1년(1777) 정유3월
황최언(黃最彦)	정조1년(1777) 정유3월	정조2년(1778) 무술12월
김영수(金永綏)	정조2년(1778) 무술12월	정조5년(1781) 신축3월
김시구(金蓍耉)	정조5년(1781) 신축3월	동년 7월
이양정(李養鼎)	정조5년(1781) 신축7월	정조6년(1782) 임인1월
이문혁(李文爀)	정조6년(1782) 임인1월	정조7년(1783) 계묘4월
엄사만(嚴思晩)	정조7년(1783) 계묘6월	정조9년(1785) 을사5월
윤득규(尹得逵)	정조9년(1785) 을사5월	정조10년(1786) 병오4월
이명준(李命俊)	정조 10년(1786) 병오4월	정조12년(1788) 무신3월
홍인묵(洪仁默)	정조 12년(1788) 무신3월	동년10월
이철오(李喆模)	정조12년(1788) 무신10월	정조14년(1790) 경술7월
이홍운(李鴻運)	정조14년(1790) 경술7월	정조15년(1791) 신해8월
이운빈(李運彬)	정조15년(1791) 신해8월	정조16년(1792) 임자3월
이철운(李喆運)	정조16년(1792) 임자3월	정조17년(1793) 계축12월
심낙수(沈樂洙)	정조17년(1793) 계축12월	정조18년(1794) 갑인10월
이우현(李禹鉉)	정조18년(1794) 갑인10월	정조20년(1796) 병진4월
유사모(柳師模)	정조20년(1796) 병진4월	정조21년(1797) 정사6월
조명즙(曹命楫)	정조21년(1797) 정사6월	정조23년(1799) 기미7월
임시철(林蓍喆)	정조23년(1799) 기미7월	동년 12월
정관휘(鄭觀輝)	정조23년(1799) 기미12월	순조2년(1802) 임술3월

제1장 신구간 풍속의 유래 63

이연필(李延弼)	순조2년(1802) 임술3월	순조3년(1803) 계해7월
유 경(柳 耕)	순조3년(1803) 계해9월	순조4년(1804) 갑자9월
박종주(朴宗柱)	순조4년(1804) 갑자9월	순조7년(1807) 정묘3월
한정운(韓鼎運)	순조7년(1807) 정묘3월	순조9년(1809) 기사1월
이현택(李顯宅)	순조9년(1809) 기사1월	순조11년(1811) 신미6월
조정철(趙貞喆)	순조11년(1811) 신미6월	순조12년(1812) 임신6월
김수기(金守基)	순조12년(1812) 임신6월	순조14년(1814) 갑술4월
허 명(許 溟)	순조14년(1814) 갑술4월	순조15년(1815) 을해5월
윤구동(尹久東)	순조15년(1815) 을해5월	순조17년(1817) 정축10월
조의진(趙義鎭)	순조17년(1817) 정축10월	순조20년(1820) 경진3월
한상묵(韓象默)	순조20년(1820) 경진3월	동년 12월
백영진(白泳鎭)	순조1년(1821) 신사1월	동년 10월
이원팔(李元八)	순조22년(1822) 임오1월	순조24년(1824) 갑신1월
임성고(任聖皐)	순조24년(1824) 갑신1월	순조26년(1826) 병술6월
심영석(沈英錫)	순조26년(1826) 병술6월	순조27년(1827) 정해8월
이행교(李行敎)	순조27년(1827) 정해8월	순조30년(1830) 경인3월
이예연(李禮延)	순조30년(1830) 경인3월	순조32년(1832) 임진2월
한응호(韓應浩)	순조32년(1832) 임진2월	순조34년(1834) 갑오7월
박장복(朴長復)	순조34년(1834) 갑오7월	헌종1년(1835) 병신3월
조우석(趙禹錫)	헌종2년(1836) 병신3월	헌종3년(1836) 정유11월
이원달(李源達)	헌종3년(1837) 정유11월	헌종5년(1839) 기해3월
구재룡(具載龍)	헌종5년(1839) 기해3월	헌종7년(1841) 신축 윤3월
이원조(李源祚)	헌종7년(1841) 신축윤3월	헌종9년(1843) 계묘6월
이용현(李容鉉)	헌종9년(1843) 계묘6월	헌종10년(1844) 갑진8월
권 직(權 㮨)	헌종10년(1844) 갑진12월	헌종12년(1846) 병오2월
이의식(李宜植)	헌종12년(1846) 병오2월	헌종14년(1848) 무신3월
장인식(張寅植)	헌종 14년(1848) 무신3월	철종1년(1850) 경술6월
이현공(李玄功)	철종1년(1850) 경술6월	철종2년(1851) 신해7월
백희수(白希洙)	철종2년(1851) 신해7월	철종4년(1853) 계축12월
목인배(睦仁培)	철종4년(1853) 계축12월	철종6년(1855) 을묘8월
채동건(蔡東健)	철종6년(1855) 을묘8월	철종8년(1857) 정사6월
임백능(任百能)	철종8년(1857) 정사6월	철종9년(1858) 무오12월
정우현(鄭愚鉉)	철종9년(1858) 무오12월	철종11년(1860) 경신 윤3월

강면규(姜冕奎)	철종11년(1860) 경신 윤3월	철종12년(1861) 신유2월
신종익(申從翼)	철종12년(1861) 신유2월	철종13년(1862) 임술2월
임헌대(任憲大)	철종13년(1862) 임술2월	철종14년(1863) 계해1월
정기원(鄭岐源)	철종14년(1863) 계해1월	고종1년(1864) 갑자3월
양헌수(梁憲洙)	고종1년(1864) 갑자3월	고종3년(1866) 병인8월
이후선(李後善)	고종3년(1866) 병인8월	고종5년(1868) 무진10월
조희순(趙羲純)	고종5년(1868) 무진10월	고종9년(1872) 임신5월
이복희(李宓熙)	고종9년(1872) 임신5월	고종11년(1874) 갑술7월
이희충(李熙忠)	고종11년(1874) 갑술7월	고종14년(1877) 정축1월
백낙연(白樂淵)	고종14년(1877) 정축1월	고종18년(1881) 신사5월
박선양(朴善陽)	고종18년(1881) 신사5월	고종20년(1883) 계미5월
심현택(沈賢澤)	고종20년(1883) 계미5월	고종21년(1884) 갑신12월
홍 규(洪 圭)	고종21년(1884) 갑신12월	고종23년(1886) 병술5월
심원택(沈遠澤)	고종23년(1886) 병술5월	고종25년(1888) 무자7월
송구호(宋龜浩)	고종25년(1888) 무자7월	고종27년(1890) 경인4월
조균하(趙均夏)	고종27년(1890) 경인4월	고종28년(1891) 신묘8월
정용기(鄭龍基)	고종28년(1891) 신묘8월	동년 9월
이규원(李奎遠)	고종28년(1891) 신묘9월	고종31년(1894) 갑오9월
이봉헌(李鳳憲)	고종31년(1894) 갑오9월	고종32년(1895) 을미8월
오경림(吳慶林)	고종32년(1895) 을미8월	건양1년(1896) 병신4월
이병휘(李秉輝)	건양1년(1896) 병신4월	광무2년(1898) 무술3월
박용원(朴用元)	광무2년(1898) 무술3월	광무3년(1899) 기해10월
이상규(李庠珪)	광무3년(1899) 기해10월	광무5년(1901) 신축1월
이재호(李在護)	광무5년(1901) 신축4월	광무6년(1902) 임인6월
윤석인(尹錫仁)	광무6년(1902) 임인8월	동년 10월
홍종우(洪鍾宇)	광무7년(1903) 계묘1월	광무9년(1905) 을사4월
조종환(趙鍾桓)	광무9년(1905) 을사5월	광무10년(1906) 병오6월
윤원구(尹元求)	광무10년(1906) 병오8월	융희2년(1908) 무신12월
서병업(徐丙業)	융희4년(1910) 4월	1914년 3월

한편, 제주에 파견된 목사들을 모두 탐관오리로 전제하는 것은 잘못이다. 조선시대(1392~1910) 제주목사를 역임한 이는 총 286명에 달한다. 이 수는 미부임자를 제외한 수이다. 이 가운데 선정을 베푼 목사는

58명으로 20%, 학정(虐政)을 행한 목사가 14명, 실정(失政)을 한 목사가 15명이다. 따라서 학정과 실정을 한 목사를 탐관오리로 간주하더라도 이에 해당하는 목사는 29명으로 10%에 불과하며, 선정을 베푼 목사가 탐관오리보다 훨씬 많았다.[55] 따라서 신구간이 탐관오리의 수탈을 피하려는 데서 비롯되었다는 주장은 근거가 부족하다.

그리고 조선시대에 제주 목사의 임기가 30개월이었지만 이를 반드시 지키는 경우는 드물었고, 신관(新官)과 구관(舊官)이 교체되었던 시기는 일정치가 않았다. 그리고 조선 최초의 목사인 여의손이 태조2년(1393) 12월에 부임한 이후에 신구간이 들어 있는 음력 12월과 1월에 교체된 경우는 전체 286건 가운데 23건에 불과하고, 조선 후기에 해당하는 인조 1년(1623년) 이후 교체되었던 172건 가운데 17건으로 10%에 불과하다. 그리고 조선시대를 통틀어 음력 12월과 1월 두 달 동안에 부임하거나 퇴임한 건수까지 다 합쳐도 41건밖에 안 되고 있다. 그런 점에 비추어 볼 때 대한 후 5일에서 입춘 전 3일 사이인 1주일 남짓한 신구간에 신구(新舊) 목사들이 교체된 경우는 극히 드물었음을 알 수 있다. 따라서 신구간이 신관(새로운 목사)와 구관(이전 목사)가 교체되는 시기와 관련이 있다고 보기는 어렵다.

4.5. 자연환경설[56]

김익수 선생은 신화나 구전을 통해서 전승되는 속신들 가운데는 그

---

[55] 홍순만, "제주목사에 관한 서설", 『제주도사연구』 창간호(제주도사연구회, 1991) 39-40쪽.
[56] 이 절은 김익수 선생(1939년 생)과의 대담을 토대로 작성되었다. 김 선생은 제주와 관련된 여러 고문헌과 고문서를 번역한 향토사학자이다.

지역의 자연적 특성이나 기후와 깊은 연관이 있는 경우가 많은데, 신구간 풍속도 제주도의 자연환경과 밀접한 관련이 있고 본다.

신구간 풍속은 전설이나, 민속 신앙과 같은 신비적인 것에서 연원하는 것이 아니다. 제주에서 유배 생활을 했던 김정, 정동계, 김정희 등의 문집을 보면 풍토병(風土病)에 관한 이야기가 많이 있다. 당시 육지에서 유배 온 선비들은 '장풍(瘴風)'이라는 풍토병을 가장 두려워했다. '장풍'은 습기에서 오는 데, 2월부터 시작된다. 따라서 양력으로 2월 초하루 이전에 이사를 해야 했다. 그리고 제주에서는 2월이 되면 날씨가 따뜻해져서 곰팡이와 세균들이 번식하기 시작하므로 파상풍의 위험이 있어 2월 전에 돗거름[豚糞]을 밭으로 옮겨야 했다. 따라서 질병의 위험이 있는 일들은 양력 약 2월 초하루 전에 해야 했다. 그런 걸로 봐서 신구간에 이사를 하고 집을 수리하고 변소를 고치는 풍속은 이런 질병과 관계가 있다.[57]

그리고 그는 신구간 풍속은 질병과 더불어 태양력에 바탕을 둔 노동시간과 농사력 등이 복합적으로 융화돼서 정착된 풍속으로 이해해야 한다고 주장한다.

신구간 풍속은 제주의 지리적 위치와 기후적 특성의 산물이다. 『천기대요』를 바탕으로 구체화된 신구간은 대한 후 5일부터 입춘 전 3일까지를 말하는데, 24절기가 중국을 기준으로 한 것이기 때문에 우리나라에서는 수정된다. 실제로 북경과 제주도는 시간차가 1시간 정도 차이가 나게 되고, 우리나라에서도 위도에 따라 일조량과 개화시기의 차이가 있다. 밤의 길이가 가장 긴 동지에서부터 낮의 길이가 조금씩 길어지기 시작해서 입춘 전 이틀쯤에는 45분 정도 길어진다. 따라서 이 시기가 되면 해 뜨는 시간을

---

57) 김익수 선생과의 대담(2006. 1. 15).

기준으로 봐서 이웃이나 친지가 이사하는 것을 도와주고서 일하러 갈 수 있는 시간이 한 시간 남짓 되어 이 기간에 이사하는 풍속이 생겨났다.58)

다시 말해서 신구간에 집을 수리하고 변소를 개축하고 이사를 해도 좋다는 속신에는 합리적 근거가 있다는 것이다. 그리고 "대한 후 5일과 입춘 전 2일 사이에는 지상에 신이 없기 때문에 평소에 꺼리는 일을 해도 좋다."는 '세관교승'을 끌어들인 것은 많은 사람들이 그것을 믿고 따르도록 하기 위한 것이다. 신구간 풍속은 옛사람들이 터득한 지혜를 현실에 정착시키는 과정에서 '세관교승'이 더욱 가속화시켜서 생겨나게 된 것이다.

그리고 김익수 선생은 신구간 풍속이 처음에는 제주시에서 시작되어 제주섬 전체에 퍼지게 되었다고 주장한다.

> 질병의 위험이 없는 농한기에 변소를 고치거나 이사를 하는 것은 예전부터 제주도의 관례였다. 그러한 관례가 문자를 해독할 수 있는 사대부나 역술인들이 『천기대요』 등에 의거하여 택일하게 되면서 신구간이 '대한 후 5일에서 입춘 전 3일'로 확정되었다. 그리고 그처럼 확정된 신구간은 처음에는 주로 제주시(城內)에서만 시행되다가 인구가 제주시로 빠르게 집중되는 과정에서 제주도 전역으로 전파된 것으로 볼 수 있다.59)

제주시에 인구가 모여들고 제주섬의 허브 역할을 하게 되면서, 제주시는 새로운 풍속을 도내 전 지역으로 전파하는 중심지가 되었다는 것이다.

---

58) 김익수 선생과의 대담(2006. 1. 15).
59) 김익수 선생과의 대담(2006. 1. 15).

5. 이사철로서의 신구간

　제주의 노인들의 이야기를 들어보면, 해방 이전에도 신구간에 이사를 하는 풍속은 있었다. 그러나 '대한 후 5일에서 입춘 전 3일에 이사하는 풍속'은 신구간 풍속의 일부이지 전부는 아니었다. '신구간=이사철'로 굳어지기 시작한 것은 도시화와 산업화가 이뤄져서 제주도내에 인구이동이 빈번해지고 주택문제가 심각해지면서부터라고 할 수 있다.

　해방 이전에 신구간에 이사하는 풍속에 대해서는 학자들 간에도 서로 다른 입장을 지닌다. 현용준 선생에 따르면, 해방 이전에는 제주도 전체가 농촌사회여서 자기 집을 다 가지고 있어서 남의 집을 빌릴 필요가 없었기 때문에 이사하는 것은 신구간 풍속의 극히 일부였다.[60] 그러나 진성기 선생은 "집싯젠 집자랑 말라, 밭싯젠 밭자랑 말라. 새 닷뭇 드련 짓언 보난 삼칸일러라(집 있다고 집자랑 말아라. 밭 있다고 밭자랑 말아라. 띠 다섯 묶음 들여서 짓고 보니까 三間이더라)"라는 제주 민요가 있듯이, 옛날에도 집 없는 사람들이 많았고 신구간을 기다렸다가 집을 얻었다고 주장한다.[61] 그러나 두 분 모두 해방 이전에는 토착 농경 사회였기 때문에 이사를 하더라도 한 마을 안에서 이사를 하는 경우가 많고 이삿짐 규모도 작아서 등짐으로 이사를 했기 때문에 지금과 같은 대규모의 이동은 없었다는 점에 대해서는 일치한다.

　제주도에 주택문제가 심각하게 대두된 것은 크게 세 가지 요인에서 비롯된다고 볼 수 있다. 첫째는 제주 현대사의 가장 큰 비극인 4·3사건이다. 4·3사건으로 인한 마을피해는 제주도의 거의 전체 마을에 해당하는 300여 마을이었으며, 가옥피해는 2만여 호(戶), 4만여 동(棟)으

---

60) 현용준 선생과의 대담(2006. 1. 15).
61) 진성기 선생과의 대담(2006. 1. 11).

로 추정된다.62) 따라서 4·3사건으로 말미암아 제주도 전역은 심각한 주택난을 겪게 된다.

둘째는 4·3사건의 피해가 채 아물지도 않은 상황 속에서 설상가상으로 한국전쟁 당시에 수많은 피난민이 제주도에 유입되었다는 사실이다. 그로 인해 주택이 모자라서 임대료 급등을 가져왔다는 것은 앞에서 본 신문보도를 통해서도 잘 알 수 있다.

셋째는 도시화와 산업화로 인해 제주도의 인구가 제주시로 집중하게 되었다는 것이다. 아래 표를 보면 알 수 있듯이 1960년대에 들어서면서 제주시로 인구집중이 급격하게 진행되었다. 뿐만 아니라 인구의 이동과 더불어 핵가족화로 세대당 인구수는 점차 줄어들게 되면서63) 주택난은 더욱 심각하게 되었다.

〈표1〉 제주도의 인구변동 추이표(단위 천명)64)

연도 지역	1925	1935	1944	1955	1960	1965	1970	1975	1980	1985	1990	1995	2000	2005
제주도 전체	205	189	221	288	281	326	358	411	462	477	501	519	513	558
제주시	39	35	46	60	67	84	106	135	167	203	232	255	279	304
제주시 집중률(%)	19	19	21	21	24	26	30	33	36	43	46	49	54	54

그렇게 본다면 신구간에 한꺼번에 이사가 이뤄지기 시작하여 신구간

---

62) 제주4.3연구소 홈페이지(www.jeju43.org) 피해실태 자료 참조.
63) 통계청의 자료에 따르면 1970년대 이전에는 세대당 5명, 1970년대부터 1980년대까지는 세대당 4명, 1990년대 이후에는 세대당 3명으로 점차 줄어들고 있다.
64) 김두봉, 『濟州島實記』, 濟州島實記研究社, 1936, 『제주도지』 제1권, 제주도, 1993, 통계청(www.nso.go.kr), 제주도청(www.jeju.go.kr), 제주시청(www.jejusi.go.kr) 홈페이지 인구 자료 참고.

풍속이 외부인의 시각에 드러나기 시작한 것은 한국전쟁 이후라고 할 수 있다. 다시 말해서 4·3사건으로 인한 주택 소실, 한국전쟁으로 인한 피난민의 대거 유입, 산업화로 인한 도시로의 인구집중 등으로 주택난이 심각해지면서, 신구간에 일시에 많은 가구가 이사하게 됨으로써 신구간 풍속은 임대료 인상 문제 등의 사회문제를 낳게 되었다.

따라서 신구간에 이사하는 풍속은 예전에도 다소 있었겠지만, '세관교승'의 내용들이 역술인들에 의해 대중화되고, 제주도 전역의 인구가 제주시로 집중되면서 신구간에 이사하는 풍속이 제주도 전역으로 퍼졌다고 볼 수 있다. 그렇게 본다면 신구간이 이사철로 굳어지게 된 것은 비교적 최근의 일이다.

신구간에 해야 하는 일로는 평소에 동티가 날까 두려워 못했던 이사, 집수리, 변소개축, 이장(移葬) 등 여러 가지가 있었다. 그러나 농촌에서 도시로 많은 인구가 유입되어 주택난이 있게 되면서 신구간에 하는 여러 일들 가운데 유독 '이사'가 많이 두드러지게 되었다. 뿐만 아니라 재래식 변소인 돗통시가 사라지면서 변소를 고칠 일이 없어지고, 산업화가 되면서 아무 때나 주택을 짓거나 수리할 수 있게 되어, 신구간은 거의 이사철로서의 기능만 남게 되었다. 신구간 풍속은 '대한 후 5일에서 입춘 전 3일에 이사하는 풍속'으로 좁혀지게 된 것이다.

6. 맺는말

제주도의 독특한 세시풍속인 신구간은 분명히 실체는 있지만 정확한 유래와 연원을 알 수 없다. 개명천지한 오늘날에도 제주도에서는 신구간이 되면 이삿짐 행렬이 줄을 잇고, 각 매장에서는 신구간 특수(特需)로 침체되었던 경기(景氣)가 되살아나고, 전화, 인터넷, 유선방송, 가스배달 업체에서는 비상근무를 해야 한다. 신구간에 집수리하고, 변소 고치고, 이사하고, 이장(移葬)하는 풍속은 오래 전부터 있었다고는 하지만, 해방 이전의 문헌 기록에서는 거의 찾아 볼 수 없다.

따라서 여기서는 제주의 원로 민속학자, 무속학자, 향토사학자 등과의 대담과 단편적으로 전승되는 이야기, 신문자료 등을 바탕으로 신구간 풍속의 유래와 연원을 찾아보았다. 이 과정을 통해서 신구간 풍속이 아주 오래 전인 탐라국 시대부터 있었다는 주장에서부터 해방이후, 특히 제주도가 도시화와 산업화가 되면서 생겨났다는 주장에 이르기까지 다양한 주장이 있을 수 있다는 걸 확인 했다. 뿐만 아니라 신구간 풍속이 생겨나게 된 이유에서도 옛 제주인들의 과학적이고 합리적인 지혜에서 비롯되었다는 주장에서부터 몽매한 미신 때문이라는 주장에 이르기까지, 제주의 고온다습한 기후와 자연 환경의 산물이라는 객관적 원인을 제시하는 이들에서부터 우연한 기회에 '세관교승'이 제주도에 소개되면서 시작되었다는 주장을 펴는 이에 이르기까지, 그리고 신구간 풍속은 제주도의 고유한 무속 신앙에서 기인한다는 주장에서부터 외래사상의 산물이라는 주장에 이르기까지 실로 다양한 가설과 주장이 가능하다는 것도 확인하였다.

사실, 그 어떤 주장도 나름대로 일리가 있고 가능하다. 그러나 각각의 주장들은 서로에게 비춰봤을 때 설명을 하는데 한계가 있다는 것도 드러난다. 따라서 우리는 각각의 주장들을 최대한 살리면서 신구간 풍속의 유래와 연원에 대해서 재구성해볼 필요가 있다.

그러기 위해선 우선 신구간 풍속의 정의부터 분명히 해야 한다. 제주도의 신구간 풍속은 "대한 후 5일부터 입춘 전 3일까지 평소에는 동티가 날까 두려워 못 했던 일들, 즉 변소개축, 집수리, 이사, 이장 등을 하는 풍속"을 말한다. 만일 신구간 풍속을 이렇게 정의한다면 우선 그 기간과 관련해서 볼 때 "대한 후 5일부터 입춘 전 2일은 곧 신구세관(新舊歲官)이 교차하는 때이다. … 이때에는 산운(山運)에도 거리낌이 없어 길흉살에 이르기까지 극복되므로, 임의대로 가택을 짓고 장사를 지내도 불리함이 없다."는 '세관교승(歲官交承)'과 무관하다 할 수 없다.

하지만 '세관교승'이 실려 있는 『천기대요』와 『산림경제』는 조선시대 후기에 조정과 민간에서 널리 읽혔던 책들이기 때문에 '세관교승'의 내용은 제주도에서보다 오히려 육지부에서 더 많이 알려져 있다는 사실을 우리는 고려해야 한다. 만일 '세관교승'이 곧 신구간 풍속의 직접적인 원인이라면 육지부에도 대한 5일과 입춘 전 2일 사이에 가택을 짓거나 이장(移葬)하는 풍속이 있어야 할 터인데 그러한 풍속이 전혀 보이지 않는다. 따라서 신구간 풍속이 '세관교승'과 연관이 있는 것은 사실이지만, '세관교승'을 신구간 풍속의 직접적인 원인으로 돌리기보다는 신구간 풍속의 계기(契機)로 삼는 것이 바람직하다.

그리고 제주도 심방[巫覡]들이 구송하는 본풀이[辭說]에는 신들이 한 해 동안 지상에서 있었던 일들을 옥황상제에게 보고하기 위해 하늘[玉皇]에 올라간다는 이야기가 없다. 반면에 중국의 민간에서는 일찍부터 "조왕신(竈王神)이 섣달 23, 24일에 한 해 동안 집안에 있던 일들을 옥황상제에게 보고하기 위해 하늘로 올라가고 정월 초 4일에 다시 내려온다."는 민간 도교신앙이 있었다. 그런 점에서 본다면 "(한 해 동안 지상에서 있었던 일을 옥황상제에게 보고하기 위해) 구세관이 하늘로 올라가고 (옥황상제로부터 새로운 임명을 받은) 신세관이 아직 내려오지 않아서 지상에는 신이 없다 …"는 속신은 무속적이기보다는 도교적이다.
 그러나 외래사상이라고 할 수 있는 '세간교승'이 제주도의 고유한 신구간 풍속으로 자리잡게 된 데는 그것을 받아들일 수 있는 최적의 문화적 풍토가 마련되어 있었기 때문이라고 할 수 있다. 옛날부터 제주인들은 우리를 둘러싼 만물에 신이 깃들어 있으며 그 신들이 길흉화복(吉凶禍福)을 좌우한다고 믿으면서, 항상 신에 구속되어 수많은 금기(禁忌) 속에 살아왔다. 즉 평상시에는 돗통시의 돌담 하나 나무 한 그루 마음대로 움직이지 못하는 삶을 살아 왔던 것이다. 그러던 참에 '세관교승'의 이야기는 하나의 복음(福音)이었다. 1년 중에 단 1주일만이라도 이 지상에 신으로부터 해방되고, 금기들이 풀려서 마음 놓고 하고 싶은 일을 할 수 있다는 것은 일대 사건으로 받아들일 수밖에 없었던 것이다.
 그러한 '세관교승'은 제주인들에게 추운 계절에는 변소를 고치고 집을 수리하고 이사를 하더라도 아무런 탈이 없다는 오랜 경험과 시행착오 속에서 얻어낸 잠정적인 진리를 재확인해주는 이론적 근거가 되었을 수도 있다. 그리고 세균 활동이 시작되고 식물이 성장하기 시작하는 새철이 들기[立春] 전에 묵은철을 정리하고 새철을 준비하는 것은 대단히 필요한 작업이었다. 그러나 토착 농경사회에서 이사하는 것은 그리 큰 일이 아니었다. 왜냐하면 요즘처럼 이사를 자주 행하지도 않았고, 이사를 하더라도 대체로 한 마을 안에서 이동을 했으며, 세간살이도 많지 않아 등짐으로 져 날라도 충분했기 때문이다. 따라서 전통사회에서는 신구간 풍속의 여러 기능 가운데 이사(移徙)보다는 집수리, 변소개축, 이장(移葬) 등이 더 중요했을 것이다.
 그러나 현대사회로 접어들면서 신구간 풍속 중에 이사의 기능이 강화되기 시작하였다. 해방 이후에 와서 제주사회는 4·3사건으로 2만여호(戶) 4만여 동(棟)의 가옥이 파괴되었고, 엎친 데 덮친 격으로 한국 전쟁으로 수많은 피난민이 유입되면서 제주도 전역은 주택난을 겪게 된다. 그리고 1960년대 이후에 도시화와 산업화로 인구가 제주시로 집중하게 되면서 주택 문제가 심각하게 되었고, 거처를 마련하는 일이야말로 일상에서 가장 중대사가 되었다. 하여 '신구간＝이사철'로 되었던 것이다. 그리고 오늘날에도 여전히 신구간에 이사를 많이 하는 이유는 제주인들이 아직도 신화적 사고에서 벗어나지 못해서라기보다는 임대차의 회계기간이 신구간으로 정착되어 있기 때문이라고 보는 게 설득력이 있다.

결론적으로, 제주의 고온다습한 기후와 제주인들의 무속적 성향으로 볼 때 질병이 위험이 적으면서도 한가한 가장 추운 시기에 동티가 날까 봐 두려워서 못하던 일을 하는 풍속은 오래 전부터 있었다고 보아야 한다. 그러나 신구간이 '대한 후 5일부터 입춘 전 3일까지'라고 분명하게 정해지게 된 것은 『천기대요』의 '세관교승'이 소개된 이후부터라고 보는 게 타당하다. 그리고 지금처럼 신구간이 '이사철'의 기능만 남게 된 것은 제주도가 도시화되고 산업사회로 접어들면서부터이다.

제2장
신문에 나타난 신구간 풍속도

1. 들어가는 말

　신문 말고는 신구간 풍속에 대해 직접 언급한 문자로 된 기록은 거의 없다. 따라서 제주도내 신문(제주신보/제주신문/제주일보, 제민일보, 한라일보 등)에 기록된 여러가지 신구간 관련 기사, 칼럼, 사진 등은 신구간 풍속을 연구하는 데 중요한 자료적 가치를 지닌다. 뿐만 아니라 우리는 그것들을 통해 제주 현대사의 여러 단면들을 엿볼 수 있다. 많은 사람들이 대한 후 5일에서 입춘 전 3일까지 1주일 남짓한 짧은 기간에 한꺼번에 이사를 하다보니 신구간 풍속은 제주사회에 많은 문제를 야기하기도 했다. 그리고 신구간 풍속으로 인한 사회문제는 우리 사회의 시대상을 잘 보여준다.
　신구간 풍속이 사회문제로 등장하기 시작한 것은 해방이후의 일이다. 물론 해방 이전에도 신구간에 이사를 하는 풍속이 없었던 것은 아니지만, 당시는 전통적 농경사회여서 거주지를 옮기는 일이 많지 않았다. 그리고 이사를 하더라도 이삿짐이 많지 않아 등짐으로 날라도 충분했으며, 버릴 물건이 없었기에 요즘처럼 이사 쓰레기가 대량으로 발생하는 일도 없었다.

　제주섬의 최대 비극인 4.3사건(1947-1953)은 주택문제를 심각하게 야기했다. 4.3사건으로 제주섬은 거의 전체 마을에 해당하는 300여 마을, 2만여 호(戶)가 피해를 입었고, 4만여 동(棟)의 가옥이 소실되었다. 그리고 4.3사건의 피해가 채 아물지도 않은 상황에서 한국전쟁으로 인한 수많은 피난민들이 제주섬에 유입됨으로써 주택부족 현상은 더욱 심화되었다. 그렇기 때문에 일시에 이사하는 신구간 풍속은 집 없는 피난민들이나 영세민들에게 많은 고통을 가져다주었다.

　그리고 한국전쟁이 끝나고 피난민들이 제주섬을 떠난 이후에도 주택부족 현상은 나아질 기미를 보이지 않았다. 그도 그럴 것이 일제 식민지 시대에 일본으로 갔던 제일동포들이 사회가 안정되면서 귀국하기 시작하였고, 1960년대 이후에 근대화 과정을 거치면서 제주섬의 인구가 제주시로 집중하게 됨으로써 주택 수요는 급격히 늘어나게 되었다. 반면에 주택 공급은 수요에 미치지 못하고, 한꺼번에 많은 사람이 이사하는 신구간에는 주택시장의 수급 구조가 더욱 왜곡되어 매년 임대료 폭등이 있기도 하였다. 하여 1960대에는 행정당국에서 신구간 풍속을 6대 폐습 중의 하나로 규정하여 계몽하기도 하였지만 효과는 거의 없었다.

　1970년대가 되어도 제주시를 중심으로 한 주택시장은 여전히 수용에 비해 공급물량이 부족했다. 한편, 경제사정이 나아지면서 각 가정에 가구나 가전제품 등을 갖추게 됨으로써 이삿짐이 늘어나게 수송차량을 구하기가 쉽지 않았고, 이사할 때 버리는 폐가구나 폐가전제품들도 생겨나기 시작하여 골목과 거리마다 쓰레기가 넘쳐나기 시작한다. 그리고 임대료가 폭등하고 이삿짐센터에서는 신구간에 한 몫을 잡으려고 폭리를 취하는 등 여러 문제가 생겨나서 행정당국과 언론기관에서 신구간 풍속을 폐지하기 위해서 많은 노력을 기울이지만 큰 효과는 거두지 못했다.

　1980년대가 되어도 제주시 주택보급률은 60% 남짓하여, 매년 신구간이 되면 제주시내에만 1만 5천여 세대, 5만 5천여 명 정도가 대이동을 하게 된다. 여전히 주택 수급대책, 쓰레기처리 대책이 필요했으며, 전화 있는 집이 늘어나면서 전화국에서는 신구간 동안에 6, 7천 건씩의 전화이설을 하느라 곤욕을 치르게 됨으로써 전형적인 신구간 대란을 겪게 된다. 동사무소나 등기소 같은 관공서에서는 전출입신고와 등기부등본을 열람하느라 장사진을 이루게 된다.

　1990년대가 되면 신구간 대란은 제주시를 넘어 온 섬으로 확대되어 2만여세대, 10만여명에 이르는 도민 대이동이 있게 된다. 그리고 제주섬에도 아파트가 많이 신설되면서 신구간에 쏟아지는 쓰레기가 더욱 많아지고, 집집마다 전화가 있게 됨으로써 신구간에 전화이설 건수는 2만여 건으로 늘게 되고, 차량을 보유하는 가정이 늘어나면서 이웃간에 주차장 확보로 인한 갈등도 있게 된다. 뿐만 아니라 신구간에 집값 인상이 있게 되면 곧 물가 인상으로 이어져서, 신구간이 있는 1.4분기에는 제주지역은 다른 지역보다 소비자 물가가 상승하는 결과를 가져오기도 한다. 하지만 많은 사람들이 새 집으로 이사하면서 가구나 가전제품을 새로 구입하게 되면서 이른바 신구간 특수(特需)도 있어서 신구간은 침체되었던 경기를 활성화시키는 역할을 하기도 한다.

　2000년대에도 여전히 도내에서 1만여 세대, 3만여 명의 대이동은 계속 이어진다. 정보화 사회로 접어들면서 휴대전화가 보편화되어 이사로 인한 통신에 지장은 없지만, 전화, 인터넷, 유선방송 등의 업체에서는 신규 개설 또는 이설을 하느라 비상근무를 해야 한다. 그리고 환경의식이 높아지면서 쓰레기 분리와 재활용이 이뤄지지만 신구간에 쏟아지는 쓰레기는 평소의 갑절에 이르러 쓰레기대란이 근본적으로 사라지지는 않았다. 그러나 2000년대 중반부터 제주섬도 육지부와 교류가 잦아지고 거주 형태가 아파트 위주로 바뀌게 되면서 신구간 풍속도 점점 약화되는 게 사실이다.

제주의 풍속 중에서 가장 특이하면서도 지금까지 지켜지는 풍습은 신구간 풍속이다. 제주사람들은 대체로 신구간, 즉 대한 후 5일부터 입춘 전 3일까지(대략 1월 25일~2월 1일)에만 이사를 하는데, 특히 외지에서 온 사람들은 이런 풍습 때문에 집을 구하는데 몹시 애를 먹는다. 일년 중 1주일 남짓한 신구간에만 이사하는 풍속 때문에 제주의 복덕방, 즉 부동산중개업자들은 집의 임대나 매매를 알선하기보다는 주로 땅을 알선하는 역할을 한다. 그리고 이사만을 전문으로 대행하는 이사짐센터가 흔치 않고, 주로 화물업자가 병행했다.

신구간이 다가오면 길거리 곳곳에는 방이나 집을 내놓는다는 벽보가 붙고, 생활정보지에 집을 임대하거나 매매한다는 광고가 넘쳐난다. 제주에서는 월세나 전세집은 거의 없고 대부분이 계약과 동시에 일년치 세를 내는 사글세(1년세, 제주사람들은 이를 '죽어지는 세'라 한다)이고, 계약기간은 '이번 신구간에서 다음 신구간까지'가 된다. 그리고 일년 중 신구간이 아닌 때 계약하더라도 보통 '계약당시부터 신구간까지 얼마' 하는 식으로 계약 하며, 신구간이 되면 재계약을 하든가 이사를 한다.

이러한 신구간 풍속은 시대에 따라 조금씩 변화해 왔다. 여기서는 신문지상에 나타난 기사, 사설, 칼럼 등을 바탕으로 지난 50년 동안의 신구간 풍속의 변화과정을 크게 두 시기, 즉 사글세 대란의 시기(1950-1970년대)와 민원대란의 시기(1980-2000년대)로 나눠서 살펴보고자 한다.

2. 사글세 대란 시대(1950-1970년대)

2.1. 1950년대의 신구간 풍속도

신구간 풍속은 분명 해방 이전부터 있었다. 그러나 '신구간'이라는 단어가 문헌이나 신문에 등장하기 시작한 것은 그리 오래된 일이 아니다. 그 이유에 대해서는 신구간의 유래에 대해서 논할 때 논의한 바 있다. 따라서 여기서는 필자가 찾은 신구간과 관련된 첫 신문보도를 중심으로 1950년대의 신구간 풍속도를 그려보기로 한다.

왼 쪽 : '신구간'이란 단어가 처음 등장한 신문보도 1953. 1. 21 제주신보
오른쪽 : '신구간'의 유래에 대해 처음 언급한 신문보도 1954. 1. 26 제주신보

신구간 앞두고 방세 껑충, 살림 위협받는 세궁민층(細窮民層)

　연중관례로 집 이사하는 시기인 '신구간'을 앞두고 셋방살이 하는 공근원(公勤員)과 피난민들에 일부 가주(家主)들이 엄청난 방세를 요구하여 겹치는 한파와 더불어 옹색한 살림살이를 한고비 위협하고 있다. 이러한 악덕 가주에 대하여 경찰당국은 누차 중앙지시에 의한 피난민주택임시조치령 등을 적용 가차없이 의법처단할 터이라 한다. 이런 문제에 대하여 일반에서는 원주민의 따뜻한 동포애가 있어야함은 물론이거니와 피난민도 또한 구호받는 것이 당연한 일같이 생각하는 태도를 일소함으로써 격의없는 상호보조가 도모해지기를 바라고 있다.

1953. 1. 21, 제주신보

　1953년 1월이면 한국전쟁으로 제주섬에 많이 피난민들이 밀려들던 시기이다. 그리고 '연중관례(年中慣例)로 집 이사하는 시기인 신구간을 앞두고…'라고 하는 것으로 보아, 신구간에 이사하는 풍속은 이 기사가 쓰인 시기보다 훨씬 오래 전부터 있었다는 것을 알 수 있다.
　전통적인 농경사회에서는 정착생활을 해서 이사하는 사람이 많지 않아서 신구간에 이사를 하는 풍속은 근대화 내지는 산업화 시기 이후에 나타난 것이라고 할 수도 있다. 하지만 위의 기사가 쓰인 1953년은 한국전쟁 당시로 우리나라에서 근대화와 산업화되기 훨씬 이전의 시기인 점에 비춰볼 때 그러한 주장이 별로 설득력이 없다는 것을 보여준다. 뿐만 아니라 1953년 당시에 '연중관례'라는 말을 썼다면, 이미 그보다 훨씬 전부터 신구간에 이사하는 풍속이 있었다는 다는 말인데, 이는 신구간에 이사하는 풍속은 산업화 내지는 근대화 시대의 산물이 아니라 오히려 전통적 농경사회의 산물임을 보여준다.
　그리고 이 시기는 수만동의 가옥들이 파괴된 4.3사건의 비극이 채 치유되기도 전이라서 주택이 워낙 부족했고, 엎친 데 덮친 격으로 피난민들이 몰려들어 주택사정이 최악이었고, 예나 지금이나 이를 이용하여 많은 이득을 취하는 악덕 업자들이 있다는 것도 쉽게 짐작해볼 수 있다. 그리고 1950, 60년대는 주택의 수요가 공급을 훨씬 초월했기 때문에 일시에 많은 가구사 이사해야 하는 신구간 풍속은 영세민들에게 엄청난 고통을 가져다주었다. 이는 다음 보도에서도 잘 나타난다.

눈보라 속에 신구간 이사짐, 셋방에 허덕이는 가난사리의 서름

풍설몰아 대한 추위 찾아와 호세부리는 데 신구간은 때굿이 어제부터 시작되어 셋방살이하는 아낙네들의 마음을 조려주고 있다. 환도(還都)바람에 다수 피난민이 출륙하였음으로 방세도 싸며 얻기 쉬울 것 같이 보였으나 저락(低落)은커녕 훌쩍 앙등(昻騰)하여졌을 뿐이다. 셋방도 귀해졌다는 것이 방 구하러 쏘다니는 가난뱅이들의 탄성이다.

읍시내 셋방시세를 보면 작년 신구간에는 년세 2천원하던 방이 금년 신구간에는 3천원으로 껑충. 또 이름만 붙은 마루 정지까지 따르고 보면 5, 6천원씩. 그런가 하면 명색이 세칸집이라 하여 8천원 내지 만원이란 엄청난 방세를 부르고 있어 연초에 텅 비인 호주머니를 찬 월급쟁이들의 어안을 벙벙케 하여주고 있다. 일반 물가는 작년보다 다소 고등(高騰)하였으나 식생활의 근본이 되는 곡가(穀價)는 훨씬 저락(低落)이 되고 있는데 방세만이 갑절로 폭등하여 도내에 몇 없는 서기관급 고급 월급쟁이 봉급 반년분을 고스란히 내놓아야만 방 한 칸 겨우 장만할 수 있는 형편이다. … 여유있는 이웃들은 모두 고향에 돌아갔는데 가난이 원수라 한 많은 피난살이 3년이 넘어도 찾아갈 길 없이 한풍(寒風)천막살이를 계속하고 있는 피난동포에겐 우리 도민 본래의 순량(淳良)한 미덕을 살려 반 값이나 또는 그저 방 하나쯤 공여(供輿)할 아량이 나오길….

신구간이라 함은 대한 후 5일부터 입춘 전 3일까지 일주일간을 말하는 것인데 이 동안에 무근철은 물러가고 새철은 들어온다고 신구간에는 이사를 하는 것이 습관이 되고 있는데 이는 주역(周易)에 근본을 두고 있는

데 고대 중국과 우리 조상들의 풍습을 현대 우리가 물려받아 지키고 있는 것이다. 옛적부터 전해 내려오는 말에 의하면 신구간(新舊間)이라 함은 신관(新官)이 들어와 떠나는 구관(舊官)과 사무인계를 하는 과도기를 일컫는데 이 기간에는 인간이 범하는 액사(厄事)를 벌(罰)치 않는다고 한다. 따라서 무신(無神)이나 다름없는 이 신구간에는 택일치 않아도 이사할 수 있고, 여러 가지 손질을 할 수 있다고 한다. 허나 점자(占者)들은 신구간 이라 할지라도 삼살방(三殺方)에는 가까이 하지 말라 금하고 있으니 한계 없이 날뛰는 것은 미신이다.

1954. 1. 26, 제주신보

피난민들이 육지로 많이 떠났는데도 여전히 방세는 비싸다는 보도이다. 2천원씩 하던 방세가 3천원으로 뛰었다니 50% 폭등한 셈이고, 서기관급 월급을 반년치 모아야 방 한칸을 겨우 장만할 수 있다니, 봉급을 모아 집 한 채 마련하기가 예나 지금이나 어렵기는 마찬가지였던 모양이다.

그러나 여기서 특이한 점은 신구간 풍속의 유래에 대한 설명의 등장이다. 신구간은 대한 후 5일부터 입춘 전 3일까지로 묵은철이 물러가고 새철이 들어오는 기간이고, 신구간에 이사를 하는 풍속의 유래는 주역(周易)에 근본을 둔 중국의 풍속에서 비롯되었다는 것이다. 그리고 '신구간은 새로 들어온 신관(新官)이 떠나는 구관(舊官)과 사무인계를 하는 과도기이기 때문에 이 기간에는 인간이 범하는 액사(厄事)를 범하지 않는다. 따라서 신이 없는 이 기간에는 택일치 않아도 이사할 수 있고, 여러 가지 손질을 할 수 있다.'는 속신(俗信)이 옛적부터 전해 내려오고 있다는 것이다. 1950년대 초반에 그러한 속신이 신문지상에서 확인되는 것으로 보아 신구간 풍속은 해방 이전부터 있어온 곳이 분명하다. 그리고 '(신이 존재하지 않는) 신구간이라 할지라도 삼살방(三殺方)

에는 가까이 하지 말라'는 금기는 일상생활에서 미신이 제주사람을 상당히 지배하고 있었다는 것을 잘 보여준다.

그리고 1950년대 중반까지만 해도 이삿짐은 그저 등짐으로 나를 만큼 단출했다. 하지만 차가운 바람보다 더 고통스러운 것은 매년 계속 오르기만 하는 사글세였다. 신구간이 되면 방세가 폭등한다는 보도는 매년 신구간이면 등장하는 단골 뉴스거리였다.

흙탕길에 이사짐, 방세 거년(去年)보다 미등(微騰)

면액(免厄)?의 열흘 신구간은 그제부터 들어섰다. 이불, 독, 궤짝들 누줄한 이삿짐을 걸머진 아낙네들이 눈 녹은 흙탕길에 걸음을 재촉하고 있다. 한랭한 하느바람이 세차게 불어와도 등덜미에 축축히 땀이 배이고…. 한때 눅어질 것 같이 보이던 셋방삯은 물가와 발맞추려는 듯 고개를 들어 방 하나 마루 부엌이 딸리면 으레 만오천원대를 오르내리고 있어 가난뱅이의 호주머니가 서럽도록 허술하다. 신구간만 넘기면 집세는 눅어지리라 믿어 면액이고 무어고 어서 신구간이 지났으면 하고 그냥 버티는 축도 적지 않은 상 싶다. 한 해가 지나면 셋방 걱정에 허덕여지고 인색하여지는 고달픔이 없이 저마다 집을 마련하고 살 수 있는 풍유한 생활이 이 고장에 언제 올 것이냐?

1956. 1. 27, 제주신보

이처럼 등짐으로 이삿짐을 날려야 할 정도로 살림살이가 단출했을 때는 버릴 쓰레기도 없었고, 이삿짐 차량도 필요 없었다. 따라서 신구간 풍속으로 인한 쓰레기 대란이니, 이삿짐센터의 횡포니 하는 것도 어느 정도 먹고살만한 때의 이야기이다. 그들이 걱정해야하는 것은 하늘 높은 줄 모르고 오르는 사글세 대란이었다.

방세 작년보다 약간 오른 편, 집세도 전과 달리 등세

　신구간을 며칠 앞두고 일반 서민층에서는 셋방구득과 가옥매매가 한창인데 방세와 가옥시세는 일반물가가 저가임에도 불구하고 등세를 보여주고 있어 셋방살이하는 일반 세궁층(細窮層)의 집 없는 설움을 더하고 있다. 즉 작년에는 연말연시 물가고에 영향되어 재작년보다 2할 내지 3할의 앙등상을 보였던 것인데, 금년의 연말연시의 일반물가는 예년보다 저세상태로 있음에도 불구하고 방세와 가옥시세는 예년따라 등세를 시현(示顯)하고 있다.

　시내의 방세를 보면 도심지인 시외곽선 내에 있어 연간 방 한 칸에 만원 내지 2만원이고, 이에 부엌과 마루방이나 한 칸 붙으면 만5천원에서 2만5천원 내외이며, 방 한 칸에 마루방과 부엌이 붙은 밖거리집이면 3만원 내지 4만원, 그리고 방 두 칸에 마루방, 부엌, 찬방이 붙은 안거리집은 5만원에서 6, 7만원 내외인데 전세는 위의 배액으로 되어 있으며, 이에 변소간을 사용하고 손바닥만한 우잣[後園]이 붙어있다면 전세에서 만원 내지 2만원이 더 붙고 있다. 이는 초가건물의 보통시세로, 기와건물일 경우에는 이에서 2, 3할이 더 붙고 있다.

　한편 가옥 시세를 보면 작년에 있어서는 방세의 등세에 반하여 재작년보다는 2할 내지 3할이 저락하였던 것이나 금년에 있어서는 작년선보다 상승은 하였을망정 하락하지는 않았는 바 초가집은 건물과 대지를 모두 쳐서 평당 7천원 내지 8천원 내외로 올랐고, 기와집이면 대지 건물 끼어 평당 만원으로부터 만5천원으로 오르고 있다. 도심지를 벗어나거나 교통과 음료수 등이 불편한 곳에서는 다소 위의 시세보다 저렴하기는 하나 교통이 좋고 환경이 좋은 곳에서는 앞의 시세를 상회하고 있다.

　이렇듯 일반 물가에 반하여 방세와 가옥시세가 등세를 보여주고 있는 것은 읍이 시로 발전하여 인구가 증가되고 있을 뿐만 아니라 기관과 월급생활자들이 불어나 이에 따라 주택건물 수요가 긴급한 현실이건만 기관과 특수건물이 건축되는 외에 일반의 주택건축률은 활발치 못하여 일반의 주택난이 여전히 해결을 못 보는데 원인이 있는 바 市ICA주택이 건설되고 이어 정부계획의 도시주택건설이 이루어진다면 현재의 시내 방세와 가옥시세는 앞으로 안정될 것이다.

1958. 1. 21, 제주신보

이처럼 1950년대 후반이 되면 임대료에 대한 비교적 상세한 정보와 임대료 상승에 대한 나름대로의 원인이 분석되기 시작한다. 즉 1950년 후반부터 제주시로 인구가 조금씩 유입되어 도시화가 이루어지기 시작하지만, 여전히 주택의 공급은 수요에 미치지 못하고 있어서 주택문제가 생겨나고 있다는 것이다.

여기서 신구간에 한꺼번에 이사를 함으로써 주택 임대료나 매매가가 올라간다는 주장에 대해서는 좀더 생각해볼 필요가 있다. 주택 임대료나 매매가가 올라가는 근본적인 이유는 한꺼번에 이사하기 때문이 아니라 주택의 수요에 비해 공급이 훨씬 모자라다는 데 있다. 왜냐하면 주택 공급이 수요보다 많은 경우에는 거꾸로 인구이동이 많은 신구간을 기해 주택의 임대료나 매매가가 하락할 수도 있기 때문이다.

한편, 이삿짐 운송수단도 시대에 따라 달라진다. 1950년대 중반까지만 해도 등짐으로 나르다가 1950년대 후반이 되면 수레로 격상되게 된다.

이젠 추위 다 갔을까, 新舊間 일들도 착착

유독 본도에서만 지켜지는 신구간이라 이삿짐을 실은 수레가 간혹 거리에서도 눈에 띠기 시작했는데, 방세는 껑충 뛰어올라 올해 신구간은 셋방살이들의 이마에는 또 하나의 주름살을 늘게 하기 마련이다. 귀신들의 사부인계기간이기 때문에 무슨 짓을 하여도 아무 탈이 없다는 신구간에 … 변소도 고치고 부엌도 손을 보고 또 이 동안에 이사를 하는 풍습을 대부분의 도민들이 지키고 있는 것이다.

1958. 1. 29, 제주신보

그리고 신구간에는 이사도 해야 하지만, 변소도 고치고 부엌도 손을 보는 등 그동안 동티가 날까 두려워서 못했던 일들을 해야 한다. 인구 이동이 많아지면서 '신구간=이사철'로 된 것이지, 본래 신구간 풍속은 여기에서 보듯이 대한 후 5일에서 입춘 전 3일에 평소에는 동티가 날까 두려워 못하던 일들을 하는 풍습인 것이다.

2.2. 1960년대의 신구간 풍속도

1960년대가 되어 제주사회가 안정기에 접어들면서 제주섬의 인구가 제주시로 인구가 집중되고 재일교포들이 귀국하게 되면서 주택 문제는 더욱 심각하게 되어, 신구간이 되어 건물 시세와 가옥 임대료는 엄청난 폭등을 가져오기 시작한다.

市의 주택난 심각, 신구간 앞둬 집세 겅충

수일 내로 접어든 신구간을 앞두고 시내의 건물시세와 가옥 임대료는 작년에 비해 엉뚱한 등세를 시현(示顯)하고 있어 시내의 주택난 해소는 시급한 사회문제로 대두되고 있다. 신구간에 접어들면서 관례에 다라 건물매매와 셋방살이 영세민들이 이사가 성행되는데, 건물시세는 일반주택 평당 2만원에서 5만원으로 호가되고 있으며, 도심지 번화가인 칠성통과 동문로터리는 10만원에서 17만원까지 거느리고 있어 건물시세는 작년도의 2배 내지 3배 정도로 겅충 뛰어오르고 있고, 가옥임대료는 3칸 초가집이 5만에서 7만원, 기와집은 10만원까지 급등하고 있는 것이다.

이런 현상은 물가지수의 앙등에도 영향이 있으나 농촌에서 도시로 인구집중, 그리고 본도출신 재일교포들의 귀국이 불어남으로써 주택난을 빚어내는 데서, 결국 집 시세와 방세는 앙등일로를 걷고 있는 것으로 보고 있다. 한편 관계당국의 주택대책을 보면 시 관내에 사라호 태풍피해 복구 92동, 1960년도 자조주택 100동, 그리고 올해 국민주택 5동분이 아직도 융자 안 되고 또한 그 자재가 미도입되고 있어 당국의 주택행정은 속수무책격이 되고 있는 것이다. 더욱이 조국을 찾아 돌아오는 재일교포의 귀국자가 날로 증가하고 있는 이때 이들 귀국자의 주택문제는 또한 방치 못할 국책문제이기도 한 것이다.

1960. 1. 20. 제주신보

이처럼 매년 신구간이 되면 주택 임대료가 오르는 일이 반복되고, 1960년대 초반 근대화물결이 일기 시작하면서 신구간은 버려야 할 유산으로 낙인찍히게 된다. 추운 겨울인 신구간에 이사를 하거나 집을 고치는 것이 위생적이라는 이점도 있지만, 한꺼번에 이사함으로써 생겨나는 폐단이 워낙 크다는 것이다.

눈보라 속의 이삿짐 수레. 1963년 신구간엔 유난히 눈이 많이 내려 수많은 인명 피해와 재산 피해를 내기도 했다(1963. 1. 23. 제주신문).

버려야 할 유산, 신구간

아무리 원시신앙의 형태라지만 득보다 훨씬 실이 많아 … 이 때가 아니면 이사를 할 수 없고 집을 고칠 수도 없다는 이른바 '신구간' -. 유독 우리 도에서만 지켜지는 이 신구간의 발생근거와 유래를 안다면 누구나 낯을 붉히고 웃을 것이다. 그런데도 우리는 이 터무니없는 유습을 오랫동안 고수해 왔다. 그것도 숫제 맹목적으로-. 대한 5일 후부터 입춘 3일 전의 그 눈보라치는 1주일 동안 손을 불며 이삿짐을 나르거나 변소를 고치는 사람에게 하필 이 때냐고 물어보면 거의 "신구간이 아니면 안 된다니까"다. 나머지 좀 생각하는 사람의 대답은 "동티가 나니까" "옛 조상 때부터 내려온 걸 …" 이런 식이다. 다른 일이라면 아기자기하게 따지고 사는 우리네 세상에서 내 코 베어가도 '다들 베어간다니까' 할 사고방식이 아닐 수 없다.

그러면 '신구간'이란 도대체 뭔가. 향토무속 관계연구에 의하면 '신구간'은 원시신앙의 한 형태라고 한다. 쉽게 말해서 모든 사물에 귀신이 있다고 생각하던 미개사회의 미신, 소위 점치는 사람들이 『백방길흉대요(百方吉凶大要)』 『천기대요(天機大要)』 따위 책을 보면 '신구간'은 '세관교승(歲官交承)'이라 하여 모든 땅 귀신들이 새해의 인사발령을 받기 위해 하늘에 올라가 버려서 땅위에 귀신이 없다는 기간이다. 심방들이 전하는 본도의 귀신은 무려 1만 8천-. 그것이 집일 경우 문전에는 문전귀신, 부엌에는 조왕귀신, 변소에는 칙간귀신, 뜰에는 토신 등이 있고 이를 총지휘하는 우두머리 귀신으로 '본향'귀신이 있는데 이 귀신을 높여 '토주관(土主官)'이라 부른다. '신구간'이란 곧 이 토주관이 산하군졸격 귀신들을 이끌고 옥황상제한테 올라가서 인간계에 있던 1년간의 업적을 결산보고 하고 그 업적에 따라 새 임지(任地)를 발령받는 귀신의 부재기간이라는 것이다.

'염병'이 '장티브스'라는 것을 알고 인공위성이 머리 위를 나는 세상에 사는 우리들-. 그 우리들이 이와 같이 애니미즘과 샤마니즘의 산물인 토주 신관과 구관이 교체하기 위해서 하늘로 올라가버린 과도기간에 구신 몰래 집을 옮기고 변소를 고치고 집을 개수하고 있다니 너무도 어처구니 없는 아이러니가 아닐 수 없다. 그 뿐이랴. 내로라해서 20세기를 실천하는 사람들까지 신구간 동안에 움직이지 않으면 '동티'가 나니 뭐니 해서 가환이 닥치고 액운을 면치 못한다는 원시적 신앙사회의 주술사 샤먼(무당)의 말에 옴짝달싹을 못하고 있으니 이만저만한 자가당착이 아니다.

다른 모든 것의 속박으로부터 인간이 인간을 되찾은 지 수 세기가 지났다. 어떤 사람들은 이 고장의 '신구간'을 견강부회하여 이사나 집안물건을 옮기는 것은 여름보다 겨울이 위생적이요, 모든 귀신이 하늘로 올라간 '신구간'이라도 '새'라는 귀신은 있어 부엌과 변소의 물건이 서로 가고 올 수 없다는 타부(禁忌) 역시 위생적이 아니냐고 보는 견해도 있으나 이를 믿기에는 현실적으로 득보다 실이 더하다.

셋방족들은 신구간에야 한꺼번에 집을 빌리러 덤비기 때문에 덩달아 집세가 뛸 뿐더러 개수할 것도 생각난 때 하지 못하고 뒤로 미루게 된다. 행정당국도 변소개량은 '신구간'에라야 하고 혀를 차고 있다. 세상이 아무리 과학화되어 스피드 시대라 하더라도 할 일이 아무리 많고 급하다 하더라도 '신구간'이 아니면 어렵다는 것이다. 세상은 저렇게 달려가는 데 우리만이 원시신앙의 노예가 되어 머물러 있을 것인가. 우선 행정당국과 지도층부터 '신구간'을 어쩔 수 없는 민속이라 끌려갈 게 아니라 그 허황된 유래를 고루 이해시켜 신구간 없는 사람들이 도리어 더 잘 산다는 실증을 보여줘야겠다.

1963. 1. 30. 제주신보

주택난으로 시달리던 1950, 60년대에 일주일 남짓한 기간에 반드시 이사를 해야 한다는 신구간 풍속은 집 없는 서민들에게는 가혹한 유습이었다. 하여 이처럼 언론에서 신구산은 버려야 할 유산이라고 계몽운동을 시작했다.

오늘부터 신구간, 물가고 덩달아 집값도 껑충

대한 후 3일부터 시작되는 이른바 신구간이 오늘부터 새철든다는 입춘 전날 2월3일까지 계속된다. 언제부터 비롯되었는지는 알 수 없지만 이 고장 고유의 신구간 이사풍속은 1년에 한번씩 어김없이 찾아오고 슬어지는 풍토없이 셋방살이 서민들의 생활에 차가운 바람을 몰아온다. … 신구간이 가까워오면서 집구하는 발걸음이 시내 곳곳의 가옥들을 스쳐 지나고 셋방족이 다녀갈 때마다 집값 방값은 기어올라 쓸만한 방 하나에 5천원 이상, 집 한 채면 사글세 5만 원짜리까지… 각종 물가의 앙등에 덩달아 멋대로 뛰어오르고 있다. 그러다가 턱없이 비싼 값을 치다 1년을 공치게 된 집주인들도 많다는 소식이다.

해방 이후 이 고장 집이나 방값이 내려본 일이 없고 해마다 뜀뛰듯 오르기만 한 것은 1년에 한번인 신구간이 매듭이 돼왔고 이 풍속 때문에 이 고장엔 복덕방이 장사가 되지 않아 왔다. 집을 옮기고 싶어도 신구간이 아니기에 집을 구할 수 없고, … 신구간이 아니면 변소 손질도 못하고 이사도 못하고 동티가 난다는 옛 이야기에 우리 생활은 아직도 얽매어 있는 것이다.

1965. 1. 24, 제주신문

내일부터 신구간, 거리엔 집수레

복덕방 자랄 틈 없고, 방값 한꺼번에 뛰는 신구간, 올해에는 오히려 나쁘다는 소리도 있고… 25일부터 10일간은 신구간. 이 고장에선 이 신구간 동안에 이사하면 탈이 없다는 미신으로 이때 몽땅 셋방을 빌기 때문에 복덕방은 자랄 겨를이 없으며, 거리엔 셋방족의 행렬이 분주하다. 제주시내의 셋방족은 자그마치 5천세대. 1세대에 평균 3명으로 잡아도 셋방인구는 1만 5천명…. 그런데 시당국의 통계는 제주시 1만 7천 46가구에 주택은 1만 6천동. 결국 1천여동의 주택이 부족한데, 집 1동에 4,5세대가 세들어 있는 집이 수두룩한 실정. 제주시 인구는 연간 5%라는 기하급수

적인 인구증가율을 보이고 있지만 주택건축률은 연간 3백동의 산술급수
적인 증가율밖에 보이지 않고 있어 앞으로 제주시 주택문제는 어쩌면 사
회문제가 될 우려마저 짙다.

1966. 1. 24, 제주신문

　신구간은 대체로 '대한 후 5일부터 입춘 전 3일까지'로 알려져 있지
만, 위의 두 신문보도에서 보듯이 1960년대 중반에도 신구간을 '대한
후 3일부터 입춘 전 날까지', 또는 '1월 25일부터 10일 동안'이라 등 신
구간이 정확하게 '대한 후 5일부터 입춘 전 3일까지'로 규정되지 않았
다. 그리고 신구간에 한 몫을 보려고 임대료를 턱없이 비싸게 부르던
집주인들이 세를 놓지 못해 낭패를 당하는 경우도 많다는 보도는, 아무
리 주택난이 심하더라도 시장의 원리는 엄연히 존재한다는 것을 보여
준다.

　그리고 제주시가 급격하게 도시화면서 인구는 기하급수적으로 늘지
만, 주택건축률은 산술급수적으로 증가하는 바람에 주택문제는 결국
사회문제로 되고, 1960년대 중반부터 행정당국에서는 공무원들을 대
상으로 '신생활운동'을 펼치면서 관혼상제의 간소화, 변소(돗통시) 개
량 등과 함께 신구간 폐지를 주장하게 된다.

'신구간' 폐지 등 시(市)에서 '공무원신생활운동' 펴

　제주시는 17일부터 이 달 그믐까지 '공무원신생활운동'을 벌이고 있다.
이번 신생활운동에서는 신구간 폐지, 아궁이 개량, 관혼상제의 간소화,
변소개량 등이 주요목표로 되고 있다. 시당국은 이와 같은 운동을 전개함
에 앞서 시 관내 전 공무원에게 시발전의 암적 요소인 자기 가정의 변소
를 만난을 배제하여 개량하자고 호소하였다.

1967. 1. 18, 제주신문

신구간 풍속은 집 없고 가진 것이 없는 이들에겐 가혹한 고통을 안겨 주기도 하였다. 집 없는 설움이 한껏 묻어나는 다음의 기사 내용은 읽는 이의 마음까지 우울하게 한다.

신구간이 낳은 비정(非情)

방주인 횡포에 떠는 세 식구, '당장 나가'란 소리에 갈 곳은 없고, 인정 없는 주인에 이웃에선 고개돌려… 집주인의 횡포 때문에 셋방살이는 울어야 했다. 설한풍이 휘몰아치는 겨울에 '방을 비우라'는 집주인의 갑작스런 성화에 날품팔이 여인은 갈 곳을 모르고 있다. 방이라 해야 한 평 정도의 비좁은 것. 1만 2천원짜리 전세방이라면 짐작이 가리라. 그래도 집주인 고모 여인은 '당장 나가라'고 고래고래 소리를 질렀다. 남매를 거느리고 셋방살이를 하는 김모 여인은 '돈은 얼마든지 더 내겠다'고 애걸하면서 '조그만 기다려 달라'는데 집주인의 감정은 누그러지지 않았다. 드디어 김씨의 세간이 마당구석에 내동댕이쳐졌다. 살림살이라야 솥과 남비, 이불 정도. 집주인의 사소한 횡포가 세 사람의 생활을 위협하고 있는 것이다. 신구간이 낳은 비정은 여기 말고도 곳곳에서 벌어지고 있다는 사실에 우리들 주위에선 고개를 흔들고 있다.

1967. 2. 2, 제주신문

1925년부터 1955년대까지 30년 동안 제주시 인구는 제주섬 인구의 20% 선을 유지하고 있었다. 그러나 근대화 바람이 불고 제주시가 도시화되기 시작한 1965년이 되면 제주시 인구는 제주섬 인구의 25%에 이르고, 1970년이 되면 30%에 이르게 된다. 이제 제주시는 제주섬의 명실상부한 수도로 자리잡게 되고, 제주시의 주택 부족 문제는 곧 제주사람들 전체의 문제가 된다. 그리고 제주시 인구가 늘어나는 만큼 건축되는 주택수는 늘어나지 못해, 신구간 풍속의 가장 큰 문제는 여전히 주택부족으로 인한 사글세 대란이었다.

지어도 모자라는 주택, 인구 증가율 못 미쳐

제주시엔 해마다 3, 4백동의 새로운 집이 세워지고 있으나 절대량의 부족으로 집세는 해마다 오름세 일방- 집 없는 사람들의 마음을 어둡게 하고 있다. 68년말 현재 제주시 도시계획지구내 인구는 6만7천8백37명으로 가옥소요동수는 1만 3천5백63동인데, 이 날 현재 건립동수는 1만 6백20동뿐- 2천9백여동이 부족한 형편이다. 이밖에 연간 인구 증가 수는 2천3백여명으로 이에 따른 가옥 수만도 약 4백60동에 달하는데, 지난 1년 동안 제주시가 허가한 가옥건축동수는 3백96동으로 연간 인구증가율보다 훨씬 떨어지고 있어 가옥부족 현상은 점점 심각해지고 있다.

오는 24일부터 시작되는 이른바 신구간을 앞둬 집세는 들먹이기 시작, 지난해보다 10-20% 오른 값을 호가하고 있는데, 해마다 집세가 뛰는 원인을 절대량의 부족에 덧붙여 신구간 때면 가옥수요가 한목에 많아지는 때문이라고 풀이한 시 당국자는 집세에 부채질하는 일 이외에 아무런 의의가 없는 신구간이라는 낡은 폐습을 없애도록 시민들에게 바라고 있다.

1969. 1. 20, 제주신문

가뜩이나 주택이 부족한데다 신구간이라는 특정 시기에 한꺼번에 이사를 하기 때문에, 임대료가 폭등하는 것은 당연한 일이다. 따라서 신구간에 임대료를 대폭 올리는 것을 법으로 금지한다고, 그것이 지켜질 수는 없는 노릇이다. 그렇기 때문에 신구간에 임대료 대란을 근본적으로 막기 위해서는 주택공급 물량을 늘려야 한다. 그러나 그것이 어렵다면 소극적인 방식이긴 하지만 신구간 풍속 자체를 없애는 것도 한 방법이다. 그래서인가 행정당국에서는 신구간 풍속을 6대폐습 가운데 하나로 규정하여 신구간 철폐 운동을 벌였다.

낡은 폐습을 없애자, 신구간 계몽, 무당행위 단속

26일부터 한 달 동안 도는 신구간 철폐와 점술 및 무당 등 온갖 미신행위를 비롯한 고질화된 폐습을 타파하고 건전한 사회기풍을 조성하기 위해 신생활운동을 전도(全道)적으로 벌인다. 오는 26일부터 2월 25일까지 1개월 동안을 특히 '신생활운동전개' 기간으로 정하고 도내 전 공무원과 읍면동정하위원회를 주축으로 벌이게 될 이 기간에는 각 관공서와 사회단체입구에 신생활운동에 대한 표지판을 달게 된다. 또한 이 기간 동안 중고교학생에 대해서는 순회교육을 실시하며 신생활 표어를 각 가정에 배부하는 한편, 각 시군읍면 직원으로 하여금 각 동별로 책임 담당케 하여 사전 방문도 할 방침이다.

이 기간 동안에 벌이게 될 신생활 운동의 내용은 다음과 같다. ▲점술 및 무당등 미신행위 단속, 사전계몽운동을 실시하며 무당도구의 압류 및 점술 무당행위자는 고발조치한다. ▲경작지내 매장 단속 및 무연분묘 이묘, 경작지 안에는 매장할 수 없으며 암매장하는 자는 의법고발 조치한다. ▲변소개량, 제주시 중심지 5개동과 읍소재지 변소를 개량한다. ▲신구간 철폐, 신구간에 대한 인습을 계몽지도 한다. ▲관혼상제의 간소화 ▲농어촌 풍기의 확립, 도박행위와 불량배를 단속하여 농한기 농가의 부업장려에 기여토록 한다.

1969. 1. 21, 제주신문

신구간 풍속을 없애려면 신구간 풍속에 대한 보다 근본적인 비판이 필요했다. '신구간에 한꺼번에 이사함으로써 사글세 대란을 가져오기 때문에' 신구간 풍속을 폐지해야 한다는 주장만으로는 사람들의 인식을 바꾸는 데 한계가 있다. 신구간 풍속을 비판하는 보다 근본적인 이유는 그 풍속에 대한 합리적 근거가 없다는 것이었다. 즉 신이 없는 기간 중에 이사를 해야 뒤탈이 없다는 속신(俗信)은 전혀 근거가 없는 미신이며, 그러한 속신에 따라 한꺼번에 이사를 함으로써 사글세 대란을 겪어야 하는 것은 어리석은 일이라는 것이다.

신구간 유감

조상들이 이런 풍습을 만들 때는 다분히 미신적이었다고 추측된다. 이를테면 동에 귀신이 있으니 서로, 서에 귀신이 도사리고 있으니 남으로 하는 식으로 문명이 캄캄하던 그 시절이고 보면 마이신 주사약 대신에 푸닥거리였을 것이고, 아스피린 대신에 굿을 했어야 했던 당시의 조상들의 안타깝던 사정을 미워하기보다는 슬픈 동정을 해야 하겠으나 실로 미워해야 할 것은 현대에 사는 우리들이 그대로 이 풍습을 지켜 내려오는 현실이다.

이런 밝고 빠르고 정확한 사회에 살면서 귀신을 피해 다니는 신구간을 지켜야할 것인지 고소를 금할 길 없다. 당국과 모든 메스콤이 이 풍속을 없애는 운동에 앞장 서줬으며…. 신구간 한 철뿐이라고 열을 올려가면서 이사하는 사람이나 이를 기화로 가격형성의 기준이 되는 물가상승률을 무시하고 1백% 이상의 집세를 올려 객창의 월급쟁이와 그 가족들을 향리(鄕里)로 몰아내는 이러한 폐단이 하루속히 근절되기를 셋방살이하는 월급쟁이 영세민을 대신해 주장하는 바이다.

김연호, 1969. 2. 1, 제주신문

과학의 시대에 신구간 풍속은 비과학적이라든가, 미신적이라는 비판은 강력한 비판이 될 수 있다. 그런데도 신구간 풍속이 오랫동안 지속될 수 있었던 까닭은 비과학적으로 보이는 속신 속에 과학적인 게 숨어 있고, 미신으로만 치부될 수 없는 합리적인 요소가 있었던 것은 이닐까.

2.3. 1970년대 신구간 풍속도

1970년대 우리나라는 근대화, 산업화, 도시화라는 이름으로 새마을운동과 고도의 경제성장을 하는 시기이다. 그러나 제주섬은 제주시로 인구가 집중되면서 주택부족 문제가 더욱 고질화되고, 신구간 풍속이 크게 달라지지 않는다. 단지 임대료 대란으로 인한 서민들의 고통이 더욱더 가중되고, 신구간 풍속은 낡은 유습이라는 여론들이 커지게 된다.

흥미롭게도 1970년대 벽두에 '신구간은 구관(舊官) 떠나고 신관(新官)이 오기 전 맘 놓고 이사하던 것이 유래되었다'는 주장이 나왔다. 물론 어떤 견해가 신문지상에 등장한다는 것은 이미 그 이전에 그런 주장들이 있었음을 짐작할 수 있다. 이 글이 실린 이후로 신문에서도 신구간 풍속의 유래에 대해서 이야기할 때 가끔 인용되었기에 그 내용을 여기에 싣는다.

'신구간' 시비(是非)

제주도민의 토속적인 년중 행사의 하나로 '신구간'이 있어서 이 기간에는 대부분 도민의 일손이 바빠진다. 남의 집을 빌려 사는 사람이 이사를 하는 것도 '신구간'에 해야 하며, 집을 수리하고 변소를 고치고, 부엌을 손질하는 것도 일년 중에 유일한 이 신구간에 해야 아무 탈이 없다는 것이다. 제주도민에게는 토속적인 민속행사의 하나로 지켜지는 이 '신구간'에 대하여 들어 아는 바로는 이러하다.

아주 오랜 옛적에 목사(牧使)가 중앙에서 임명을 받고 내려와서 도민을 다스렸는데 이곳에 오는 목사 양반들은 그리 마음씨 좋은 분들이 아니었는지 도민들에게 붙일 만한 명목이 있으면 서슴지 않고 내걸어 세금을 내라고 억지를 쓰는데 하물며 집수리를 해도 돈을 많이 벌었기에 집을 수리하는 것이라 해서 세금을 받아가고, 이사를 하고 있으면 이삿짐이 많은 것은 재산이 많이 있음을 나타내는 것이라 해서 세금을 받았던 모양이다. 그러니 섣불리 집을 고치고 이사를 하다가는 애꿎은 세금을 물게 되자 참고 견디다가 목사가 임지를 옮겨 제주를 떠나고 신임목사가 제주 땅에 도착할 때까지의 사이에 마음 놓고 집을 고치고 이사를 한다고 해서 신관(新官)과 구관(舊官)이 제주땅에 없는 동안을 표현한 것이 '신구관(新舊官)'이라고 한다는 것이다.

강무중(제주서국교 교사), 1970. 1. 26, 제주신문

대한 후 5일부터 입춘 전 3일까지 이사를 하는 신구간 풍속이 '대한 후 5일 입춘 전 2일에 신세관과 구세관이 교체된다(大寒後五日立春前二日 乃新舊歲官交令之際)'는 '세관교승(歲官交承)'에서 비롯된다는 것은 대부분의 제주 민속연구자들이 인정하는 바이다. 그러나 여기에서 주장하듯이 세관(歲官)을 문자 그대로 관리(官吏), 즉 목사(牧使)로 해석해야할 지는 의문이다. 이에 대해서는 앞 장에서 논의한 바 있다.

서러운 행렬, 거리마다 이삿짐

신구간을 이틀 앞둔 23일부터 집을 옮기는 이삿짐들이 눈에 뜨이기 시작했다. 제주시 조사에 의하면 무주택가구는 2천. 이 가운데 적어도 70%가 입춘 전까지 새로운 집으로 옮긴다. 이와 같이 한꺼번에 많은 사람이 집을 옮기는 바람에 집세는 해마다 껑충 뛴다. 5인 가족이 사는 데는 방 두 개, 마루, 부엌이 있어야 하는데, 이렇게 되면 조그만 독채기 되기 마련. 주택 위치와 구조에 따라 금액은 월등한 차이를 보이지만, 전세로는 20만원 내지 30만원, 1년세로는 5만원 내지 10만원을 주어야 되는 모양인데, 금년에는 종전에 1년세를 받던 것이 거의 다 전세로 바꾸어진 것이 특색이다. 신구간은 집 없는 철새족과 가난한 가장들에게는 연중 가장 큰 부담을 주는 기간이기도 하다. 캐캐 묵은 유습과 미신 때문에 주택 수요

를 한꺼번에 증가시켜 혼잡을 이루며 집세를 올려 각종 물가에 영향을 주는 등 부작용도 낳는다.

1971. 1. 23, 제주신문

대체로 제주섬에서는 주택 임대료를 사글세(1년세, 죽어지는 세)로 받는 게 관례이다. 하지만 언제나 그랬던 것은 아니었다. 특히 1971년 신구간에는 종전에 1년세로 받던 임대료들이 전세로 바뀌었다는 보도가 눈에 띤다. 아마도 이는 이자율의 상승과 밀접한 관련이 있을 것으로 보인다.

1970년대에도 이삿짐을 나를 때 주로 수레가 사용되었다(1971. 1. 30 제주신문)

버려야할 유습 중의 첫째 신구간

세낼 집이 있는 사람들은 해마다 이 기간에 되도록 많은 집세를 받아내려고 눈에 불을 밝히고, 집 없는 가난한 사람들은 해마다 이 때면 집세 마련에 마른 손에 땀을 쥐어야 한다. 현재 도내 총 가구수는 7만 7천7백여 가구인데, 무주택 가구는 그 중 14.7%인 1만1천3백80여 가구이며, 제주시만 해도 3천5백72가구가 무주택 가구라 하니 그 중 일부가 작년 살던 집에 눌러있다 하더라도 2천여 가구쯤이 이 기간에 이사를 했다는 결론이 나온다. 저 팥죽같은 길바닥에 줄이은 2천여 이사행렬, 저기서 느끼는 게 전혀 없는가? 유주택자도 무주택자도 각성할 일이다. 유주택자는 이 기간을 꼬투리로 피문은 몇 푼을 더 뜯어내려는 각박한 심보를 버리고, 무주택자들은 결속해서 신구간 퇴치에 발 벗고 나서야 한다. 그리고 여기는 행정당국의 주택난 해소를 위한 시책이 더욱 간절히 바라진다.

1971. 1. 30, 제주신문

그러한 애달픈 호소 때문은 아니지만, 1953년 신구간과 관련보도가 있은 후에 거의 20년 만에 처음으로 주택 임대료가 내렸다는 보도가 있었다.

덜어진 셋방살이 부담

올해 셋방시세, 집세는 거의 지난해와 같은 선에서 유지되고 있으나 곳에 따라서는 10% 가량 내림세를 보여주고 있어 셋방살림의 무거운 짐이 덜어질 것 같다. 제주시내 중심지의 방세는 방 두 칸에 삭세로 5만원(전세는 15만원 내지 20십만원) 독채(방3, 4칸)는 10만원(전세 25만원-30만원) 선으로 보합상을 이루고 있으며, 변두리 지역은 방 두 칸의 삭세가 2만 5천원 내지 4만원으로 지난 해보다 오히려 10% 내림세를 보이고 있다. 또 점포세 역시 시내에서 가장 비싼 중앙로터리와 동문로터리 지역이 10평 기준 삯세도 40만원 내지 50만원을 주어야 하는데 이것 역시 보합상태라는 것이다.

또한 시내 모 아파트인 경우도 올해부터는 보증금을 3만원에서 1만원으로 33%, 삭세도 8만원에서 7만원으로 11%나 각각 내렸다. 제주시 관계자는 근년에 건축붐이 일어 주택이 불어났으며 매매가 이루어지지 않고 있기 때문에 보합을 이루거나 내림세를 보여주는 것이라고 풀이했는데,

지난해 제주시내에 세워진 건물은 8백14동으로 이 가운데 주택이 5백63동, 점포와 주택을 겸한 것이 1백30여동이며, 2층 이상 5층까지 대규모 건물만도 1백50여동에 이르러 주택난은 크게 완화되고 있다는 것이다.
　이러한 건축물은 제주시내 연간소요 동수 8백30여동을 충분히 커버하고 있으나 도심지인구 7만5천여명을 5인 기준으로 볼 때 현재 1만2천7백동으로는 2천3백동이 부족한 셈이다. 그러나 제주시의 토지구획정리사업이 활발히 진척됨에 따라 변두리 지역에 세워지고 있는 주택과 아파트 등이 주택난을 점차 풀어주고 있는 것이다.
1972. 1. 26, 제주신문

　오르기만 했고 내릴 줄 몰랐던 주택임대료가 1972년에 처음으로 내린 이유는 역시 다른 해에 비해 신축 주택건물이 많았던 데 있다. 이는 수요에 비해 공급이 월등히 부족하지만 않다면, 한꺼번에 이사를 한다고 해서 임대료 대란을 가져오지는 않는다는 것을 보여준다. 수요가 월등히 부족할 때는 수요자끼리 경쟁이 되어 가격이 폭등하지만, 공급이 어느 정도 이뤄진다면 공급자끼리 경쟁이 되어 가격이 내리게 되는 것이다. 위의 경우는 주택난이 조금만 완화된다면, 오히려 신구간에 임대료 하락이 있을 수도 있다는 좋은 예이다.
　한편, 신구간을 주기로 이사를 하는 제주사람들에게 신구간 풍속은 임대료 상승 문제를 제외하면 그리 문제가 되지 않을 수도 있다. 그러나 육지부에서 들어오거나 육지부로 나가야 하는 경우엔 특정 시기에만 이사를 하는 제주섬의 신구간 풍속을 모르면 낭패를 당하기 십상이다. 육지부와 교류가 많아지면서 1월 25일부터 2월 1일 사이에만 집을 빌리거나 세를 내놓을 수 있는 신구간 풍속은 불편한 점이 한 둘이 아니다. 다음 글은 이를 잘 보여준다.

신구간

　신구간이라는 말은 정말 나에게는 너무나도 생소한 말이다. 달포 전 이곳으로 발령을 받고 전입되자마자 당장 나에게 급한 것이 기거할 장소를 마련하는 것이었다. 첫날은 그런대로 여관에서 하룻밤을 보냈으나 나의 박봉으로는 계속 여관에만 머물만한 여유가 없는 고로 동료를 통해 아예 기거할 방을 얻으려고 도움을 청했다. 서울 같으면 복덕방이란 편리한 중간 매개자가 있어 그곳에 부탁하면 되지만 이곳에서는 도무지 복덕방이라는 간판을 본 적도 없고 또 없다는 말을 듣고 보니 겨우 아는 동료의 도움을 받을 수밖에 없었다.

　내 딴에는 아내와 같이 있으면 여러 가지로 절약이 될 것 같아 아내가 내려오기 전에 방을 구해놓으려는 속셈에서였다. 그런데 쉽게 방이 얻어지겠지 하는 나의 기대는 산산이 부서지고 말았다. 이곳에서는 신구간이라는 기간이 있어 그 무렵에 가서야 방을 구하고 이사를 할 수 있다는 게 아닌가. 바로 그 이유가 제주도의 전설이 철두철미(?)하게 아직도 주민들의 몸에 배어 남아있는 이곳의 미신에 기인되고 있다는 말이다.

　할 수 없이 동료의 도움으로 우선 하숙집을 얻어 있는 동안에 신구간에 가서 방을 얻기로 하였다. 그런데 서울에 있는 아내는 발령이 나자마자 전세방 내놓은 것이 다행인지 불행인지 속히 해결되어 곧 이사를 와야겠다는 연락이다. 하는 수 없이 아내는 서울의 방도 비워줘야 하겠고, 그곳에 있을 곳도 마땅치 않아 자잘구레한 세간을 한 아름 안고 이곳에 도착하였다. 도착 일성이 대뜸 방을 구했느냐는 물음이다. 아마도 아내는 서울에서처럼 그동안이면 충분히 방을 구했을 거라는 추측에서였을 것이나.

　그러나 나의 신구간에 대한 장황한 설명(먼저 알았다고)에 납득이 잘 안 가는지 고개만 갸우뚱한다. 정말 제주도의 신구간은 육지로부터 이곳에 발령을 받고 오는 사람이나 피치 못할 사정으로 도중에 집을 옮겨야 할 사람들에겐 너무나 짜증스러운 일이다. 또 제주도 발전에 저해되는 요인이라면 하루바삐 철폐되어야 할 것이다. 그래저래 우리도 신구간에 이사를 가게 되었으니 전설처럼 연중의 액때움과 모든 소원이 이루어질 것이라 아내를 달래며 마음속으로는 씁쓸함을 느끼게 된다.
　이제 제주도도 여러모로 달라져 가고 있는 것만은 사실이다. 신구간이라는 낱말도 이젠 아득한 전설로 돌아갈 날이 멀지 않기를 빌 따름이다.
　　　　　　　　　　최순학(지하수개발사업소장), 1973. 1. 27, 제주신문

　이처럼 신구간 풍속은 불편한 점이 한 두 가지가 아니었다. 따라서 1974년 신구간에는 제주신문 사설(社說)에도 공식적으로 신구간의 풍속의 문제점을 제기하고 철폐를 주장하기에 이른다. 아래 글은 신구간과 관련된 최초의 사설로, 신구간 풍속에 대해서 합리적 분석이 이뤄지고 있다는 점에서 주목할 만하다.

신구간을 없애자

　오늘날 우리 스스로가 타파해야 될 제주도 고유의 도민적 폐습이 있다. 이른바 신구간이라는 시기에 얽매어 스스로 위축된 생활풍토를 자초하는 일이다. 아직도 일부에선 신구간이 어떤 과학적 근거를 가지고 있는 것이라고 믿기 때문에 신구간의 의미를 분명하게 밝혀보지 않을 수 없다.
　그것은 천문학적 자료에서 출발한다. 태양계에 있어서 지구는 태양의 주위를 회전하는 이른바 공전이라는 천체운동을 하고 있으며, 그 주기가 바로 1년이다. 그리고 지구의 공전운동에 따라 춘하추동의 계절이 성립된다. 이와 같은 지구의 공전운동을 관측하는 천체관측에 있어서 가장 주요한 기준점이 되는 기점으로서의 춘분점과 이에 대칭되는 추분점이 있다. 공전운동의 궤도에서 춘분과 추분의 꼭 중간되는 점을 동지와 하지라고 한다. 이와 같이 이루어진 춘분, 하지, 추분, 동지를 4절기라 하여 이를 다시 2등분씩 하여 8절기를 만들 수 있다. 이를테면 동지와 춘분의 중간점을 입춘이라 하는 것이다. 8절기를 다시 3등분씩 하여 24절기가 최종

적으로 만들어졌다. 따라서 지구의 공전운동을 기준으로 하여 만들어진 태양력에 의하여 24절기의 일자가 대략 정해진다. 예를 들어 입춘은 2월 4일 또는 5일이라는 것이다.

24절기는 모두가 그 계절적 특성이 없을 수 없겠으나 그 가운데 가장 우리의 관심을 끄는 것이 입춘이라 할 수 있다. 우리나라의 기후조건으로 보아 오랫동안 동면에서 깨어나 만물이 생동하려는 절기가 바로 입춘이기 때문이다. 동양에서는 태음력 또는 태양력의 원단(元旦)과는 관계없이 입춘을 기점으로 하여 신년(新年)과 구년(舊年)을 구분하였다.

제주도 고유의 풍속에 따르면 신년과 구년이 교체되는 기간을 신구간이라 하였고, 그 기간은 확실치 않으나 대체로 입춘 전후의 10일간을 말하는 것으로 되어 있다. 따라서 매년 1월 25일부터 2월 3일까지의 10일간이 신구간이 되겠다. 물론 우리나라의 기후를 바로 알고 입춘이라는 자연현상을 인식하는 것은 좋은 일이다.

어떤 이들은 현재 쓰고 있는 태양력의 원단이 아무런 과학적 의미가 없기 때문에 입춘일을 원단으로 새롭게 정한 태양력을 사용하자고 주장하기도 한다. 그러나 과학적 인식은 철저하게 과학적인 생각에 따라야만이 바람직한 과학의 발전을 도모할 수 있다. 그러지 못하고 여기에 비과학적인 요소가 결부될 때에는 건전한 과학적 생활을 저해할 뿐만 아니라 악성적 폐습이 되는 것이다.

제주도의 풍속에는 신구간에 비과학적 요소인 동토(動土)라는 개념이 결부되어 있다. 신구간이라는 기간 이외의 시기에 지상의 시설물을 옮기거나 변형하게 되면 동토가 생긴다는 것이다. 예방의학적 관점에서 볼 때 신구간이 가장 추운시기이므로 이 때에 옮기는 것이 각종 전염병의 발생, 즉 동토를 방지할 수 있다는 경험에서 비롯하였는지도 모른다. 그러나 오늘날 의학적 상식의 발달은 전혀 그와 같은 염려가 없도록 함에 충분하다.

생각건대 우리 선조의 식자(識者)들은 과학적 착상에서 생각하다가벽에 부딪치면 더 이상의 과학적 해결을 위하여 노력하지 않고 곧 굴복하여 비과학적 착상과 결부시켜버리는 것이 통상적인 예이었고, 그것이 우리에게 남겨진 정신적 유산일진데, 우리는 우리에게 불필요한 악성적인 폐습을 버리는데 조금도 인색할 필요가 없겠다.
1974. 1. 18, 제주신문(사설)

위 사설은 24절기를 바탕으로 한 신구간 풍속의 의미를 잘 분석하고 있다. 신구간이 24절기의 마지막 절기인 대한과 첫 절기인 입춘 사이에 신구간이 있는 것으로 보아 신구간 풍속은 절기와 밀접한 관련이 있다. 우리나라를 비롯한 온대기후대에서 4계절의 변화가 있는 것은 지구가 23.5° 기울어져서 공전하고 있기 때문이다. 그리고 24절기는 지구의 공전으로 인한 태양의 시운동(視運動) 경로인 황도(黃道)를 24등분한 것이기 때문에 계절을 순환을 잘 나타내 준다. 따라서 농경사회인 동양에서는 24절기에서 첫 절기인 입춘을 기점으로 하여 묵은철과 새 철을 구분한다.

위 사설은 제주섬에서 신년과 구년이 교체되는 기간을 신구간으로 삼은 것은 새봄이 시작되는 입춘을 인식하기 위한 것으로 바람직한 일이고, 신구간 이외의 시기에 이사를 하거나 변소나 집을 수리하게 되면 동토가 생긴다는 속신(俗信)은 가장 추운 시기인 신구간에 이사를 하거나 집을 수리하는 것은 각종 전염병의 발생을 방지할 수 있다는 경험에서 비롯된 것이라는 점을 인정하고 있다. 그러나 신구간 풍속은 비과학적 요소인 동토(動土, 동티)라는 개념이 결부되어 있기 때문에 잘못된 악습이라는 것이다.

그러나 신구간 풍속에는 과학적이고 합리적인 측면도 많기 때문에 '동티'라는 비과학적인 개념이 결부되어 있어서 악습이라고 비판하기는 어렵다. 따라서 신구간 풍속을 악습으로 규정해야 한다면, 그 이유는 '동티'라는 비과학적 요소 때문이라기보다는, 한꺼번에 많은 인구가 이동함으로써 생기는 임대료 인상 등의 사회적 문제 때문이 아닐까. 그런 점에서 다음 글은 신구간 풍속을 실리적인 측면에서 비판하고 있다는 점에서 설득력이 있다.

신구간

새마을운동으로 얻은 소득이 제아무리 높다 하더라도 신구간이라는 폐습 등으로 인하여 입는 재산손실은 얼마나 많은 것인가를 우리는 다시 한번 반성해볼 필요가 있다. 그래서 1977년이야말로 기어이 5천년 동안 잔존해온 병폐적 이끼인 '신구간'과 같은 미신을 깨끗이 몰아내는 우리의 용기와 노력이 증거되는 해가 되어야 하겠다.

현치방(남제주군수), 제주신문 1977. 1. 19

신구간 풍속은 우리에게 상당한 재산손실을 가져다주기 때문에 바람직하지 않다. 다시 말해서 신구간 풍속의 이해득실을 따져볼 때 이득보다는 손해가 더 많기 때문에 악습이라는 것이다.

신구간 풍속은 1960년대부터 6대폐습의 하나로 많은 사회적 문제를 안고 있는 악습이고 미신이기 때문에 철폐해야 한다고 계몽해왔다. 하지만 제주사람들에게 설득력을 크게 얻지는 못했다. 그래서인가 1970년대에도 신구간을 포함해서 여섯 가지 폐습을 추방하기 위해서 처벌 위주로 단속을 할 것을 다짐하지만, 신구간 풍속은 워낙 뿌리가 깊고 광범위하게 퍼져 있어서 역시 신구간 단속의 대상에서 제외시킬 수밖에 없었다.

5대폐습, 처벌위주로 전환, 신구간은 제외

미신, 화입, 암매장, 허례허식, 무고 등 고질적인 폐습추방에 역점을 두고 있는 도는 계몽위주에서 처벌위주로 단속체제를 강하하기로 방침을 세우고 세부적인 활동을 계획하고 있다.… 도는 지금까지 6대폐습으로 규정한 ①신구간없애기 ②미신타파 ③목야지화입 ④암매장 ⑤허례허식 ⑥무고 등을 행정청 단위에서만 반상회 등을 통해 계몽해왔으나 앞으로는 경찰력과 합동으로 처벌위주로 단속체제를 갖추고 있다. 도는 폐습으로 규정한 여섯 가지 중에 신구간만은 지금으로서는 처벌할 길이 없다고 판단, 이것을 제외한 5대폐습을 단속건수제를 써서라도 뿌리뽑기로 하고 세부실천사항을 경찰과 함께 만들고 있다.

1977. 2. 4, 제주신문

1970년대 후반에 들어서도 임대료 폭등 문제는 여전히 진정될 기미가 보이지 않는다. 제주시로 인구가 집중되는 도시화와 대가족에서 핵가족으로 가족제도의 변화는 주택 수요를 더욱 증가시켜서, 특히 1979년 신구간에는 전년에 비해 전세 100%, 년세 50% 라는 살인적인 임대료 폭등이 있었다.

신구간 악용, 집세 경충, 작년보다 50-100%

집세가 작년에 비해 월등히 상승한 가운데 전래적인 이사철인 신구간이 되자 이사행렬이 줄을 잇고 있다. 아직도 부족한 주택률 때문인지 대부분의 집 없는 사람들은 집주인의 눈치를 보면서 그대로 눌러 앉거나 보다 산 집을 찾고 있는데, 대체적으로 작년보다 전세의 경우 1백%, 년세(年稅, 죽어지는 세)의 겨우 50% 이상 오른 것으로 나타났다. 시내 복덕방을 중심으로 조사한 바에 따르면 신제주 등지에 건축물이 현저히 늘어났지만 아직도 주택부족 현상이 두드러져 집을 빌려는 사람이 늘어나고 있으며 이것이 집세를 올리는 원인이 되고 있다. 사정에 따라 다양하지만 현재 알려진 집세로는 전세인 경우 방 두 칸에 부엌을 포함하면 1백50십만원 선이며, 그것을 연세로 빌 경우 60-70만원이라는 것. 이것은 작년에 비해 70-80% 인상한 것으로 집세는 누구의 규제를 받음이 없이 계속 오르기만 한다는 것이다. 그러나 한 집에 계속 살 경우에는 같이 살았다는 정 때문에 집세는 작년과 같거나 인상 폭이 소폭인 것으로 알려지고 있다.

1979. 1. 29, 제주신문

1970년대말과 1980년 초반까지도 이삿짐을 손수레로 나르는 경우가 많았다
(1979. 1. 29 제주신문)

이처럼 제주 사람들은 재산상의 불이익을 감수하면서도 신구간 풍속을 지켜왔다. 그들은 어떤 마음에서 신구간 풍속을 지켰던 것일까. 서울대학교 제주도향우회에서 1977-1978년 사이에 행한 설문조사에 따르면, 제주사람들은 신구간은 없어져야 할 폐습(85%)이라고 하면서도, 철저하게 지키고 있다(90%)는 이중적 태도를 취하고 있다.

신구간, 폐습인 줄 알면서 철저히 답습

　서울대학교 제주도향우회 '제주도 환경보호 조사 보고'에 따르면, 신구간, 화입, 허례허식, 암매장, 미신, 무고 등 이른바 제주도 6대폐습 중 화입, 암매장을 제외한 나머지 폐습은 현재 철저히 남아있거나 약간 남아있는 것으로 조사돼 제주개발의 암적 저해요인이 되고 있다. 특히 대한 후 5일에서 입춘 전 3일까지 행해지는 신구간인 경우는 거의 철저히 남아있는 것으로 나타나 동시 이주(移住)로 인한 주택난을 부채질하고 전세, 사글세, 임대료의 앙등계기가 될 뿐만 아니라 무주택자들의 심리적 부담감을 가중시키고 있다.

　이 같은 사실은 서울대학교 제주도향우회의 78년 '제주도환경보호에 대한 의식보고서'에서 나타났는데, 77년 11월 21일부터 78년 2월 13일까지 부속도서를 제외한 제주도 전역 10대에서 50대까지의 도민 475명을 임의 선택, 제주도의 인문환경(문화와 민속을 중심으로)과 자연환경에 대한 앙케이트 조사를 실시하였다. 응답자의 90.1%가 철저히 남아있다고 주장하는 신구간은 계속 지킬만하다가 35명(7.4%)에 불과한데 반해 당연히 없어져야 할 폐습이라고 생각하는 응답자가 4백3명(84.8%)으로 압도적이었다. 그러나 신구간이 철저히 지켜지고 있다는 응답자가 4백28명(90.1%)이었던 것과 비교하면 매우 대조적인 것으로서 도민의 의식과 실생활의 불일치를 단적으로 나타내주는 불안한 현상으로 풀이된다.

1979. 2. 6. 제주신문

　신구간 풍속과 관련해서 지난 50여년을 크게 전기(1950-1970년대)와 후기(1980-2000년대)로 나누어 볼 수 있다. 그 가운데 전기에 해당하는 1950-1970년대는 심각한 주택난으로 인한 임대료 폭등이 가장 큰 문제였지 다른 문제는 없었다. 이삿짐이 많지 않아서 등짐이나 수레로 나르면 되었기에 이삿짐센터의 횡포도 없었고, 버릴 물건이 없었기에 쓰레기 대란도 없었다. 하지만 매 해 오르는 임대료는 집 없는 서민들에게 커다란 고통을 안겨주었고, 그 고통은 개인들의 몫이었지 사회공동체에게는 큰 문제가 되지 않았다.

3. 민원 대란 시대(1980-2000년대)

1980-2000년대에 들어서면 신구간 풍속은 개인에게 뿐만 아니라 공동체 전체에게도 많은 고통을 안겨주게 된다. 경제가 좋아지면서 살림살이가 늘어나는 바람에, 임대료 폭등 문제 이외에도 날라야 될 이삿짐이 많아지면서 이삿짐센터의 횡포가 많아졌고, 이사과정에서 버리게 될 물건들이 많아지면서 신구간이면 늘 쓰레기 대란이 있게 되었다.

그리고 정보화 사회로 접어들면서 가정마다 전화, 인터넷, 유선방송 등이 있게 되면서, 이사철인 신구간이 되면 이들을 이설(移設)하느라 제주섬은 한바탕 야단법석을 떨게 된다. 그리고 각 동사무소에서는 주민등록을 이전하고, 법원등기소에서는 주택 담보 여부를 확인하고 등기 이전을 하느라 장사진을 이룬다.

3.1. 1980년대의 신구간 풍속도

1980년대에 제주시내 주택보급률은 64% 내외에 머물러, 무주택자들 가운데 상당수는 신구간만 되면 다시 대이동을 해야 했다. 제주시를 기준으로 할 때 1980년대 초엔 신구간에 5천여 세대가 이사를 하다가, 급격하게 제주시로 인구집중이 이뤄지는 1980년대 중반 이후에는 1만

2,3천 세대가 이사를 하게 된다.

1980년대 중반까지는 이전과 크게 달라진 것이 없지만, 1980년 후반이 되면 각 가정에 대형 가구들과 가전제품들이 보급되면서 살림살이가 늘어나 이삿짐이 많아지면서 운송수단도 수레에서 용달차량으로 바뀌게 되고, 이사할 때면 버려야 할 폐기물도 많아진다. 따라서 신구간이 되면 주택부족으로 인한 임대료 문제뿐만 아니라, 예전에는 없었던 이삿짐센터의 횡포, 쓰레기 대란이 심각하게 되어, 관계당국에서는 대책마련에 부심하게 된다.

집 없는 서민 아직도 많다. 주택보급률 64%뿐

아직도 제주시내에는 집 없는 서민들이 많다. 이사철인 세칭 '신구간'인 요즘 이 때문에 이집 저집으로 전전하는 이사행렬이 줄을 있고 있다. 18만 2천명이 살고 있는 제주시의 주택보급률은 작년 12월말 현재 64%. 총 3만 8천 1백19가구 가운데 2만 4천 3백80가구만이 자기집을 소유, 나머지 1만3천7백39가구가 내집을 마련하지 못한 무주택자들이다. … 제주시의 주택보급률은 최근 들어 급격히 둔화, 작년 한 해 동안 단독주택 592동, 연립주택 167세대분의 신축에 그침으로써 겨우 4.2%의 증가율에 머물렀다. 결국 현재 제주시의 주택보급률은 지난 81년의 64.4%에 비해서도 뒤지는 것이다. 가구 수가 늘어나는 만큼 주택이 증가하지 못하는 원인은 어디에 있는 것일까. 계속된 경기침체의 영향에도 원인이 있지만, 주택정책미비와 주택자금 융자한도액이 현실화되지 않다는 데 더 큰 문제가 있다. /…64%의 주택보급률에 그친 제주시의 경우 1만4천여 무주택세대 가운데 약 35%인 5천여 세대가 이 기간에 이삿짐을 꾸린다는 잠정집계이다.

1983. 1. 24 / 2. 1, 제주신문

주택보급률이 낮다는 것은 그만큼 신구간에 이사해야 할 사람이 많다는 것을 의미한다. 따라서 매년 신구간이 되면, 언론에서도 몇 가구 몇 명이 이동한다는 것에 초점을 맞춰 보도를 한다.

5만 5천여명의 대이동

신구간 시작, 서민들 이사 한창… 해마다 찾아오는 이 기간을 맞아 올해도 제주시내에서만도 1만4천2백여가구, 5만6천8백여명(가구당 4인가족 기준)의 대이동이 예상된다. 현재 제주시의 주택보급률은 64.2%. 전체주택보급대상 3만9천6백72가구 중 2만5천4백86가구만이 주택을 보유, 나머지 1만4천2백여 가구가 내집마련의 꿈을 이루지 못하고 있어 주택보급 확대방안 마련이 아쉬운 실정이다.

1984. 1. 25, 제주신문

제주시내에서만 줄잡아 1만 2천세대 대이동 예상

제주시내 무주택 2만3천가구, 주택보급률 64%선, 인가증가율 못 따라, 도 전체보다 25.5% 낮아.… 신구간에 제주시에서만 줄잡아 1만 2천세대(단독가구 4천5백세대 포함)가 집을 옮길 것으로 보인다. 제주시의 주택보급률은 64%선. 가구수는 4만4천세대에 육박하고 있으나 이를 수용할 주택은 2만8천47세대에 지나지 않아 1만 6천세대가 무주택자인 것으로 나타났다. 그러나 이 통계는 2인 이상의 가구에 한한 것으로 (주택보급률은 단독가구는 제외시켜 통계를 잡기 때문에 단독가구를 포함하면 무주택은 2만 3천세대에 이른다.)

1986. 1. 25, 제주신문

1980년 중반이 되면서 이삿짐을 나를 때 용달차가 사용되기 시작했다(1984. 1. 25 제주신문).

제주시내 가구 23% 대이동 예상

건축경기가 되살아나면서 제주시내에서 아파트, 주택 신축붐이 일고 있으나 이보다는 인구증가율이 앞질러 무주택가구는 더욱 늘어나는 추세이다. 부동산소개업계에서는 대략 1주일 동안에 행해지는 이제주시내에서만 1만2천5백세대(단독가구 포함)가 주거지를 이동할 것으로 내다보고 있다. 이는 제주시내 전 가구수 5만3천2백세대와 비교할 때 23%에 이르는 수치이다. 이동행렬이 이처럼 많아질 것으로 예상되고 있는 것은 주택수에 비해 인구증가율이 앞서서 그만큼 무주택자가 늘어났기 때문이다. 작년 한 해동안 제주시내에서는 주택 8백99채를 포함해 모두 1천 채 가량의 건물이 신축되었는데, 인구의 이동과 자연증가에 의해 세대수는 2천 세대가량이 늘어난 것으로 추정되고 있다.

이로 인해 단독가구수를 제외시켜 산출하는 제주시의 주택보급률도 86년 기준으로 61.8%(2만8천1백20채)를 기록, 85년말 64%에 비해 2.2%가 떨어진 것이다. 이로 인해 주택부족 현상이 두드러져 아직도 셋방을 구하지 못한 서민들이 복덕방 등을 찾아다니고 있는데 이런 현상은 신제주지역이 더욱 심한 편이다. 한편 '대한 후 5일부터 입춘 전 3일까지' 행해지는 이사철이기에 주택뿐만 아니라 점포 이전도 같이 하기 때문에 시중에서는 도배지, 장판 등이 불티나게 팔리고 있으며 가스, 연탄, 간판 주문도 쇄도하고 있다, 또한 전화기 이전 신청이 계속 늘어나고 있고, 미장공 등은 이곳저곳에서 불러들이고 있기 때문에 이들을 보기가 힘든 실정이다.

1987. 1. 21, 제주신문

이처럼 한꺼번에 대이동을 함으로써 많은 문제를 야기하는 신구간 풍속을 당시 제주사람들은 어떻게 받아들이고 있을까. 제주도에서 이를 확인하기 위해 1987년 신구간에 설문조사를 실시하였다. 서울대학교 제주향우회에서 신구간에 대한 설문조사를 한 후에 9년 만이다. 하지만 여기서도 신구간에 대한 제주사람들의 이중적 태도가 나타나고 있다.

신구간은 있어도 좋지만 꼭 지켜야할 풍습 아니다

도민들은 "신구간은 있어도 무방하지만 꼭 지켜야할 풍습은 아니다"라는 의견을 보이고 있다. 이 같은 사실은 제주도가 지난해 도내여성단체원회원과 교사, 공무원, 사회단체회원, 일반주부 등 1816명을 대상으로 실시한 신구간에 관한 설문조사한 결과 나타났다.

이 조사 결과에 따르면 전체 80%인 1452명이 신구간은 좋은 풍속이며 있어도 무방하다고 응답한 반면, 나머지 20%만이 부정적인 견해를 나타내고 있다. 그러나 '신구간이 앞으로 계속 지켜야할 풍습이라 생각하는가'라는 설문에 대해서는 74%인 1335명이 '이사하는 계절로 적합지 않다'는 이유로 지킬 필요가 없다고 밝혔다. 또한 응답자들은 신구간을 지키지 않고 생활해도 액운이 뒤따른다고 생각하지 않는다(76%)고 말하고 있는가 하면, 앞으로 집을 마련하여 이사를 할 경우에 반드시 신구간 중에 이사를 하겠다는 응답자는 22%에 불과한 것으로 나타났다. 특히 신구간의 폐단에 대해서는 주거생활에 부자유 초래(58%), 주거환경 선택여지 제한(24%),

물가인상 기회제공(18%) 순으로 응답, 주목되고 있다.
 한편 응답자들은 풍습 또는 관습에 대한 의견을 묻는 설문에 전체의 66%가 좋은 점은 지키지만 나쁜 점은 버려야 한다고 밝히고 있다. 또한 '신구간이 필요하다면 그 이유는 어디에 있는가'라는 설문에 대부분이 '주변 사람들이 모두 지키고 있기 때문'이라고 답한 반면 체험을 통해 필요성을 느꼈기 때문이라는 응답자는 20%에 그친 것으로 집계됐다. 제주도의 한 관계자는 '이번 조사를 통해 신구간에 대한 관념이 점차 부정적으로 흐르고 있을 뿐만 아니라 아직도 관습이라는 이유 때문에 지켜지고 있음을 알 수 있었다.'고 분석하고 있다.

1987. 1. 21, 제주신문

 그동안 행정당국에서 신구간 풍속을 악습으로 규정하면서 지속적인 폐지 노력을 했는데도, 사회지도층이라 할 수 있는 여성단체원회원, 교사, 공무원, 사회단체회원, 일반주부 등을 대상으로 설문조사를 벌인 결과, 전체 80%가 신구간은 좋은 풍속이며 있어도 무방하다고 응답하고 있다. 그리고 그러면서도 반드시 신구간에 이사를 하겠다는 사람은 22%에 불과했다. 제주사람들은 '신구간 풍속이 여러 가지 부작용이 있지만 전통적으로 내려왔기 때문에 지키고 있으며, 신구간은 좋은 풍속이긴 하지만 여러 가지 부작용이 있기 때문에 지킬 필요가 없다'는 다분히 혼란스런 심리상태를 보이고 있다.
 1970년대까지 신구간 풍속에서 가장 문제가 되었던 게 '사글세 대란'이었다면, 1980년대 후반부터 신구간 풍속으로 인한 가장 큰 부작용은 '쓰레기 대란, 전화이설 대란' 등으로 요약할 수 있다. 1988년 신구간에 쓰레기 수거와 전화 이설 문제에 대한 보도가 처음 등장하고 있다.

신구간 대책 마련, 쓰레기 수거, 전화 이동 원활히

제주시는 본도 특유의 이사철인 신구간을 앞두고 쓰레기 수거대책을 마련했다. 20일 제주시에 따르면 신구간 이사에 따른 쓰레기 배출량이 평소보다 하루 평균 1백여톤이 늘어날 것에 대비, 청소 인력을 현재 1백6명에서 1백21명으로 15명 늘리고 차량도 3대를 운행토록 한다는 것이다. 제주시는 신구간을 전후한 이달 25일부터 2월5일까지 10일 동안 하루쓰레기배출량이 평소 312톤에서 423톤(청소차량 94대분)으로 늘어날 것으로 보고, 운행시간을 하루 10시간에서 12시간으로 2시간 연장시키기로 했다.

한편 제주전신전화국은 오는 25일께부터 시작되는 이사철을 맞아 이 기간에 가입 전화 이동이 폭주할 것으로 예상됨에 따라 신구간이 끝나는 내달 10일까지 특별봉사기간으로 설정해 대고객서비스에 만전을 기하기로 했다. 20일 제주전신전화국에 따르면 매년 이 기간에 전화설치변경 사례가 5, 6천여건이 이르고 있어 설치변경작업이 늦어지거나 허술한 공사로 가입자들이 불편을 겪고 있다고 한다.

1988. 1. 21, 제주신문

제주시 주택보급률이 1985년 61%, 1986년 63%, 1987년 64% 등으로 지속적으로 상승하지만 여전히 무주택 가구는 1만 7천 세대가 되고 있다. 그리고 1988년 신구간에는 제주시내 전체 가구수의 23%에 해당하는 1만 3천세대가 신구간에 이사함으로써, 신구간 역사상 가장 많은 세대가 이동하게 되어 이사철로서의 신구간이 전성기를 맞게 된다.

1980년대 후반이 되면 경제사정이 나아져서 이삿짐이 늘어나기 시작한다.
(1988. 1. 26 제주신문).

줄 잇는 이사행렬, 1만3천세대 이동

신구간에 제주시내에서만 1만3천 세대(단독가구 포함) 가량이 주거지를 이동할 것을 보인다. 이는 제주시내 전체가구서 5만5천3백 세대의 23%에 이르는 수치이다. 제주시에 따르면, 지난 한 해 동안 활발한 건축 경기로 시내에 모두 1천2백48 세대분의 주택이 신축됐지만, 주택부족 현상은 여전한 실정. 부동산소개업에서는 생활 여건이 나아지면서 셋방을 내놓는 집주인들이 상대적으로 줄어들어 시내에서 셋방구하기가 다소 어려운 실정이라고 말했다.

1988. 1. 26, 제주신문

그리고 전화가 집집마다 보급되면서 전화국에서도 신구간이면 이사에 따른 전화이설 작업을 하느라고 전 직원이 비상근무를 해야 했다.

신구간 전화 대이동, 12일새 6천6백건 이설신청

최근 본격적인 이사철을 맞아 전화이설신청이 쇄도하고 있다. 제주전신전화국이 지난달 20일부터 31일까지 접수한 전화이설신청건수는 모두 6천6백84건으로 평소의 20배가 넘는 하루 평균 6백여 명이 넘는 가입자가 전화이설을 신청한 것으로 나타났다. 이는 지난해 같은 기간 6천 1백여 건에 비해서도 6백여 건이 늘어난 것으로, 이사철이 끝나는 10일까지 도내 전화가입자의 10%가 넘는 1만2천회선의 전화 대이동이 예상된다.

이 때문에 제주전신전화국은 매일 쏟아지는 이설작업물량을 제 때에 처리하지 못해 가입자들의 원하는 날짜보다 작업이 훨씬 지연되는 등 주민불편이 뒤따르고 있다. 이에 대해 제주전신전화국 관계자는 '이사철에 대비해 전직원 비상근무는 물론 일반전화시설업체에까지 하청해 이설작업을 벌이고 있으나 하루 처리능력이 4백회선에 불과한 실정이라며 가급적이면 6-7일 여유를 두고 이설신청해줄 것'을 당부했다.

1989. 2. 2, 제주신문

3.2. 1990년대의 신구간 풍속도

1980년대 후반을 기점으로 신구간에 이사하는 가구수는 조금씩 줄어들어, 1990년대가 되면 제주시내의 경우 전체 가구의 15% 정도인 1만여 가구, 제주섬 전체를 놓고 본다면 전체 가구의 10-13%인 1만 5천가구에서 2만여 가구가 이동을 한다. 한편, 이 때부터 제주도에도 주거형태가 아파트 위주로 바뀌면서, 이삿짐 운송 차량도 대형화되고 고층아파트에 짐을 나르기 위한 고층사다리차, 일명 엘리카도 등장하여 이사비용도 만만치 않게 큰 부담으로 작용하게 된다.

그리고 1990년대에 도내 주요 일간지가 제주신문(제주신보 후신, 제주일보 전신)외에 제민일보와 한라일보가 창간되면서 신구간에 대한 좀더 심층적인 보도가 있게 되고, 매년 신구간이 되면 사설을 통해 주민을 계도하고 관계당국에 신구간 대책마련을 촉구하기도 했다. 제민일보의 다음 기사는 한꺼번에 이사를 하게 되는 신구간 동안에 일어나는 여러 문제들을 잘 집약해주고 있다.

신구간, 1만여가구 대이동, 도내 총가구의 7% 일시에 이사

본도 특유의 이사철인 신구간이 내일부터 시작된다. 올해의 경우 도내에서는 도민 총가구의 7%선인 1만가구(단독가구 포함) 최소 3만5천여명의 주민이 이 기간을 전후해 대이동을 할 것으로 보인다. 이같은 예측은 한국통신제주사업본부가 지난해 신구간 전후 1개월간 집계한 가정용 전화이동상황을 분석 추산한 결과인데, 지역별로는 제주시 5천여 가구, 서귀포시 2천여 가구, 동부 및 서부지역 각 1천여 가구 등으로 예상되고 있다.

이 같은 짧은 기간 내에 주민 대이동에 따라 주민생활 편의와 직결된 이사쓰레기처리, 전화이설은 물론 주민등록 이전, 학교취학, 전학 등 각 부분에 걸쳐 불편과 혼란이 예상돼 철저한 대비책이 마련돼야 할 것으로 보인다.

우선 쓰레기의 경우 제주시와 서귀포시 등 도시권만 해도 하루 배출량이 평상시보다 30%늘어난 1일 8백톤을 웃돌 것으로 예상된다. 이에 市등 당국과 청소대행업체 등은 청소차량운행횟수를 한 대당 1-2회 증회 운행하는 등 쓰레기수거특별대책을 마련 시행하고 있으나 단기간에 엄청난 배출량에 비해 장비 및 인력의 한계로 한동안 적체현상은 불가피할 것으로 보인다.

또한 생활필수품인 전화 이설의 경우 1년 이전 양의 30-40%가 신구간에 집중됨으로써 처리능력의 한계로 인한 체증으로 주민불편은 가중될 것으로 보인다. 또한 14대 총선을 앞두고 재정리가 시급한 주민등록업무의 경우 퇴거 및 전입신고 과정에서 이주자가 관할 통장을 일일이 찾아나서 확인을 받아야 하는 등의 번거로움 때문에 이를 기피하는 사례가 많아

행정업무에 혼선이 야기될 것으로 보인다.

이밖에 각 동사무소에서는 1월말-2월초에 취학예정아동들에게 취학통지서를 발부하고 있으나 취학통지서발부 이후 입학 때까지 주소이동 등으로 추가되는 학생이 10-20%에 이르러 초등학교마다 학급편성에 따른 어려움도 예상되고 있다.

한편 사회 일각에서는 신구간 주민대이동으로 인한 갖가지 불편을 조기해소하기 위해서는 행정당국 등 관련기관에서 체계적인 대책과 세심한 배려가 선행되어야 하겠지만 우리 풍습의 어두운 면을 밝게 하려는 주민들의 노력도 필요하다고 입을 모으고 있다.

1992. 1. 25, 제민일보

신구간과 서로 돕기

제주 고유의 풍습인 이른바 신구간이다 25일부터 시작돼 2월2일까지로 알려진 이번 신구간에는 도내 1만여 가구 3만 5천여 명이 이사를 하는 대이동이 있을 것을 추정되고 있다. 이들 중에는 알뜰살림을 통해 내 집 마련의 꿈을 이룩한 신나는 이사도 있을 터이지만, 대부분 집 없는 설움을 안고 사는 무주택서민들의 한숨의 이사인 경우가 많다.

사정이야 어떻든 살림을 옮기는 일은 여간 심란하고 바쁜 일이 아니다. 하루나 이틀 사이에 짐을 옮기고 집안을 정리해야 하니 불편한 것 또한 이만저만이 아닐 것이다. 짐싸기에서부터 쓰레기처리, 전화 및 주민등록 이전, 자녀들의 취학이나 전학 등 챙겨야 할 일이 한두 가지가 아니다.

이에 따라 제주시 등 행정당국과 한국통신 제주시업본부 등에서는 오는 2월 10일까지 생활민원특별처리기간으로 설정하여 인원과 장비를 보강 민원업무를 처리하고 있다. 참으로 다행한 일이다.

그러나 이 같은 이사철을 겨냥한 용달화물차량의 요금횡포가 나타나고 있어 집 없는 설움의 무주택자들을 더욱 아프게 하고 있다는 소식도 들린다. 협정요금은 간 데 없고 거리나 화물의 양이나 무게에 관계없이 일률적으로 1회당 5만원씩 받는 외에 층수에 따라 더 부과하는 경우도 허다하다는 것이다. 대목에 한몫을 보겠다는 이사 관련업체의 지나친 욕심을 탓할 게재는 아니다. 단지 이 같은 요금횡포의 단속이 가시적으로 이뤄져서 서민들의 시름을 덜어주고 그들의 바쁜 일손을 덜어줄 수 있는 대책이 강구되는 분위기가 있었으면 하는 바람이다.

지금은 각급 학교의 겨울방학기간이다. 그리고 현재 도내 가정의 차량 보유가 2가구 1대꼴이라는 통계도 나왔다. 그래서 일손돕기 형태의 '이사돕기'운동이라도 전개했으면 좋겠다는 생각이 앞선다. 각 가정의 차량을 동원하고 이웃의 인력을 이삿짐 옮기는 봉사활동으로 유도할 수만 있다면 화물차량의 요금 횡포에 무주택서민들이 가슴아파하지 않아도 될 것이기 때문이다. 그리고 이웃의 십시일반으로 돕는 이삿짐 옮기기 봉사는 제주 고유의 수눌음 인정을 되살리는 계기가 될지도 모르겠기 때문이다. 힘든 일을 서로 돕는 것은 우리가 간직해온 아름다운 덕목이 아니겠는가.

1993. 1. 27 제민일보(사설)

1990년대부터는 이사과정에서 버려지는 쓰레기가 많아져 신구간 쓰레기 문제가 심각하게 되었다(1994. 2. 5 제주신문).

1960-70년대의 신구간 관련보도에서 상징적인 장면이 마차가 끄는 수레에 이삿짐을 싣고 눈을 맞으며 이사를 하는 것이라면, 1990년대 이후의 신구간 관련 보도 사진들은 대부분 산더미 같이 쌓여 있는 이사 쓰레기들을 찍은 것들이다.

쓰레기처리에 어려움, 분별없이 아무데나 방치

신구간 이사철을 맞아 쓰레기 발생량이 급증하고 있는 가운데, 일부 몰지막한 시민들이 TV, 냉장고 등 대형쓰레기나 일반쓰레기와 함께 분별없이 폐기 장소에 내놓아 문제를 낳고 있다. 그런가 하면 행정당국은 이들 대형쓰레기들을 일손부족과 부수지 않은 채 내놓았다는 이유로 제때 수거하지 않아 도로변 미관을 크게 해치고 있는 등 쓰레기 처리에 한계를 보이고 있다.

1993. 1. 30, 한라일보

제주섬 전체로 본다면 1994-1997년까지 매 해 신구간에 2만여 세대의 대이동을 하고, 그로 인한 전화이설 건수도 1만8천-2만1천 건에 이르게 된다. 본래 묵은철을 정리하고 새철을 준비하는 기간으로 삼았던 신구간이 사글세 대란, 쓰레기 대란, 전화이설 대란, 행정기관의 업무폭주 등 제주섬 전체는 홍역을 치르게 된다. 제주신문에서는 1994년 신구간을 맞아 신구간의 문제점을 3회에 걸쳐 심층 연재하고 있다.

2만 세대 도민 대이동, 송구영신 세시풍속 퇴색

오늘부터 2만여 세대의 도민 대이동 신구간이 시작됐다. 오는 2월 1일까지 8일간 계속되는 신구간은 예로부터 내려오는 제주 고유의 풍속이다. 『제주의 민속』(제주도간 1993년) 등 제주관련 문헌에 따르면, 신구간은 대한 후 5일에서 입춘 전 3일까지로 보통 일주일 내외의 기간이다.
 이 때는 지상에 내려와 인간사를 수호 관장하던 귀신들이 한 해의 임무를 다하고 옥황상제로부터 새해의 책임을 맡기 위하여 하늘로 올라가버려 귀신들의 부재기간이라는 것. 때문에 귀신섬기기를 남달리 하던 조상들은 이 기간을 이용 집안의 모든 일을 손질해왔다. 운수가 나쁘거나 길일이 없어 채 이루지 못하였던 집, 울타리, 부엌 등을 수리하거나 이사를 하여도 아무탈 없다하여 이 기간을 중시여겨왔다. 심지어 변소의 귀신까지 지상에 없기 때문에 변소를 고쳐도 동티가 나지 않는다고 했다. 무덤을 옮기는 일도 이 기간에 이뤄졌다.
 도내 민속학자들은 이사철로 불리는 신구간도 여느 세시풍속처럼 우리의 생활을 정돈하고 새롭게 시작하는 계기로 삼자는 참 뜻이 있다고 강조하고 있다. 이를테면 신구간이 아니면 집수리를 못한다는 이야기도(?) 적어도 신구간만이라도 집 안팎을 고치고 가꾸자는 생활의 쇄신을 의미하고 있다는 것이다. 그것이 다만 조상들의 사고 관습에 따라 금기적으로 표현된 것에 불과하다는 것. 그러나 갈수록 신구간의 금기적 성격이 강화되면서 오늘날에 와서는 신구간에 이사해야 된다는 고정관념으로 변질되어 버렸다. 현실적으로 그 고정관념은 제주사회에 여러 병폐를 남기고 있다. 서민 경제에 심각한 타격을 주는 사회악이라는 지적도 있다. 집 없는 서민들에겐 신구간 절기가 위협적으로 다가와 정신적 피해가 이만저만이 아니다.
 집주인들에게는 전세, 사글세를 올리는 구실로 악용되고 있기도 하고, 일부에서는 주인과 객이 한마당에 살면서 쌓아온 인연까지도 이 기간엔 차디차게 식어버리는 경우도 있다. 때문에 뜻있는 도민들은 '본래의 신구간 되찾기' 도민정신운동이 시급하다고 강조하고 있다.

1994. 1. 25. 제주신문

쏟아지는 쓰레기, 도심 곳곳 몸살

신구간 때 집을 옮겨야 '동티'(건드리지 말아야 할 것을 잘못 건드려서 생긴 걱정이나 불행 또는 재앙)가 나지 않는다는 풍속적 관념으로 비정상적인 수요급증 현상이 발생. 도심 곳곳에 몸살을 앓고 있다. 갑자기 생활이 불편해지고 혼란이 가중되고 있는 것이다. 대표적으로 전화이설 요구가 봇불을 이루고 있다.

한국통신제주사업본부에 따르면 지난해 신구간 전후 1개월간 전화이설 처리건수는 연간처리건수의 32%인 1만 8천여건, 신구간의 처리건수는 연간 11%인 6천 3백여건으로 하루 평균 접수처리건수는 평소 1백50건의 6배나 되는 9백여건이다. 올해의 경우 신구간 전후 1개월간 전화이설요청은 2만여건을 넘어설 것으로 예상되고 있다.

이에 못지 않게 신구간만 되면 눈에 띄는 것이 골목골목에 쌓여 있는 쓰레기들이다. 주민들의 분리수거 운동 참여 등 많이 개선되고 있기는 하지만 길거리는 이사쓰레기로 미관을 크게 해치고 있다. 제주시는 평일평균 3백42톤에서 18%늘어난 4백2톤의 쓰레기가 발생할 것으로 예상, 전 청소차량을 운행시키면서 당일 쓰레기 당일 수거를 독려하고 있다.

뿐만 아니라 가정용 LPG시설 이전이나 자잘한 집수리를 위한 일손 얻기도 힘들어 잡인부의 노임도 오르고 있다. 일선 행정기관의 주민등록사무와 인감증명사무 등도 갑자기 불어나고 있다. 또 일부 이삿짐수송요금 시비도 우려되고 있다. 신구간이라야 집을 옮길 수 있다는 제주 고유의 풍속적 고정관념은 해마다 이와 같은 혼란과 불이익을 남겨주고 있다.

1994. 1. 26, 제주신문

조냥정신 어디로 갔나

제주의 세시풍속은 일상의 생활에 리듬을 가다듬어 준다. 주기적으로 정해진 기간이나 날(日)이 우리들로 하여금 생활을 정돈하고 마음을 새롭게 하는 계기를 다져주고 있기 때문이다. 고유풍속 '신구간'도 예외가 아니다. 그러나 당초 '송구영신(送舊迎新)' '생활의 쇄신도모'의 의미가 강한 신구간이 이사철로 전락되면서 어느 해부턴가 허리띠를 졸라맨 서민 가계까지 흔들어 놓고 있다.

아직도 쓸만하고 입을만한 가재도구 옷가지 등이 폐품으로 버려지고 있다. 이미 사용할만큼 사용했으니 마침 신구간을 이용 폐기처분하고 있는 것일까. 그렇지 않은 경우가 많다는 사실에 문제가 있다. 미화원들의 얘기는 우리 의식을 다시 한번 생각하게 한다.

"쓰레기는 말 그대로 더 이상 사용할 수 없는 폐기물이어야 하는데 신구간 이사철엔 아직도 쓸만한 중고품들이 마구 쏟아져 나옵니다.", "이같은 중고품처리가 미화원들에겐 여간 골칫거리가 아니 예요. 무겁고 부피도 커 이를 수거하는 데만 평소 시간의 2배 이상 걸리는 등 매우 힘듭니다.", "재활용이 가능한 품목은 냉장고, 세탁기, 책걸상에서부터 이불, 담요, 점퍼, 전기스탠드, 책꽂이, 베개, 양말, 모자, 교복, 학용품 등에 이르기까지 부지기수예요.", "조금만 수선하면 바로 쓸 수 있는 중고품들이기에 가끔은 집으로 가져가기도 하지만, 언제부터 우리가 흥청망청식 부자가 됐는지 한심하게 느껴질 때가 많습니다."

활용이 가능한 중고품을 버렸으니 신제품 구입은 당연한 수순이 된다. 집을 새롭게 옮기는 마당인데 냉장고, 세탁기 하나쯤 새롭게 그리고 이왕이면 대형으로 구입하는 현상이 갈수록 늘고 있다. 신구간이 오히려 우리들의 소비심리를 부추기고 있는 것이다.

제주시의 모가전제품 대리점의 경우 평소 3-5건에 그쳤던 매상이 요즘 배 이상 늘었다. 내친 김에 자식들 책걸상까지 신제품으로 바꾸는데 주저하지 않는다. 새해맞이 집 안팎 수리에서 시작된 풍속이 어느새 절제된 소비생활을 파괴하고 있는 것이다.

한때 사회적으로 폐단이 많다하여 추방운동까지 받아야 했던 신구간. 해마다 엄동설한에 벌어지는 신구간이 제주 고유의 미풍양속으로 자리매김하기 위해 도민 스스로의 자각과 결집력이 시급히 요구되는 이유는 바로 이같은 폐단 때문이다.

1994. 1. 29, 제주신문

그러나 언제나 그리고 어디든지 미담의 주인공은 있게 마련이다. 신구간을 맞아 폭리를 취하는 이삿짐센터가 있는 반면에, 어려운 이웃을 위해 무료로 이삿짐을 수송해주는 단체도 있었다.

신구간 이삿짐 무료로 수송해드립니다

道개별화물자동차운송조합(이사장 이영근)에서는 25일부터 다음달 1일까지 제주고유의 이사철인 신구간이 시작됨에 따라 2만여세대 10만여명에 이르는 도민이 대이동이 본격적으로 이루어고 있는 가운데 이삿짐을 무료로 수송해주겠다 해서 화제이다. 이 단체는 지난 89년부터 한해도 거르지 않고 도내 최대 이사철인 신구간에 세입자의 이삿짐을 무료로 수송해주고 있다. 사회의 불우한 이웃을 도울 수 있는 방법이 없을까 고민하다가 이사철인 신구간에 차량을 빌리지 못해 이사하는데 애를 먹는 이웃들이 많이 있음을 보고 이삿짐을 무료로 수송해주게 되었다고 이사장은 밝혔다. 지난 89년 제주시내 거주 생활보호대상자 20여가구의 이삿짐을 수송해준 이후에 지금까지 3백여 가구의 이삿짐을 무료로 수송해주었는데, 수송료만도 1천여만원에 이르고 있다.

1994. 1. 28, 한라일보

반면에 신구간으로 인해 이웃사촌이 이웃 앙숙으로 되는 경우도 있다. 경제가 호전되면서 집집마다 승용차가 있게 되어, 주차장 부족으로 주차문제가 나타나게 도고, 새로 이사 온 주민과 이웃 주민 사이에 차대기 전쟁이 벌어지고, 경우에 따라서는 서로 얼굴을 붉히는 사태도 있게 된 것이다.

신구간 이후 이웃 앙숙 속출

내 집 부근 차 빼라, 차대기 전쟁 치열, 양보미덕, 질서의식 무너져, 차량파손, 주먹다짐 다반사… 최근 주택가 골목길에서 차대기 전쟁이 벌어지고 있다. 특히 이 같은 주차전쟁은 차량소유자가 몸싸움으로 번지는 경우가 허다하고 심지어 야간에 상대차량을 훼손하는 사례가 발생하고 있다. 이는 2만 세대의 도민이 신구간에 대이동한 여파로 인해 생면부지인 이웃간에 양보미덕이 사라지면서 골목길 주차질서가 무너져 내리고 있기 때문이다. 즉 새로 이사 온 주민들은 어느 곳에 누구 차량이 주차하는 지 알 턱이 없고, 또 자신의 집 부근에 주차할 수 있는 권리가 있는데다 먼저 세우는 것이 임자라고 주장하고 있다. 반면 한 장소에 주차를 고집해온 주민은 갑자기 주차공간을 빼앗긴 것에 대해 나를 우롱하는 처사라고 분통을 터뜨리며 기득권을 내세우고 있다. 이처럼 주차문제를 놓고 신경전을 벌이는 가운데 출퇴근길에 골목길에 서로 맞닥뜨리기라도 하면 말다툼 끝에 멱살을 잡는 촌극이 벌어지기도 한다. 게다가 이것도 모자라 은근히 자신의 주차공간임을 내세워 먼저 주차한 상대방차량을 못으로 긁거나 백미러 등을 파손하는 행위도 부쩍 늘고 있다.

1994. 2. 3, 제주신문

신구간 풍속이 기세등등하던 시절엔 아파트 입주시기마저 신구간에 맞춰야 했다. 그러나 1990년대 중반이 되면 신구간에 상관없이 입주하는 대규모 아파트 단지가 여기저기 조성되기 시작한다. 따라서 신구간 풍속도 어쩔 수 없이 그러한 세태에 조금씩 밀려나서 신구간에 이사하는 가구수도 서서히 줄어들게 된다.

제주시내 1만여 가구 집 옮길 듯, 아파트 미리 입주 등 감소세

제주시 지역의 경우 올해 신구간 동안 집을 옮기는 가구는 줄잡아 전체

가구의 15%인 1만 1천여 가구에 이를 것으로 시는 추정하고 있다. 이처럼 신구간 이사가구가 예년보다 줄어들고 있는 것은 신구간에 관계없이 아파트 입주시기에 맞춰 이사를 하는 경우가 많아졌기 때문으로 분석되고 있다. 특히 올해의 경우 신구간에 설날이 끼어있어 1월 초순과 중순에 이미 이사를 마친 세대도 많은 상태이다.…

1995. 1. 25. 제민일보

제주섬에서는 대부분 신구간에 이사를 하기 때문에 임대료나 매매대금뿐만 아니라, 이사를 하면서 들어가는 여러 가지 부대비용 등 많은 돈이 시중에 풀리게 된다. 따라서 신구간 풍속은 긍정적으로는 침체되었던 경기를 부양하는 신구간 특수(特需) 효과가 있고, 부정적으로는 물가인상을 초래하는 효과도 있다.

신구간에는 임대료가 오르면서 물가도 함께 오르는 경향이 있었다(1995. 1. 27 한라일보)

신구간 물가급등, 대책 마련해야

지난 4년 동안 제주지역 소비자물가는 1.4분기 중에 집값을 포함한 서비스요금이 물가오름세를 선도해 연평균 상승률의 59%를 점유한 것으로 분석돼 신구간 이사풍습 개선 등 근본적인 대책마련이 절실하다는 지적이다. 이같은 사실은 최근 한국은행 제주지점이 조사연구한 91-94년중 '제주지역 물가변동 요인과 정책적 시사점'에서 밝혀졌는데 지난 4년 동안 도내 소비자 물가는 연평균 6.6%상승률을 보여 전국평균 6.3%를 0.3% 웃도는 가파른 오름세를 나타냈다. 이 가운데서도 1.4분기중 소비자 물가는 3.9% 상승하여 전국평균을 0.3% 상회하고 있으며 특히 집세(9.1%)와 개인서비스요금(9.0%)을 중심으로 서비스 요금이 6.5% 올라 전국 평균 4.5%를 크게 웃돌고 있는데 실제로도 전국평균 집세가 6.1% 오른 반면 제주지역은 신구간 영향 등으로 무려 10.2%의 가파른 오름세를 기록하고 있다.

1995. 1. 27, 한라일보

신구간 풍속으로 인한 가장 큰 병폐는 쓰레기 대란이다. 임대료 상승이든, 전화 이설 등과 같은 문제들이야 이사하는 당사자의 고통에 그치지만, 쓰레기 문제만큼은 이웃과 공동체 전체에게 해악을 끼치기 때문이다. 하여 행정당국에서도 비상대책을 마련해보지만 쉽게 해소되지는 않고, 도민들은 쓰레기 대란 때문에 연례행사처럼 매년 신구간에 몸살을 앓아야 했다.

신구간 쓰레기 처리 몸살

제주시 신축아파트 대책 미흡, 곳곳 산더미, 악취피해…29일 제주시에 따르면 신구간이 시작된 지난 25일부터 28일까지 4일간 쓰레기발생량은 하루 평균 341톤으로 평상시 하루 평균 260톤에 비해 31% 증가했다는 것이다. 이처럼 쓰레기배출량이 급증하자 시는 청소차량 48대와 각종 인력을 최대한 동원, 버려진 쓰레기는 당일에 전량 수거토록 방침을 세웠으나 신구간 전후로 준공 입주하는 아파트에 대해서는 대책을 마련하지 않아 이곳 입주민들이 쓰레기 처리에 어려움을 겪고 있다. … 더욱이 이 기간 어수선한 틈을 타 쓰레기를 불법으로 버린 사례도 늘었는데, 적발된 81건 중 규격봉투를 사용하지 않은 5건에 대해서는 각 10만원의 과태료를 부과하고, 나머지는 경고 또는 계도 조치했다.

1996. 1. 30, 제주신문/제민일보

이사대란 속 쓰레기처리 총력전 주목

최근 들어 제주지방 고유의 풍습인 신구간 이사관행이 더욱 뿌리를 내린 듯한 느낌이다. … 한국통신 제주지역본부가 예상한 바에 따르면 올해 도내 전체 전화가설 예상건수 7만여 건 가운데 2만 1천여 건이 신구간에 처리될 것으로 나타났다. 이는 결국 도내 2만여 가구가 이사한다는 것으로 이로 인해 발생하는 쓰레기 다량출현상이 가장 큰 문제점으로 대두되고 있다. 올해 신구간에는 제주시내에 하루 3백20톤의 쓰레기가 발생하여 평일보다 19% 정도 증가할 것으로 예상되고, 제주섬 전체로 볼 때도 평소엔 하루 4백15톤이었으나 신구간을 앞두고 벌써 19% 증가한 4백95톤으로 늘었다고 한다. … 한편 신구간은 이와 같은 문제에도 제주사회에 더욱 토착화되는 추세여서 '신구간 문제' 역시 해마다 되풀이될 수밖에 없는 형편이다.

1997. 1. 25, 제주일보/제민일보/한라일보

한편, 많은 사람들이 이사를 하나보면, 집주인을 잘못 만나 선세값을 받지 못하는 경우도 종종 있었다. 전세값을 법적으로 보장받기 위해서는 전세권을 설정하든가 확정일자를 받아둬야 한다는 보도도 눈에 띈다. 이는 그만큼 당시에 우리 사회가 경제적으로 불안했고, 공동체 구성원들간에 신뢰가 무너지고 있다는 것을 의미한다.

신구간 전세값 어떻게 보장받나

전세권 설정, 확정일자 등 법적 대항력 우선 갖춰야, 확정일자 땐 입주, 주민등록 이전 필요, 공공주택의 경우 동, 호수 명시해야, 주택임대차 신용보험 가입도 한 방안… 올해 신구간에 도내 전체 15만 7천여 가구 가운데 2만 가구가 집을 옮길 것으로 예상된다. 이 기간에 전세를 얻은 사람은 이삿짐을 푼 후 전세금 등을 안전하게 지키기 위해 우선 법적으로 보호받을 수 있는 대항력을 갖춰야 한다. 전세계약서를 작성할 때는 아무런 하자가 없던 집이 나중에 경매로 넘어가 전세금을 몽땅 날리는 경우가 종종 벌어지기 때문이다. 대항력은 이사한 뒤 확정일자를 받아놓거나 전세권 등기를 통해 이뤄진다. 전세권 설정등기는 전세보증금을 안전하게 지킬 수 있는 가장 좋은 방법이지만 임대인의 동의를 받아야 하고 등기비용도 비싸다. 반면 확정일자는 임대인의 동의가 필요없고 비용도 1천원 이하인데 효력은 전세권 설정등기와 비슷해 이 방법을 이용하면 좋다.

1997. 1. 25, 제주일보

그리고 IMF 경제대란 여파 때문인지, 서민들 중에는 피땀어린 전세금을 떼이는 경우도 있었다. 전세권 등기나 확정일자 등과 같은 고차적인 용어는 그들에겐 그림의 떡이었다. 생명줄이나 다름없는 전세금을 떼인 민초들이 할 수 있는 일은 그저 경찰에 고소하는 것이었다.

신구간 전세금 사기조심하세요, 경찰에 고소사례 잇따라

서민들 집 임대 피해 속출, 주인 바뀌거나 이중계약, 건물주 행세 속이기도… 전세계약을 하고 입주했으나 건물주가 바뀌는 바람에 내쫓길 위기에 처한 70대 할머니, 집주인을 잘못 알고 계약했다 피해를 당한 30대, 이중계약사기로 계약금만 날린 40대… 최근 신구간을 앞두고 경찰에 주택임대와 관련해 피해를 호소하는 민원이 잇따르고 있다.

아들이 사업에 실패하자 지난해 7월 홀로 제주에 내려와서 제주시 소재 모여인숙의 방 한 칸을 전세금 4백만원에 계약해서 살고 있는 강모 할머니(76. 인천광역시)는 최근 주인이 바뀌는 바람에 쫓겨날 위기에 처했다며 경찰에 도움을 요청했다. 20일 강할머니에 따르면 내년 7월까지 2년간 전세계약을 했으나 지난해말 여인숙건물주가 바뀌면서 새 주인이 방을 비워줄 것을 요구해 이러지도 저러지도 못하고 있다는 것.

이날 제주경찰서를 찾은 백모씨(35)도 집주인 행세를 하며 주택임대비를 가로챈 H씨를 잡아 처벌해달라며 고소장을 제출했다. 백씨는 지난 해 주인이라고 자처하는 H씨의 집을 5백50만원에 사글세를 맺어 입주했다. 그런데 계약만료 5개월 전인 최근 진짜 집주인이라는 사람이 나타나 '왜 남의 집에 몰래 들어와서 사느냐"며 집을 비우라고 독촉해 뒤늦게 사기 피해를 당한 것을 알게 됐다고 주장했다.

또 세들어 사는 입주자와 전세계약을 했다가 계약금만 날린 김모씨(48)가 이날 제주경찰서에 K씨를 사기혐의로 고소했다. 김씨는 고소장을 통해 생활정보지를 통해 알게된 집을 전세계약하기 위해 찾아갔는데, 당시에 세들어 살던 K씨가 '우리와 전세계약서를 작성하면 3일 내에 주인에게 알려 전세권 설정을 할 수 있도록 중개해주겠다.'고 한 말에 속아 계약금 1백만원을 건네줬다가 사취당했다. 김씨는 계약금을 건네준 며칠 후 이사준비를 위해 그 집에 찾아가보니 이미 다른 사람이 이사와 살고 있었다며 이중계약으로 서민들의 돈을 갈취한 K씨를 붙잡아줄 것을 호소했다.

경찰은 신구간을 맞아 주택임대료를 노린 사기범이 극성을 부릴 것으로 보고, 건물 등기부등본 및 소유주 등을 다시 한 번 정확히 확인해 피해를 당하지 않도록 주의해줄 것을 당부하고 있다.

1999. 1. 21, 제주일보

신구간에 대한 도민들의 의식조사가 지난 1987년에 이어 다시 십년

만에 이뤄졌다. 1997년 10월에 제주발전연구원에서 제주도민 1000명을 대상으로 한 〈21세기 제주, 제주인 도민의식조사〉에서 제주문화와 관련해서 '신구간 선호도'과 관련된 항목은 우리의 눈길을 끈다.

신구간에만 집을 고치거나 이사가는 것이 당연하지 않다

'신구간에만 집을 고치거나 이사가는 것이 당연한가'라는 질문에서 '그렇다'는 경우가 25.5%, '그렇지 않다'는 경우가 74.5%로 상당수가 부정적인 시각을 가지고 있다. (그런데 이는 십여년 전인 1987년에 실시했던 도민의식조사에서 신구간 풍속이 '반드시 지켜져야 한다'가 22%, '그렇지 않다'가 74%이었던 점에 비춰본다면, 크게 달라지지 않았음을 보여준다. 필자 주) 신구간 풍습은 제주도만이 가지고 있는 독특한 문화라고 할 수 있다. 그런데 대체로 많은 사람들은 신구간이 시대의 변화에 능동적으로 대처해나갈 수 있도록 신구간 자체에 대한 부정적인 시각보다는 그 운영에 있어서 변화가 있어야 한다는 데 공간을 가지고 있고 볼 수 있다.

한편, 1997년 조사에서는 사회인구학적 특성별로 볼 때, 거주지역별에서 남제주군 동부에 사는 사람들이 신구간 선호도에서 그렇다고 응답한 경우가 51.6%로 높게 나타나고 있다. 연령별로는 60대이상(62.5%)에서 그렇다고 응답한 경우가 50대 이하보다 높게 나타났다. 직업별로는 농수축산업에 종사하는 사람(44.9%)들이 다른 직종에 종사하는 사람들보다 신구간 선호도에서 그렇다고 응답한 경우가 높게 나타나고 있다. 학력별로는 중졸 이하(51.6%)가 신구간 선호도에서 그렇다는 비율이 높게 나타나고 있다. 그리고 월소득 300마원 이상인 고소득자(43.8%)로 신구간 선호도가 높았다.

제주발전연구원 〈21세기 제주, 제주인 도민의식조사 보고서〉
1997. 11, 66-67쪽.

매년 신구간을 앞두고 제주섬의 경기는 활기를 띤다. 특히 가구와 전자제품 대리점, 대형할인매장 등에서는 손님들로 북적이는 신구간 특수가 있기 때문이다. 그러나 제주섬도 IMF 경제위기는 비껴가지 못 했다. IMF 경제위기가 밀어닥친 1998년 초에 전국의 경제가 꽁꽁 얼어붙었지만, 제주사회에까지 그 파장이 미치지는 못 했다. 제주섬에서는 그로부터 1년 뒤인 1999년 신구간이 되어서야 비로소 IMF 경제 위기를 실감할 수 있었다.

신구간 특수 실종

가구, 가전제품 등 판매액 급감, 경제난 소비심리 위축 주원인 … "이제는 경기 특수라는 용어 자체가 실종되었습니다." 제주 전래 이사철인 신구간을 앞두고 특수를 고대하던 도내 가전 및 가구 대리점 업계가 오히려 울상을 짓고 있다. 예년 같으면 신구간에 일부도민들이 꿈에 그리던 내 집을 마련했다는 기쁜 마음에 매장마다 새 가구와 새 전자제품을 구입하려는 발길이 이어지면서 신구간 특수를 실감할 수 있었으나 올해는 상황이 달라졌기 때문이다. 특히 올해 신구간은 IMF 이후 첫 신구간이었던 지난해에 비해서도 도민들의 소비심리가 얼어붙으면서 관련업계를 더욱 우울하게 만들고 있다.

실제로 도내 곳곳에 농협 하나로마트를 운영하고 있는 농협 제주지역 본부는 지난해 1월 신구간 특수와 맞물려 2억 4천 2백만원어치의 가전제품과 가구를 팔았으나 올해는 20일 현재 6천 1백만원에 머물고 있다. 농협은 신구간이 25일부터 시작되지만 이달 한 달 동안 총판매액은 지난해 같은 기간에 비해 60% 감소한 1억원에 그칠 것으로 예상하고 있다.

신구간 특수실종은 신구간에 한몫을 볼 것으로 예상하는 일반인의 생각과는 달리 부동산중개업소에서 더욱 심각하다. 부동산중개업소의 한 관계자는 '대부분 전세물건이 개인적으로 또는 생활정보지 등을 통해 거래가 이뤄지는 바람에 부동산업소가 보유한 전세물건 거래실적은 많아야 한두 건에 불과하다.'며 '신구간은 부동산 중개업소와 전혀 상관없다.'고 말했다.

반면 신구간에 전체 가구수의 10%에 이르는 1만 5천여 가구가 이사할 것으로 예상되면서 도내 1백70여 곳의 이삿짐센터만 경제만 속에 반짝 호황을 기대하고 있다.

1999. 1. 22, 제주일보

그동안 신구간 풍속으로 인해 서민들은 서민들대로 고통을 당하고, 관계당국은 당국대로 곤욕을 치렀다. 그리고 제주섬에도 IMF라는 경제위기가 불어닥쳤지만, 여전히 제주섬의 신구간 풍속은 사라지지 않고, 그로 인한 쓰레기 대란, 전화이설 대란 등과 같은 사회문제도 사라지지 않고 1990년대를 넘기고 있다.

신구간

올해도 도내 15만여 가구 가운데 10%가량 되는 1만 5천여 가구가 보금자리를 옮기는 주민 대이동이 벌어질 것으로 예상되고 있다. 이렇게 한꺼번에 이사를 하니 주민등록이전이나 전화이설 등 각종 민원이 쏟아지고 쓰레기 발생량이 크게 늘어날 것은 뻔한 일이다. 그렇지 않아도 이번 신구간에 배출될 쓰레기는 평소보다 20%쯤 불어난 하루 5백여 톤에 이를 것으로 예상하고 있다. … 올 신구간에는 전화이설에 다른 민원 역시 1만여 건 이상으로 폭주해 전화 적체도 예상된다. 이 기간이 아니면 전세나 사글세 집을 얻기 어렵고 직장이나 사업관계 등으로 다른 지방에서 제주로 이사오는 사람들도 이 기간이 지나면 집을 구하기가 쉽지 않아 생활에 불편을 겪게 된다.

이러저러한 이유들로 20여 년 전에는 제주도가 신구간을 6대 폐습의 하나로 꼽아 추방운동을 벌이기도 하였지만 뿌리깊은 관습을 뜯어고치지 못한 가운데 신구간이 정녕 폐습인지 그 성격조차 정립하지 못한 채 오늘에 이르고 있는 터이다. 일부 민속학자들은 신구간이 오히려 제주만의 좋은 풍습이라고 주장하기도 한다. 아무튼 신구간을 맞아 관계당국에서는 쓰레기대란이 일어나지 않도록 쓰레기처리를 원활히 하고 주민등록 전출입이나 전화이설 등 민원 역시 제때에 처리해서 시민불편을 최소화해야 할 것이다. 아울러 시민들도 쓰레기를 멋대로 버리는 등 시민정신을 망각하는 행동을 삼가야 함은 물론이다.

1999. 1. 26, 한라일보(사설)

3.3. 2000년대의 신구간 풍속도

2000년대가 되면 제주시 인구는 제주섬 전체 인구의 50%를 넘어서게 된다. 그런데도 제주시에 대규모 아파트 단지가 조성되고, 공공주택이 건설되면서 주택보급률은 90%를 넘어서고 2004년에 접어들면 주택보급률은 거의 95%에 이르게 된다.

따라서 제주섬 전체를 기준으로 할 때 2000년 신구간에 1만8천 가구, 2001, 2002년 신구간에 1만5천 가구, 2003, 2004년 신구간에 1만 가구가 이사한 것으로 나타났다. 그리고 2005년 신구간에는 제주시내의 경우는 5천여 세대, 도내 전체로는 1만여 세대가 이사하여, 전체가수의 5% 정도가 이사하였다.

이처럼 주택보급률이 높아지고, 신구간에 이사하는 가구수가 상대적으로 줄어들면서, 2000년대가 되면 경우에 따라서는 신구간을 앞두고 주택 전포 등 급매물이 쏟아지는 바람에 부동산 시장이 침체되는 경우도 생겨나 격세지감을 느끼게 한다.

한편 2000년대가 되어 정보화사회가 되면서 초고속인터넷과 유선방송이 각 가정에 보급되기 시작하였기 때문에, 통신회사와 유선방송회사에서는 신구간에 이사에 따른 설비변경을 하느라 비상근무를 해야 한다. 반면에 개인용 휴대전화가 보급되면서 유선전화는 그 중요도가 떨어지면서 전화이설로 인한 민원인들의 독촉은 점점 줄어드는 추세이다.

1990년대 중반부터 아파트들이 들어서면서 고층사다리차가 사용되기 시작하였다 (2002. 1. 26 제주일보).

그러나 소비자들이 씀씀이가 커지면서 대형할인매장이나 가전제품 대리점에서는 여전히 신구간 특별할인행사를 하는 등 신구간은 제주사회는 경기 특수(特需)를 누리는 기간이 되고 있다.

신구간 풍속의 점차 약화되는 추세이긴 하지만, 여전히 이삿짐센터의 횡포는 심했다. 그도 그럴 것이 2000년대가 되어 주거형태가 아파트로 바뀌면서 이삿짐 양이 많아졌을 뿐만 아니라, 고층 아파트나 빌라로 이사하기 위해서는 고층사다리차, 일명 엘리카가 필수인데, 이사하는 가구수에 비해 그것을 보유한 업체가 부족했기 때문에 바가지요금을 부르기가 일쑤였다.

신구간 때마다 이사비용 횡포 심각

도내 전래 이사철인 신구간 때마다 이사업체들이 이사비용횡포가 심각하다. 일부업체들은 신구간 대목을 이용 '이때 한몫 잡아보자'는 식으로 터무니 없이 이사비용을 요구하고 있어 서민드의 주름살이 늘고 있다. 25일 제주시에 따르면, 26일부터 일주일간 이어지는 신구간 동안 도내 1만 6천가구 가량이 이동할 것으로 추정되고 있다. 그런데 본격적인 이사행렬이 이어지면서 이사요금이 업체마다 천차만별인데 업체들이 평소보다 터무니없이 비싼 '신구간 대목요금'을 요구하고 있다. 예를 들면 이삿짐을 5톤 차량 2회운송과 엘리카를 이용했을 때 업소마다 20만원에서 많게는 35만원 가까이 이르는 등 사실상 부르는 게 값인 실정이다.

　주민 김모씨(제주시 연동)는 "똑같은 견적과 조건으로 문의를 했는데 업체마다 요금산정이 제멋대로였다"며 "높은 가격을 요구한 업체에 항의하자 '신구간에는 원래 다 그런 것이다'라는 업체의 퉁명스런 설명만 들었다."고 말했다.

　이처럼 신구간 때마다 이사비용에 대한 행정지도 요금이 전혀 마련되지 않아 업체마다 신구간 이사폭주를 핑계로 터무니없는 요금을 불러도 서민들은 어쩔 수 없이 당하고 있는 실정이다. 더욱이 이사예약을 미처 하지 못해 신구간에 다다라서야 업체에 신청한 주민들은 어쩔 수 없이 업체가 지정한 시간에 맞춰야 하는 불편까지 겪고 있다. 이에 대해 제주시 관계자는 '신구간을 앞둬 최근 업체관계자와 간담회를 갖는 등 신구간 바가지요금 근절을 위해 행정지도에 나서고 있다.'고 말했다.

2000. 1. 26, 제주일보

　2000년대가 되어서 주택보급률이 높아지는데도 이사대란이 지속되는 이유는, 소비형태가 고급화되고, 주거형태가 고급주택이나 아파트로 바뀌는 데서 비롯되는 것은 아닐까. 이를테면 새로운 주택에 입주하는 경우에, 그동안의 가구나 가전제품 등을 폐기하고 보다 고급화된 것들을 구입하게 되고, 신축 아파트단지에 입주하는 경우에 쓰레기 수거체제가 정비되지 않은 상황이기 때문에 여전히 쓰레기 대란이 있다는 것이다.

이사대란을 대비하자

제주의 전래 풍습으로 오늘날에도 대단한 위력을 발휘하는 신구간이 시작되었다. 지난 26일부터 이어지고 있는 신구간 동안 본도에서는 언제나 그렇듯 이사대란이라 불릴 정도로 많은 식구가 대이동을 한다. 폐습이라는 인식에도 불구하고 여전히 신구간 동안의 이사폭주에 대비한 종합적인 대책마련이 절실하다는 지적이다.

1주일여의 신구간 동안에 도내에서는 1만 8천여 가구가 이사를 한다고 한다. 신구간 동안에 한하여 이사를 해야 한다는 오래된 인습 때문에 이렇듯 일시에 많은 가구가 집을 옮기고 있다는 것이다. 신구간 풍습 때문에 집을 신축하거나 아파트 등 공동주택을 매입하는 경우에도 이 기간 중에 이사를 하는 게 거의 정형화 되었다.

그런 만큼 도내에서 신구간이 아니고는 집을 구하기가 사실상 매우 어렵다. 뿐만 아니라 짧은 기간 동안 한꺼번에 많은 가구수가 이사함으로써 발생하는 후유증은 매우 심각한 지경이다. 전화이설 수요급증, 부당한 이사비용부담, 쓰레기문제 등. 물론 자원절약과 환경보전을 위해 쓰레기 발생을 최대한 억제하는 것도 이사하는 사람들이 지켜야할 최소한의 도리임을 잊어서는 안 된다.

2000. 1. 27, 한라일보(사설)

신구간 풍속은 신문 사설의 단골 메뉴이기도 하지만, 칼럼니스트들에게도 주요한 논제이다. 다음 칼럼은 그동안 우리가 보지 못했던 몇 가지 신구간 풍속의 문제점을 지적하고 있다. 특히 일시에 신구간 풍속은 수급구조를 왜곡시켜 임대료 폭등으로 공급자보다는 수요자들에게 불이익을 준다는 것이 지금까지의 일반적 견해였다. 그러나 주택공급이 부족하던 시절엔 임대료 폭등으로 인해 세입자들이 손해를 감수하겠지만, 주택공급 물량이 충분할 때는 오히려 임대료 하락으로 공급자들이 손해를 감수한다는 점을 생각한다면 타당한 지적이다.

신구간 유감

선조들이 하신 일이니 아마도 깊은 뜻이 있으셨을 터이고, 그러므로 신구간은 나름대로의 의의를 갖고 있을 것이다. 하지만 내가 겪는 신구간은 분명 문제가 있다.

첫째 주택시장의 수급구조를 왜곡시켜 공급자와 수요자 모두에게 불이익을 제공한다. 집을 팔거나 세를 주고자 하는 이와 집을 사거나 세를 얻고자 하는 자가 언제든지 자기가 원하는 때에 자유롭게 거래할 수 있다면 서로가 최적의 만족을 달성할 수 있을 것이다. 그러나 1주일 동안 대부분의 거래가 집중되는 신구간의 시장구조 하에서는 상대적으로 이익을 보는 소수와 결과적으로 손해를 보는 다수가 존재하게 된다.

둘째, 사회 전체의 신뢰도가 떨어지고 시장질서가 문란해진다. 서로 계약하기로 하였다가도 중간에 누가 끼면 약속이 깨져 버린다. 돈 얼마에 신의가 무너지고 본의 아닌 거짓말들이 분분히 오고간다.

셋째, 인간에 대한 예의가 사라지고 일부층에게는 생활의 불안과 좌절을 안겨준다. 육지부의 경우에는 집을 세놓을 때 도배를 하고 부서진 데를 고치고 고장난 보일러는 수리를 해놓는다. 적어도 낯선 곳으로 이사하는 이에 대한 배려가 들어 있다. 하지만 내가 이곳에서 들러본 몇몇 집들은 살려면 살고 싫으면 말라는 식이다. 보는 이를 한없이 초라하게 만들고 가지지 못한 서러움을 더없이 가중시킨다.

신구간의 시작은 나름대로 진지하였을 것이다. 하지만 사회가 변하면 제도도 달라져야지, 일주일의 기간이란 아무래도 무리가 있다. 입춘 넘어 우수와 경칩까지를 신구간에 포함하면 어떨까? 혹시나 지금의 신구간 풍경에 개구리가 웃고 있을지 모를 일이다. 사람들이 왜 이런 집을 샀냐면, 나는 그저 웃을 수밖에 없다. 이제는 신구간의 해학도 조금쯤 바뀌었으면 한다. 어쨌든 없는 이들에 대한 배려와 나눔의 미덕이 필요한 때이다.
허정옥(탐라대 교수), 2000. 1. 29, 제민일보

제주섬은 육지부와는 달리 임대 방식이 전세보다는 1년세(사글세)인 경우가 많지만, 언제나 그런 것은 아니다. 금융기관의 금리가 평상시보다 높을 때는 사글세에서 전세로, 그리고 금리가 낮을 경우는 전세에서 사글세로 바뀌는 경우도 많다. 언젠가 있을 내 집 마련 꿈을 안고 저축삼아서 전세금을 헐지 않고 살던 이들은 1년이 지나면 없어지는 사글세(그래서 제주사람들은 이를 '죽어지는 세'라 한다)로 바뀌는 게 마땅치 않다. 반면에 아직은 목돈인 전세금을 마련하는 것은 꿈도 못 꾸는 서민들은 부득이 사글세로 살아가야 하는데, 사글세를 전세로 바꾸겠다고 할 때는 이 또한 청천벽력이 아닐 수 없다. 이래저래 무주택자들은 서럽다.

전세→사글세 요구, 신구간 "무주택자" 설움

제주지역도 사글세로의 전환이 확산되면서 내년 신구간 때 전세난이 우려되고 있다. 신구간을 3개월 가량 남겨둔 시점에서 본격적인 집구하기에 접어들지는 않았지만 건물주들이 기존 전세 세입자에게 사글세로 전환하겠다고 밝히고 있다.

일부 건물주들은 세입자들이 사글세를 받아들이지 않을 경우 다른 세입자를 물색할 수밖에 없다는 입장을 전달하고 있다. 김모씨(36·제주시 도남동)는 "현재 전세 3500만원에 살고 있는데 집주인이 보증금 2000만원에 연 임대료(사글세) 200만원으로 전환을 요구하고 있다"며 "이사를 하려 해도 비용도 만만치 않아 고민중"이라고 말했다. 신구간에 앞서 이사하려고 마음먹고 벌써부터 집구하기에 나서는 주민들도 있지만 전셋집이 별로 없어 이사에 어려움을 겪고 있다.

강모씨(40·제주시 일도동)는 "전세를 찾기가 어려울 뿐 아니라 보증금에 사글세를 요구하는 사례가 대부분"이라며 "전셋집을 구하지 못하면 사글세로 이사할 수밖에 없을 것 같다"고 말했다. 이처럼 전세보다 보증금과 사글세를 선호하는 것은 금융기관 금리가 대폭 인하돼 전세금을 운용이 어렵기 때문으로 풀이되고 있다.

2001년 10월 29일, 제민일보

하지만 쥐구멍에도 볕들 날 있다던가. 2000년대에 접어들게 되면 제주시에서 주택공급이 늘어나면서 주택보급률도 90%를 넘어서게 된다. 하지만 개명천지한 정보화 사회인데도 제주사람들은 신구간 풍속을 많이 따르고, 주택건설업체에서도 신구간에 입주할 수 있도록 완공시기를 맞추는 게 보통이다.

공동주택, 신구간 3천세대 공급

제주시는 15일 내년 신구간을 앞둬 시지역에만 3274세대의 공동·단독주택이 공급된다고 밝혔다. 주거별로는 단독주택이 562동, 다세대 887세대, 연립 283세대, 아파트 1542세대 등이다. 이에 따라 제주시내 주택보급률도 90%를 넘게 된다. 지난해말 주택보급률은 89.4%였으나 3000여세대가 입주할 것으로 예상되는 내년 신구간은 91.2%에 달할 전망이다. 시 관계자는 "내년 신구간을 목표로 건축중인 건물이 많다"며 "이때쯤이면 제주시내 7만1900세대 가운데 6만5600세대가 주택을 보유할 전망이다"고 말했다.

2001. 11. 15, 제민일보

그리고 한번 이사를 하려면 챙겨야 힐 게 한둘이 아니다. 제민일보에서는 2002년 신구간을 맞아 이사할 때 필요한 비용, 전화, 초고속인터넷, 케이블 TV 등을 이설할 때 필요한 정보, 전입신고 할 때 필요한 정보, 세입자 권리 챙기기 위한 정보, 신구간 유통업체 할인 판매 정보 등 신구간에 알아야 할 생활정보를 4회에 걸쳐 심층보도하고 있다.

신구간 이사 전쟁, 15000세대 대이동

신구간에 대한 찬반 논란 속에서 올해 신구간도 어김없이 이사전쟁이 치러진다. 신구간은 대한 후 5일부터 입춘 전 3일까지로 올해는 1월 25일부터 다음달 1일까지 8일간 이어진다. 이사하기 전에 미리미리 꼼꼼한 준비를 해둬야 경제적·시간적 피해를 예방할 수 있다. 4회에 걸쳐 이사에 대비한 준비사항을 살펴본다.

올해도 지난해와 비슷한 1만5000여세대가 신구간 동안 보금자리를 옮길 것으로 보인다. 제주시 노형동에 240세대 한화아파트와 연동에 366세대 대림2차 아파트가 신구간 동안 입주하는 것을 비롯해 크고 작은 아파트나 다가구 주택들이 입주를 앞두고 있다. 이미 이삿짐업체에 따라 신구간 동안 예약이 만료된 곳도 있으며 아직까지 문의만 이어지는 곳도 있다. 업계서는 아직 이사날짜가 확정되지 않은 주민들이 많아 이사일을 2~3일 앞두고 예약이 집중되며 '이사대란'이 불가피할 것으로 우려하고 있다. 가능하면 미리미리 예약을 해두는 것이 이삿날 닥쳐서 허둥대는 일을 막을 수 있다.

이제는 트럭에 얼기설기 물건을 싣고 밧줄로 동여맨 이사행렬은 점차 옛 모습이 되고있다. 이른바 '포장이사'가 늘고있는 추세다. 도내 이삿짐업체는 70여 군데이며 이 가운데 포장이사가 가능한 업체는 7군데다. 그냥 차량에 물건을 싣고 가는 일반이사는 1톤 트럭 기준 10만원(인건비포함) 가량 든다. 포장에서 정리까지 업체에서 처리해주는 포장이사는 5톤 기준 70만~100만원수준(인건비, 엘리카 비용 포함)이다. 여기에다 청소까지 완벽하게 마무리해주는 로열이사는 포장이사보다 15만원 가량 비싸다. 도내 한 이삿짐업체에 따르면 신구간까지 포장이사 예약이 하루 7건

정도로 이 가운데는 로열이사가 절반 가량을 차지하고 있다. 고층 앞파트 이사에 필수적인 엘리카는 도내에 50여대가 있다. 업체들은 신구간을 맞아 서울 등 타 시·도에서 엘리카를 30대 가량 추가로 도입할 계획이나 여전히 물량을 소화하기는 힘들 전망이다.

어떻게 이사를 할지는 경제적·시간적 여유와 이사할 물건 등을 고려해 결정해야 한다. 또 업체에 따라 가격차이가 있고 고층인 경우 추가비용 부담등 가격변동이 있기 때문에 미리 살펴야한다.

새로운 보금자리를 마련할 때면 마음가짐도 새롭다. 하지만 이전에 사람들이 살던 곳이라면 곳곳에 손때가 묻어있어 뭔가 찜찜한 기분이 남는다. 비용부담을 들이고서라도 깔끔한 분위기를 원한다면 도배를 해두는 것이 좋다. 도배 비용도 벽지에 따라 다양해 원하는 분위기나 거주기간, 경제적 여유 등을 고려해 결정해야한다.

벽지가격은 종이벽지가 최소 1500원($3.3m^2$기준)부터 있으며 최고급 실크벽지는 1만2000원인 것도 있다. 이삿짐과 마찬가지로 요즘은 직접 도배를 하는 경우는 전체의 10% 정도로 드물다. 바쁜 직장생활에다 편리함을 위해 인부를 빌어서 도배를 하는데 여자인 경우 하루 품삯이 6만원 가량 든다. 5000원짜리 벽지로 보통 크기 방 2개를 하는 데는 인건비 포함 20만원 가량이 든다. 하지만 벽지종류와 업체에 따라 가격차이가 나기 때문에 이곳저곳 알아보고 결정하는 것도 비용을 조금이라도 줄이는 데 도움이 된다.

이사를 마치고 나면 아무리 조심해도 그릇이나 가전제품, 가구들이 한두 군데는 파손되는 일이 있다. 파손된 물건을 놓고 이삿짐업체와 불필요한 마찰을 피하고 충분히 보상받기 위해서는 계약서를 꼼꼼히 확인하고 작성하는 것이 필요하다. 현재 이삿짐 운송업계에서는 이사물 약관에 따른 계약서를 작성하고 있다.

계약을 하기 전에 약관에 있는 피해보상규정을 꼼꼼히 확인한 후 계약을 하는 것이 필요하다. 약관에 피해구제방법이 명확히 들어있어야 하고 귀중품이나 서류, 값비싼 가구 등은 업체에 미리 고지하고 확인을 받아두는 것이 만일의 사고 때 분쟁을 줄일 수 있다. 이삿짐업체들은 현재 보증보험에 가입돼 있으나 보상액이 500만원에 불과해 실질 보상에 이르지 못하는 일이 있다. 사고 때 보상을 위해 화물보험 등 다양한 보험개발과 가입을 위해 보험사측이나 화물업체들이 노력해야한다는 지적이다.

2002. 1. 21, 제민일보

전화, 인터넷 이설 "지금은 통화중"

신구간을 3일 앞둔 22일. 전화나 초고속인터넷, 케이블 TV 이설 및 이전을 위한 안내전화는 불통이 났다. "지금은 통화중이오니 잠시만 기다려 주십시오"라는 안내방송만 하루 종일 지속될 정도였다. KT제주사업단에 따르면 하루 평균 전화 가설 능력은 1000여건. 25일부터 시작되는 신구간 기간 중 예상 가설 건수는 1만5000여건이다. KT는 관련 인원을 대폭 늘린다는 방침이지만 일부 지연사례는 불가피할 전망이다. 초고속 인터넷도 사정은 마찬가지다. 담당자들은 1주일 전에 미리 이사갈 곳의 전화번호나 주소 등을 알려주기를 당부하고 있다. 전화, 초고속인터넷, 케이블 TV 등의 이전신청 및 이전비용 등을 알아본다.

특별대책위까지 구성한 KT제주사업단은 다음 달 중순까지 전화가설요원을 대폭 증원한다. 고객상담센터 및 창구접수도 받고 있다. 전화가설 비용은 1만4000원. 다만 이용자가 전화이전 신청시 이사 갈 곳의 옛 전화번호를 알려줘 KT직원이 출동하지 않아도 되면 4000원을 할인해 준다. 담당자들은 "가설희망 약속일에는 전화기를 전화콘센트에 꽂아두어 개통시험을 할 수 있도록 현장에 있어야 한다"며 "살던 집의 전화선에서 플러그를 뽑아 콘센트까지 포함해 자르는 일이 없도록 해달라"고 당부하고 있다.

KT제주사업단은 신구간 동안 대략 2000여건의 초고속인터넷 이전작업이 이뤄질 것으로 내다보고 있다. 일반전화가 개통된 후 설치가 가능하며 국번 없이 100번을 통해 접수를 받고 있다. 이전비용은 역배선 작업 등 현장작업이 필요해 1만원에 책정됐다. 하나로통신 제주지사의 경우 전화를 통해 이전설치 접수를 받고 있다. 이사하는 곳의 주소와 전화번호를 알려주면 직원들이 현장에 나가 이전작업을 진행해 준다. 이전 설치비용은 2만2000원 수준. 그러나 1월말까지는 이전 비용은 무료다. 두루넷의 경우 제주KCTV를 통해 이전 신청을 받고 있다. 이전비용은 2만원이나 1월까지는 무료로 설치해 준다.

제주KCTV는 전화와 인터넷으로 이전 신청할 수 있으며 이전 비용은 2만원을 받고 있다. 유선방송의 경우 전화를 통해 신청하면 된다. 제주유선방송을 비롯 각 지역 유선방송으로 연락하면 된다. 제주유선방송의 경우 이전비용은 1만5000원선. 타 유선방송지역에서 이전할 경우 이전 확인서를 제출해야 한다.

한전 제주지사는 내달 1일까지 전기요금납부와 이사 작업시 전기안전에 대한 선로순시 등 특별대책을 마련했다. 이사 작업시 전력선 접촉으로 인한 작업자 감전사고에 주의를 당부하고 있으며, 전력선 작업으로 작업에 지장이 초래될 경우 한전으로 연락하면 된다. 매매, 임대차 등 변동이 있는 경우 신·구 고객별 요금구분청구 신청과 이사시 사용량요금을 즉시 계산해 주는 이사요금 정산제도 실시하고 있다. 변동 사항이 있을 때는 한전에 실제 사용자 위주로 명의변경신청을 하면 된다.

2002. 1. 22, 제민일보

세입자 권리 확실하게 챙겨라

어렵게 이사를 한 마친 후에도 뒷마무리를 해야 할 일들이 적지 않다. 전세세입자들인 경우 소중한 전세금을 떼이지 않기 위해서는 확정일자나 전세권 설정에 신경 써야한다. 또 전입신고와 우편물 주소이전도 소홀히 할 수 없는 것늘이다. 자칫 이사에 지친 마음탓에 소홀히 했다가 낭패를 보는 일이 없도록 마무리도 철저하게 챙겨야 한다.

이사 후에는 관할 읍·면·동사무소에 전입신고를 해야 한다. 또 가족 중에 학생들이 있는 경우에는 전학에 필요한 절차를 마쳐야하고 우편물에 대한 주소변경도 필요하다. 전입신고는 이사를 한 후 14일 이내 이내에 세대주 본인이나 전입자 가족이 하면 된다. 전입신고를 위해서는 세대주 도장과 전입자 주민등록증, 자동차등록증, 운전면허증, 건설기계면허증을 제출해야한다.

자동차 소유자는 전입신고시 자동차등록증을 제출하면 주소변경처리가 되나 다른 광역시·도에서 전입온 경우는 자동차 등록사무소에서 번호판 교체 등을 마쳐야 한다. 전입 신고일로부터 14일 이내 자동차 주소변경을 하지 않을 경우 최고 45만원까지 과태료가 부과되니 주의해야 한다. 또 전입신고일로부터 14일이내 건설기계면허증 변경을 안 해도 과태료가 부과된다.

초등학생은 거주지 읍·면·동사무소에서 전입접수증을 받고 관할 초등학교에 전학 신고하면 된다. 중·고등학생은 전학용 재학증명서를 떼어 해당교육청에 제출하고 학교를 배정 받는다. 새 주소로 우편물을 받기 위해서는 우편물을 보내는 곳에 주소이전사실을 알려두는 것이 필요하다. 우체국에 전화 또는 엽서로 주소이전을 신청하면 이사 후 3개월간 자동으로 옛 주소로 배달되는 우편물이 새 주소로 배달해주는 서비스도 있다.

임대로 입주한 사람들은 이사 때마다 전세금에 대한 걱정이 떠나질 않는다. 혹시 집이 경매로 넘어갈 경우라도 전세금을 지키기 위해서는 확정일자를 받거나 전세권설정 등 법적 보완책을 마련하는 것이 필요하다.

세입자가 확정일자를 받아두면 건물이 경매 등으로 넘어갈 때 후순위 담보권자나 일반채권에 우선해 배당받을 수 있다. 확정일자는 이사 후 전입신고와 함께 읍·면·동사무소나 공증사무실에서 받을 수 있다. 비용도 600원에 불과해 세입자들이 손쉽게 할 수 있다. 하지만 확정일자를 받더라도 확정일자 전에 가등기, 가처분, 가압류, 근저당권 설정등기가 되어 있으면 보호를 받지 못한다. 세입자가 실수로 전입신고 때 임차주택의 소재지 지번이나 공동주택 동·호수 등을 잘못 기재한 경우 보호를 못 받을 수 있기 때문에 주의해야한다.

　전세권설정을 했을 경우는 전세권설정해지 날짜에 전세권을 돌려받지 못했을 경우 '경매처분'을 할 수 있는 권한이 있다. 하지만 임대인들이 채무관계설정을 꺼려 전세권설정에 비협조적인 경우가 많다. 비용도 설정비와 주택채권 구입 등에 10만원 이상 든다. 임대인이 반대에도 전세권등기가 반드시 필요한 경우에는 법무사사무실을 통해 임차등기요구소송을 내고 임차권등기신청을 하면 가능하다.

2002. 1. 23, 제민일보

신구간 가전제품 코너 손님맞이. 신구간을 맞아 이사하는 사람들이 집안 분위기에 걸맞은 가전제품을 고르기 위해 쇼핑을 즐기고 있다. 2000년대가 되면서 가전제품을 고를 때는 실용성보다는 각자의 취향과 집안 분위기에 따라 색깔, 디자인 등이 강조되었다(2001. 1. 31, 제주일보)

　대체로 신구간에는 특수(特需)가 있기 마련이지만, 여러 가지 이유로 그 이전 해 신구간에 경기가 상대적으로 불황이었다면, 다음 해 신구간에는 상대적으로 호황을 맞게 된다. 2001년 신구간에 재미를 못 보았던 유통업체가 2002년 신구간에는 톡톡한 재미를 보았다.

유통가 신구간 특수 몰이

　도내 유통가가 신구간이란 고정 특수를 맞아 유통가가 이벤트 행사로 고객몰이에 나서면서 활기를 띠고 있다.
　신구간에 가장 발빠르게 대처한 곳은 가구·가전 업계. 일치감치 특별할인행사로 시선끌기에 나섰다. 가구의 경우 매장별로 20%에서 최고 60, 70%까지 할인 공세를 벌이고 있다. 가전업계도 마찬가지. 예년같은 대규모 특가 행사는 아니지만 '공장도가격'에 상품을 내놓고 있다.
　H마트는 '신구간에도 웃으며 삽시다'란 주제를 내걸고 특소세 인하가격에 맞춘 에어컨 예약판매 행사를 진행하고 있다. 히트상품 국내 최저가를 내걸고 다양한 사은품으로 고객들의 구미를 당기고 있다. S, L, D전자 등에서도 대리점 매장은 물론 L, H프라자 등을 통한 대대적인 판촉전에 들어갔다.
　신구간이 즐거운 곳에 대형 할인매장을 빼놓을 수 없다. N마트는 지난 22일부터 신구간 특별전을 겸한 개장기념행사를 진행중이다. 즉석 강정 만들기 등의 이벤트 행사로 함께 진행하고 있다. E마트 제주점은 26일부터 오는 2월3일간 1층 이벤트 매장과 생활·가전 매장을 중심으로 한 신구간 특별상품 기획전을 연다. D마트도 27일까지 신구간 맞이 바겐세일 행사를 진행중이다. '홈인테리어·가전가구 실속쇼핑'을 테마로 청소용품 모음전, 집들이 선물 모음전 등을 운영하고 있다. 고객 서비스 행사로 오는 2월3일까지 이사용 박스를 무료로 제공한다.
　각 매장마다 신용카드사와 연계, 무이자 할부행사를 전개하고 있는 만큼 사전에 관련 정보를 수집해둘 필요가 있다.
　E마트제주점의 2001년 매출 자료를 보면 가전매장의 경우 평상시 평균 2억3천여만원이던 매출이 신구간 행사 기간에는 평균 3억6백여만원으로 36%의 신장률을 보였다. 가정용품은 그 차이가 더 크다. 평상시 평균 2억5천여만원이던 매출이 이 기간에는 6억2천여만원으로 세배 가까이 늘어난다.

상품별로는 냉장고·가스렌지의 판매율이 평상시 26%에서 행사기간 38%로 12%포인트 늘어나는 등 교체 고객이 많은 편. 가정용품 중에서도 욕실수납용품은 이 기간에 10%이상의 매출신장세를 보였다. 신구간 베스트 상품 역시 부엌과 욕실 용품으로 전신거울이나 욕실장, 건조대 등이 효자노릇을 하고 있다.

2002. 1. 24, 제민일보

유통업체 신구간 특수 '콧노래'

가전업계를 비롯한 대형유통업체가 신구간 특수를 만났다. 제주 고유의 이사철인 신구간 대이동이 이번 주부터 시작되면서 가전대리점과 대형유통매장의 매출이 눈에 띄게 늘기 시작했다.

H마트 제주점의 경우 지난 20일 이후 매출이 평소 대비 3~4배 증가하는 등 특수를 톡톡히 누리고 있다. 특히 가전제품은 작년과 달리 고객들의 대형화 고급화 추세가 뚜렷해지면서 고가품에 대한 수요가 증가하고 있는 것도 이채롭다. 지난해 신구간에는 거의 팔리지 않던 프로젝션 TV가 특별소비세 인하에 힘입어 2백5십만원대의 43인치를 중심으로 하루 평균 5대정도 판매되고 있다. 김치냉장고도 150~180ℓ 용량을 중심으로 하루 3~4대, 예약판매중인 에어컨도 5대 이상의 판매실적을 올리고 있다. H마트 관계자는 "1년 전만 해도 수요가 거의 없던 프로젝션TV와 김치냉장고를 찾는 고객이 늘었다"고 밝혔다.

E마트 제주점 등 대형매장의 가전매장에서도 세탁기 TV 냉장고 전자레인지 오디오 등의 품목을 중심으로 수요가 늘고 있다. 지난해 신구간을 전후한 10일동안 E마트 제주점의 가전제품 매출은 3억6천여만원으로 평상시 2억3천여만원에 견줄 때 58%의 신장률을 기록할 정도. 식탁 조리용품 욕실수납용품 커튼 침구류 등 가정용품 매출도 평소 대비 2.5배 증가하는 것으로 분석됐다. 신구간 매출이 높다 보니 특수를 놓치지 않기 위한 유통업체의 움직임도 바쁘다. 이마트 제주점은 26일부터 내달 3일까

지, N마트는 오는 31일까지, D마트는 27일까지 신구간맞이 사은행사를 진행하고 있다.

2002. 1. 26, 한라일보

유통업계 신구간 재미 "톡톡"

도내 유통업계가 올 신구간 특수 재미를 톡톡히 본 것으로 나타났다. 신구간에 이은 첫 주말까지 꾸준한 매출 상승곡선을 그린 것은 물론 특판 상품 매출이 눈에 띄게 증가했다. 6일 유통업계에 따르면 신구간이 설 명절 이후 형성됐던 지난해와는 달리 올 신구간은 설 전에 이뤄지면서 매장별로 지난해 대비 10~12%의 매출 신장세를 기록했다. 업계에서는 "시기적으로 지난해와의 매출 비교는 중요한 문제가 아니"라면서도 "고정 특수이기는 하지만 경기회복에 대한 기대감과 '날씨'까지 보탬을 주면서 매출이 늘어났다"고 분석하고 있다.

E마트는 생활용품에서 8.8%의 매출신장을 기록한 것은 물론 생활가전제품에서는 작년과 비교해 매출이 24%나 늘었다. 기획상품으로 내놓은 '교자상'중 직교자상은 작년대비 176%나 매출이 늘면서 효자노릇을 했다. 커튼류가 작년 200점에서 올해 450점이나 팔리면서 판매량이 갑절 이상 늘었으며 냉장고 판매도 200대로 작년 110대보다 90대나 더 팔렸다.

N마트도 신구간 행사동안 1일 20대 한정판매한 20인치 TV 매출만 8880만원을 기록하는 등 지난해에 비해 남는 장사를 했다. 대형할인점 관계자는 "명절과 지역 특성상 오일시장이 열리는 7일을 기점으로 설 매기가 일어날 것으로 예상하고 있다"며 "경쟁점이 늘어난 데다 추석보다는 씀씀이가 크지 않아 작년 대비 5~10% 정도의 매출 신장을 기대하고 있다"고 말했다.

2002. 2. 6, 제민일보

한꺼번에 이사를 하는 신구간은 유통업체에서는 대목이었다. 그러나 행정당국에서는 전체적 맥락에서 볼 때 득보다 실이 크다고 생각했기에, 1960년대 이후로 폐지하려고 노력했다. 그런데도 개명천지한 오늘날까지 이어지는 이유는 무엇일까. 신구간 풍속이 지금까지 이어지는 이유는 신구간에 맞춰 이사주기가 정해졌기 때문이라는 주장은 설득력이 있다.

'신구간 폐해' 누가 고칠 것인가

과거 전통적인 농경사회에서는 이사문제가 크게 대두되지 않았다. 한 곳에 오래 정착해서 평생 살 수 있는 환경이 허락되었기 때문이다. 그러나 지금 우리 제주시민 가운데 태어나고 자란 곳에서 평생을 살고 있는 사람이 얼마나 될까. 그래서 문제는 '이사' 그 자체에 있는 것이 아니라 언제 하느냐 하는 '때'에 있다 할 것이다. 오래전부터 우리고장에서는 신구간이라는 이사철을 지키는 습속이 전해지고 있다.

그러나 지금은 점차 신구간에 이사하는 것을 무슨 습속으로 여겨서가 아니라 예전의 신구간에 맞춰 이사주기가 정해진데서 비롯된 경향이 있음을 보게 된다. 그러니까 신구간의 이사는 반드시 습속 때문이 아니라는 것이다. 그럴 수밖에 없는 것이 오늘의 우리는 이미 농경사회와 산업사회를 지나 첨단 정보화 사회에 살고 있지 않은가. 게다가 과거 신구간의 습속을 지키던 세대보다는 새로운 사고의 신세대가 늘어나고 있는 게 현실이다.

지금은 이사주기를 의도적으로라도 바꿀 때이다. 그것은 신세대의 몫이기도 하다. 그래야 신구간의 '이사대란'을 면할 수 있다. 선인들의 지혜를 지킬 것은 지키되 폐해는 과감히 버릴 줄도 알아야 한다.

김태환(제주시장), 2002. 1. 29, 제주일보

제주사람들에게 신구간은 이사주기가 되고 있다. 공급자의 입장에서든 수용자의 입장에서든 '이번 신구간에서 다음 신구간까지'라는 계약기간을 누군가가 지키지 않게 되면, 먼저 계약을 파기한 당사자가 그에 대한 책임을 져야하고, 그만큼 손해를 감수해야 한다. 신구간 풍속이 여러 가지 문제가 있다는 것을 알면서도, 그것을 바꾸기 힘든 이유는 바로 거기에 있다.

그러나 아래 기사는 신구간 풍속을 지키지 않음으로써 직접적으로 더 큰 이익이 주어진다면 신구간 풍속도 바뀔 수 있음을 보여준다.

신구간 이사풍속 바뀐다

제주의 전통 풍습인 신구간을 피해 이사를 서두르는 도민들이 늘고 있다. 도내 이삿짐센터 등에 따르면 예년과 달리 신구간을 피해 이사를 서두르는 도민들이 늘고 있는 추세로 최근 이사 문의 및 예약 상담이 꾸준히 증가하고 있다. 업체별로 차이는 있지만 C익스프레스는 최근 1일 평균 10여 가구의 이사를 처리하는 등 예년에 비해 물량이 두 배 정도 증가했다. S이삿짐센터도 평소보다 2~3건이 많은 1일 평균 5~7건을 처리하고 있으며 늘어나는 수요를 감수하기 위해 고정직원외 일일 아르바이트생까지 고용하고 있다.

특히 올해 신구간이 오는 24일부터 31일까지 8일간이지만 이보다 앞선 20일 전후로 이사예약은 더욱 늘 것이란 것이 업계의 전망이다. 이처럼 신구간에 앞서 이사행렬이 줄을 잇는 것은 신구간 부작용을 피하고 '실리'를 찾겠다는 도민들이 증가했기 때문이라는 것이 관련업계의 분석이다. 신구간에 이사를 할 경우 한 가구당 포장이사 비용이 70만원인데 반해 이 기간을 피할 경우 50만원으로도 가능하기 때문에 가계 부담 감소 차원에서 이사를 서두르고 있다는 것이다.

뿐만 아니라 '이사전쟁' 걱정도 없애고 '신구간을 꼭 지킬 필요가 있느냐'는 인식전환도 신구간 이전 이사인구가 증가하는 주요인으로 풀이되고 있다. 최근 이사를 마친 강씨(30·제주시 연동)는 "가계 부담도 줄이고 이사전쟁도 피하기 위해 신구간에 앞서 이사를 마쳤다"며 "신세대 부부 등을 중심으로 신구간 풍습이 점차 사라지고 있는 것 같다"고 말했다. 한편 제주에서는 대한 후 5일부터 입춘 전 3일까지를 신구간으로 정해 이사하는 풍습이 현재까지 이어지고 있다.

2003. 1. 10, 제민일보

2000년대가 되어 쓰레기 분리수거제도가 정착되면서,
신구간 쓰레기가 재활용자원으로 전환하기 시작하였다(2002. 1. 31, 제주일보).

제주사람들에게 '신구간'이란 말은 더 이상 고유명사가 아니다. 그들에게 신구간은 '대한 후 5일에서 입춘 전 3일 사이에 이사를 하는 기간' 이상의 의미를 지닌다. 제주사람들은 본래의 신구간의 의미를 보다 확장하여 보통명사화 해서 '묵은 것을 정리하고 새 것을 준비하는 기간' 내지는 '인사(人事) 이동되는 기간' 등으로 사용하기도 하다 다음 두 기사의 제목은 이를 잘 보여준다.

때 아닌 신구간 '어수선'

제주도가 조직 혁신 및 근무환경 개선 등을 내세워 도청내 실·국 사무실 위치 조정과 내부 수리작업을 동시에 벌이면서 도청은 때아닌 신구간으로 어수선한 분위기. 제주도는 제주국제자유도시추진단 발족에 따라 사무실 위치 변경은 물론 본관 로비에 진열장을 마련하고 직원과 실·국장 방을 막은 벽을 유리문으로 바꾸는 등 대대적인 공사를 벌이고 있는데 주말에나 정리가 될 전망.

2002. 7. 30, 제주일보

'경찰 신구간' 너무 길다

경찰 인사(人事)가 장기간에 걸쳐 이루어지면서 일부 직원들은 두·석달씩 일손을 잡지 못하는 등 폐해가 너무 많다는 지적이다. 지난 2월 참여정부 출범이후 경찰청장이 인사청문회를 거치면서 지난해 1월에 있었던 총경급 전보인사와 경정·경감급 시·도간 교류 등이 3개월째 이루어지지 않고 있다. 이에 따라 예년 같으면 2월에 단행되는 경찰서와 지방청간 교류 및 하위직 전보인사도 2개월 이상 늦어지면서 자리 이동을 염두에 둔 일부 직원들은 퇴근시간만 기다리는 실정이다.

2003. 4. 7, 한라일보

서민들의 신구간 풍속에 대한 정서를 알기 위해서는 이삿짐센터에 오랫동안 일해 온 사람의 이야기를 들어볼 필요가 있다. 제민일보 현순실 기자는 이삿짐센터 종사자의 입을 통해서 신구간 풍속의 세대의 흐름을 다음과 같이 전하고 있다.

이삿짐센터 28년째 운영하고 있는 김씨에게 듣는 신구간 풍속

올해 신구간은 또 어떤 모습일까. 조왕신(부엌신), 문전신(문을 다스리는 신) 등 제주의 1만 8000 신이 옥황상제에게 새로운 임무를 부여받기 위해 지상에서 출타했기에 이때 이사하면 동티(토신의 성냄으로 인한 재앙)를 면할 수 있다하여 예부터 이 때만 되면 도민의 대이동이 이뤄졌다. 신구간 때만 되면 이삿짐 옮기는 것은 하나의 볼거리였다.

김씨(47·K익스프레스)는 "70년대 신구간은 이불 세 채 실으면 바듯했던 용달차, 정확히 손수레크기의 0.5톤 픽업으로 2번 정도 옮기면 됐던 시절이었습니다" 대형냉장고, 번듯한 가구하나 없던 일반가정들은 기껏 솥단지와 애기구덕에 잘근잘근 묶은 보따리며, 고만고만한 그릇, 자잘한 생활도구들을 담뿍 담아 올려 엎친 듯 겹친 듯 코흘리개 어린 자녀들을 안아 태우고 낯선 새 집으로 탈탈대며 이사했다. 가구며 식탁, 침대, 옷장, 장식장 등을 세트로 갖춘 가정의 이삿짐들, 어디 흠집이 날까 노심초사하며 포장해서 5톤 탑차로 고스란히 옮겨놓아야 하는 요즘과 어디 비길 애기인가.

김씨는 "자취생의 이삿짐은 더욱 볼만(?)했지요. 고작 이불 한 채에 엉성하게 못을 박아 짠 책장대용의 합판과 책 몇 권이면 이삿짐 끝, 마치 소꿉장난하는 것 같았던 때였지요" 일부 자취생의 경우 침대에 대형냉장고, TV, 책상 등으로 5톤 트럭도 바듯한 요즘의 이사풍경과는 사뭇 달랐던 그 때만의 모습이었다.

자, 용달차에 탄 가족들 새 집에 도착했으니 이제 들어가는 일만 남은 것인가. 아니지, 반드시 먼저 치러야 할 일이 있었으니, 이삿짐을 옮길 때는 시간엄수, 새 집에 발을 디뎌놓을 때에는 우선 요강단지와 무쇠밥솥, 숯불을 먼저 집안에 들여놓아야 했다. 혹여 '숯불을 꺼뜨리면 동티를 면치 못한다'는 옛 풍습을 그저 좇아야만 했던 가족들이었다. "신구간 풍속도 이젠 많이 퇴색해 이런 모습이 많이 사라졌지만 개중에는 숯불대신 가스레인지, 밥통을 먼저 집안으로 들이는 사람들이 있을 정도로 요즘에 맞게 풍속을 잇는 이들도 있지요"

이사풍속도 가지가지, 사람마다 달랐다. 사무실을 이전하면 짐을 실을 때나 풀 때마다 팥과 소금을 뿌리는가 하면, 술집에서 이사할 때면 주인이 물그릇을 들고 차에 탔고 새 업소에 도착하면 그 문 앞에서 물그릇을 깨뜨리기도 했다. 그래야 술장사도 잘 되리라 믿었던 것이리라. 김씨는 "당시만 해도 사람들이 순진했지요. 애들은 새 집으로 이사한다는 기대감에 보따리 하나라도 정성껏 날랐고, 이삿짐 옮기는 와중에도 인부들 밥 먹이려고 불씨를 피웠던 순박했었던 시절이었는데…" 누구나 다 어려웠던 시절이었잖겠나. 간혹 개중에는 이사비용조차 마련 못해 안절부절 못한 측도 있었다니까.

김씨는 신구간에 쫓기듯 이사해야 했던 어떤 가족의 얘기를 들려줬다. "한 번은 어린 자녀들이 올망졸망 딸린 가족의 짐을 옮겼었는데 이삿짐을 다 옮겨놓으니 돈이 없다면서 내일 받아가라는 거예요. 다음날, 그 다음날도 마찬가지. 마지막으로 가서 물었습니다. 솔직하게 말해달라구요" '신구간이라 방은 빼줘야 했지만 정작 집 빌릴 돈은커녕 이사비용도 없어 줄 수가 없었다, 처음부터 돈 없다고 했으면 어느 누가 이삿짐을 옮겨줬겠느냐'면서 끝내는 눈물 반, 사과 반으로 용서를 구해왔다.

그런 시절을 많이 겪었던 김씨에게 요즘의 이사모습은 어떤가. "어처구니없는 일도 있지요. 애들이 자기 책상이니 잘 놔달라, 컴퓨터 조심히 다루라는 등 어른의 말투를 그대로 따라하더군요. 새 집으로 가는 게 마냥 신나서 보따리 하나라도 더 나르려고 했던 그런 어린애들의 순수함이 이제는 없어진 것 같아 안타깝습니다"

황당했던 사건도 많았다. "90년대 초였을 겁니다. 한마디로 습기제거제 때문에 벌어진 해프닝이었습니다." 실수로 장롱속에 있던 옷들과 습기제거제를 한데 넣어 포장한 것이 화근이 됐다. 꽤 잘사는 집의 이삿짐이었다. 밍크코트와 몇 벌의 가죽점퍼, 외국브랜드의 티셔츠 등에 습기제에 있던 물이 다 빠져나와 스며드는 바람에 당시 아파트 한 채 값이 되는 피해보상금을 줘야 했다. "정말 하늘이 노랬습니다. 당사자가 목록을 작성해 피해금액을 요구하는데 티셔츠 한 벌 값만 해도 몇 백만원은 됐거든요. 지금같이 보험제도가 있던 때도 아니었고, 정말 아찔했습니다" 도내 유명 세탁소를 찾아 겨우 원상복귀 해 놨지만 신용과 얽힌 문제라 자칫 틀어질 경우 가게문을 닫아야 할지도 모른다며 불안해 했던 그때 상황을 떠올리면 지금도 등골이 오싹해진다는 것이다.

김씨는 거의 30년을 이삿짐만 싸다보니 이젠 그 짐 모양새만 훑어봐도 '부도, 불륜, 자취생, 신혼'짐임을 거의 정확하게 짚어낸다. 이런 눈썰미로 도둑까지 잡았다니, 이젠 거의 점쟁이 수준 아닌가. "80년대 말이었을 겁니다. 새벽시장에서 쌀자루를 싣고 성산포항으로 가달라는 사람의 전화를 받게 됩니다." 전에 한 번 같은 경험을 당했던 그 도둑이 또 연락한 것이었다. 물론 그 도둑은 그를 기억하지 못했다고 한다. 김씨는 보자마자 전에 일면식했던 도둑임을 단번에 알아봤고 그때부터 벼르고 별러 끝내는 쌀도둑을 잡게 됐다.

이런 집요한 성격이니 짐 옮기는 방법도 남다르지 않을까. 실제 김씨는 80년대 후반 제주시내 아파트의 짐을 나르면서 지금 탑차에 장착된 엘리베이터의 모델격인, 가구며 냉장고 같은 대형물건들을 쉽게 나를 수 있는 받침대를 개발해 주위사람들을 놀라게 했다. 한 때는 이것 때문에 이주자와 대판 말싸움을 하기도 했단다. "고가 가구를 옮겨야 하는데 받침대를 사용하니까 노발대발하는 겁니다. 문제라도 생기면 값을 내겠다고 해도 손을 내젓는 거예요. 하마 흠집이라도 나면 큰일난다면서요" 그러던 이주자였어도 끝내 김씨의 고집에 지고 말았다. 대롱 같은 가는 받침대로 덩치 큰 가구를 옮긴다고 생각을 해보자. 김씨 역시 순간 아찔, 하지만 10층 아파트 베란다에 매달려 있던 가구가 지상에 안착했을 때의 그 안도의 숨이란. 이사풍속도 많이 바뀌었고 인심도 변화를 거듭했는데 어디, 그의 주변은 어떻게 바뀌었을까.

간혹 위의 돈 없는 사람들을 위해 이삿짐 무료로 옮겨주기, 이삿짐센터에서 식구처럼 지냈던 후배에게 자신의 상호를 기꺼이 내줬던 일, 변화하는 풍속도의 속도보다는 한참 더딘 것 같다. "숯불의 불씨가 꺼질세라 애지중지했던 그 때, 순박하기만 했던 사람들의 모습이 사라지는 게 참 아쉽습니다. 풍속이야 변했다지만 그 풍습의 속내를 그대로 믿고 따르던 그 마음은 쉽게 변해선 안 되는 게 아닙니까. 짐 옮기면서 가끔은 그런 순박함이 그리워지는 것은 어찌 저만의 일이겠습니까."

2003. 1. 19, 제민일보 〈현순실 기자〉

한편, 2003년도 신구간이 되면서 제주시 주택보급률이 90%를 웃돌고, 새로운 중대형 고급 아파트들이 여러 곳에 지어지고, 사람들이 고급중대형 아파트를 선호하면서, 오래된 아파트와 주택들은 매매가가 하락하는 반면, 새로 짓는 고급아파트들은 분양가가 상승함으로써 아파트들 사이에도 가격의 양극화 현상이 있게 된다.

신구간 주택 매물 봇물, 일부 아파트 가격 양극화 현상

도내 최대 이사철인 신구간이 보름 앞으로 다가오면서 주택. 상가 매물도 봇물을 이루고 있다. 13일 부동산업계에 따르면 신구간을 앞둬 주택. 상가 등의 임대 매물이 쏟아지는 가운데 현재 신규 분양과 기존 주택, 점포 등의 매물도 평소보다 갑절 이상 늘고 있다.

현재 아파트 등 기존 주택 매매가는 보합세 또는 약보합세인 반면 경관이 좋거나 대단위 단지내 일부 아파트의 경우 강세를 보이는 양극화 현상도 나타나는 상황. 부동산업계에서 파악하고 있는 매매 시세를 보면 7~10년 된 아파트는 평당 200만~250만원대를 형성하고 있으며 5년짜리 아파트는 250만원 이상으로 파악되고 있다. 또 신규 분양 아파트는 평당 420만원에서 대단위의 경우 450만원까지 제시되고 있는가 하면 기존 연립주택. 빌라 등은 380만~400만원대의 가격을 형성하고 있다.

반면 최근 들어 경관이 좋거나 대단위 단지내 아파트를 선호하는 경향이 높아지면서 신제주 등 일부 지역의 경우 프리미엄까지 붙고 있어 기존 주택과 다른 양상을 띠고 있다. 이 같은 현상은 도내로 들어오는 외지인들의 매수세에 따른 것으로 도내 실수요자의 실제 거래는 거의 없다는 게 업계 관계자의 설명이다.

이 밖에도 일반 주거지 내 단독 주택과 상가의 매매가는 지난해와 큰 변동이 없다. 부동산업계 관계자는 "올해에는 다세대 등 신규 공급 물량이 늘면서 주택 매매시장도 활발해지고 있지만 물량이 많다는 우려도 적지 않다"고 말했다.

2003. 1. 14, 제주일보

그리고 2003년도 후반기에 더 많은 고급 아파트들이 들어서고, 장기적 경기침체로 신구간 부동산 급매물이 쏟아지게 되면서 2004년도 신구간에는 소비자들의 선택의 폭이 더욱 넓어지게 된다.

2004년 신구간 주택시장 아파트 분양 활기띨 듯

내년 신구간을 앞두고 도내 주택시장이 분양 열기로 달아오르고 있다. 올해의 경우 예년보다 많은 공급물량이 쏟아진 만큼 업체간 경쟁도 치열할 전망. 현재 주택시장 기상도를 보면 중형대 일반분양 아파트가 뚜렷한 강세를 보이고 있다. 업체들은 실속. 고급화 등 차별성을 부각시키며 내 집 마련을 꿈꾸는 실수요자 공략에 나서고 있다.

오는 연말과 내년 신구간 입주 예정인 도내 주택건설업체의 공동주택 공급물량은 1207세대. 지난해에 이어 가장 많은 공급물량인만큼 주택시장 활기를 주도할 것으로 예상된다. 현재 공동주택 분양은 이미 점화된 상태. 예년보다 많은 물량이 쏟아졌다는 점에서 주택 구입 희망자들은 그만큼 선택의 폭이 넓다. 특히 올해의 경우 임대 물량이 없고 일반 분양으로 승부수를 띄우고 주택보급률이 100%를 밑도는 제주시권에 집중됐다는 게 주택시장의 특징이다.

업체 입장에선 공동주택 선호도가 높은 분양 안정권 지역을 집중 공략한 셈. 무엇보다 최근 몇 년간 공동주택 분양률이 90%대에 이르는 만큼 분양률 추이에 관심이 모아지고 있다. 올 들어 지속된 경기 침체가 변수로 떠오르고 있지만 잠재 수요가 가장 많은 30평형대 물량이 집중된 만큼 안정적 분양에는 큰 무리가 없을 것이라는 게 업계의 관측이다.

이처럼 올해에도 공동주택 공급물량이 늘었지만 인건비 및 주택지 가격 상승 등으로 분양가도 적지 않게 올랐다는 점에서 주택 수요자들이 어떤 선택을 내릴지 주목된다. 주택건설사업협회 관계자는 "올해 주택시장은 제주시권내 중형대 아파트의 일반 분양이 대세"라며 "그동안 분양률 호조세가 지속될지 관심"이라고 말했다.

2003. 9. 20, 제주일보

신구간 앞두고 주택·점포 매물 늘어도 불경기 여파 '전망세'

신구간 이사철이 한 달 앞으로 다가오면서 주택.점포 매매.임대 매물이 쏟아지고 있다. 그러나 불경기 여파로 매물 회전율이 예년 수준을 밑돌면서 급매물이 늘고 권리금 없는 점포도 나오는 등 예전과 다른 양상을 보이고 있다.

28일 관련업계에 따르면 최근 신구간을 앞둬 임대.매매를 위해 내놓은 주택.상가 매물이 크게 늘고 있으나 거래는 아직까지 관망세를 보이는 추세다. 주택 시장인 경우 신규 공급물량까지 가세하면서 '즉시 입주', '가격 절충' 등을 내세운 물량이 늘고 있으나 감귤자금이 부동산으로 유입되지 않으면서 고전을 겪고 있는 상황. 상가 시장도 지속된 경기 악화와 소자본 창업 열기마저 예전보다 가라앉으면서 선뜻 임대 계약자가 나오지 않아 건물주들이 속을 태우고 있는 실정이다.

이처럼 수요에 비해 공급이 늘어난 데다 경기 침체에 따른 자금난과 심리적 위축세가 반영되면서 시장 흐름도 변화를 보이고 있다는 게 부동산 업계의 분석이다. 주택 시장에서는 고육지책으로 분양에서 임대를 병행하거나 공급가 인하와 상가 제공 등 입주자에게 유리한 조건을 내세우는 사례도 나오고 있다. 또 주택 임대에 있어 저금리 여파로 거의 자취를 감췄던 전세 매물도 눈에 띄게 늘고 있는 추세다. 상가 시장에서는 급매물로 나온 점포가 많아지면서 가격 절충과 함께 권리금을 아예 포기하는 임대 점포가 늘면서 최근의 경기 상황을 반영해주고 있다.

부동산업계 관계자는 "경기 침체와 공급물량 증가, 전반적인 자금난 등이 복합적으로 작용하면서 주택·상가 매매·임대가 쉽지 않은 상황"이라고 말했다.

2003. 12. 29, 제주일보

신구간은 새봄을 맞을 준비를 하는 기간이다. 따라서 신구간이 설보다 빨라서 이사를 해서 새 집에서 새해를 맞을 수 있다면 금상첨화이다. 그러나 신구간은 양력에 근거한 것이고, 설은 음력에 근거한 것이기 때문에, 설이 신구간보다 빠른 경우도 적지 않다. 지난 100년을 놓고 볼 때 설은 양력으로 가장 빠른 경우는 1월 22일, 가장 늦은 경우는 2월 20일로 약 한 달간의 편차가 있는데, 2004년은 설이 신구간보다 빠른 1월 22일이었다. 따라서 새해를 이사한 집에서 맞기 위해 설 이전에 미리 이사를 하는 경우가 많았다.

때 이른 '신구간' 이사 행렬

"새 집에서 설날을 맞으려면 신구간 전에 보금자리를 옮겨야죠." 갑신년을 맞아 이사철 풍속도가 바뀌고 있다. 예전만 해도 도내 전래 풍습인 신구간에 이사 행렬이 집중됐지만 올해에는 신구간 이전으로 빨라지는 양상을 보이고 있다. 이삿짐 배달업계에서는 예년과는 달리 설날이 신구간보다 빨라 '올해는 늙은 신구간'이라고 칭하면서도 내심 대목 특수를 기대하고 있다.

5일 관련업계에 따르면 올해의 경우 신구간 전에 이사를 계획하는 가구가 늘면서 연초부터 이삿짐 운송 문의 및 예약 상담이 잇따르고 있다. J이삿짐업체만 해도 최근 하루 평균 5~7건의 예약 건수를 받는 등 예년보다 사전 수요가 늘면서 처리 능력에 맞게 접수를 제한하는 날짜 조절에 나서고 있는 실정이다. M익스프레스도 이번 주에만 7~8건의 예약 건수를 받아놓고 이사를 처리하는가 하면 다른 업체에서도 예년에 비해 신구간 사전 이사 예약이 눈에 띄게 늘어난 것을 실감하고 있다. 업계에서는 최근 들어 사전 입주가 가능한 신축 아파트. 주택 등을 중심으로 이른바 '이사전쟁'을 피하기 위해 미리 이사에 나서는 가구들이 많아졌다고 설명하고 있다.

특히 올해의 경우 설날이 신구간 이전이어서 새로운 보금자리에서 설날을 지내기 위해 이사를 서두르는 가구가 늘어났다는 게 업계의 분석이다. 업계에서는 이로 인해 올해 신구간을 '한 살 더 먹은 늙은 신구간'이라고 얘기하며 이사 행렬도 신구간보다 설날 직전 주말인 17. 18일에 집중될 것으로 예상하고 있다. 더욱이 오는 26일부터 다음달 1일까지 이르는 신구간보다 이번 주부터 설날 전까지 이사 물량이 많을 것이라는 전망도 나오면서 물량 확보 경쟁도 달아오르고 있다.

업계 관계자는 "올해 보금자리 이동 가구는 작년보다 줄어들 것으로 예상되는 가운데 벌써부터 이사에 나서는 가구가 늘고 있다"며 "불과 5년 새에 신구간을 지키는 인식이 많이 바뀌는 것 같다"고 말했다. 가구주 강모씨(42.제주시 연동)는 "복잡한 신구간을 피하고 설날도 새 집에서 지내기 위해 지난 주말 이사를 끝냈다"며 "비교적 여유있게 이사를 한 것 같아 홀가분하다"고 말했다.

2004. 1. 6, 제주일보

그러나 신구간 이전에 이사를 할 수 있었던 데는 또 다른 이유가 있었다. 하나는 신구간에 한꺼번에 몰려서 이사하는 바람에 치러야 하는 추가 이사비용을 치를 필요가 없기 때문이고, 다른 하나는 신축아파트나 주택이 신구간 이전에 입주할 수 있도록 지어져서, 신구간이 아닌 시기에 이사하더라도 매매 계약상의 불이익을 받을 염려가 없기 때문이다. 아무튼 2004년을 기점으로 제주섬의 전통적인 이사철로서의 신구간 풍속도 차츰 바뀌게 되어, 신구간에 이사하는 세대가 제주시의 경우 7천여 가구, 제주도 전체의 경우 1만여 가구로 줄어들게 된다.

하지만 여전히 신구간 대란은 이어지고, 각 언론에서는 도민들이 신구간에 불편함이 없도록 신구간 대책을 촉구하고 있다.

신구간 불편없게

올해에도 도내에서는 1만여 세대가 대이동을 하게 될 것으로 추산되고 있다. 신구간 바로 전에 설이 끼어 있는 탓에 벌써 많은 주민들이 이사를 마치기도 했지만 금주 중에 무려 3만여명의 주민이 새로운 보금자리로 옮겨가게 된다. 그러고 보면 신구간이 도민사회에 미치는 영향이 어느 정도인가를 가히 짐작하고도 남을 것이다.

무엇보다 신구간에는 한꺼번에 많은 주민들이 대이동함으로써 일시에 생활민원이 폭주하게 마련이다. 신구간이 본도에서만 전래되고 있는 세시풍속의 하나이면서도 외래인에게는 고쳐야할 폐습이란 부정적 시각으로 잔존하고 있는 것은 이런 연유에서이다.

뭐니뭐니 해도 신구간에 가장 문제가 되는 것은 생활쓰레기 처리와 전화이설, 주민등록 이전 등이다. 특히 쓰레기 문제는 이사를 하고나면 필수적으로 생겨나는 골칫덩어리이다. 또 한꺼번에 밀려드는 이사행렬 때문에 일꾼과 이삿짐을 옮길 차량이 크게 부족하게 되는 것도 보통 문제가 아니다. 일손이 모자라다는 이유로 이사요금을 평소보다 올려 받는 경우도 허다한 실정이다. 그래서 집없는 서민들이 이사철에 느끼는 설움과 고통은 이루 말할 수가 없다.

따라서 관계당국에서는 이사철을 맞아 주민들이 불편을 겪지 않도록 각별한 배려와 지원을 아끼지 말아야 할 것이다. 특히 각 시·군은 종합민원상황실을 풀가동해서 이사철에 발생하기 쉬운 생활민원을 신속하고 친절하게 처리하는 데 만전을 기해야 한다.

2004. 1. 26, 제민일보(사설)

　신구간에 이사하는 가구 수가 분산되고 줄어들었지만, 유통업계에서는 신구간 특수(特需)를 노려서 마켓팅 기획 행사에 총력전을 편다. 신구간에 제주 경제가 넘실대는 것은 이 기간에 많은 세대들이 이사하는 탓이 클 것이다. 하지만 제주사람들은 신구간에 이사를 하지 않더라도 묵은 것과 새 것을 교체하는 풍습이 있었다. 즉 제주사람들은 신구간을 새봄맞이 준비기간으로 삼아서 묵은 것을 들어내고 새 것을 장만하는 풍속이 있었기에, 유통업체에서는 신구간 특수에 여전히 큰 기대를 걸고 있는 것이다.

신구간 특수를 잡아라, 유통·가전업계 총력전

　26일 시작된 신구간과 맞물려 유통. 가전업계의 특수 잡기가 본격화됐다. 특히 가전업계인 경우 신구간 동안 매출이 집중되는 점을 감안, 각종 이벤트 공세 등으로 총력전을 펴고 있다. 관련업계에 따르면 신구간을 맞아 수천 가구에 달하는 보금자리 이동이 예상되면서 이를 겨냥한 가전. 유통업계의 마케팅. 기획행사 등이 잇따르고 있다.

　가전양판점 H마트와 L, S 가전 대리점 등의 경우 연중 최대 행사인 만큼 파격가를 내세우며 고객 잡기에 열을 올리고 있다. TV와 세탁기, 냉장고 등 품목별로 5%대의 할인은 물론 한정 수량에 한해서는 최고 20%까지 싸게 제품을 내놓고 있다. 또 구입금액대별로 도자기와 그릇, 이사 생활용품 등의 사은품을 제공하는가 하면 최근 자취를 감췄던 카드 무이자 할부 서비스까지 선보이고 있다. 특히 가스레인지와 전기. 압력밥솥 등 중저가 제품과·최근 인기를 얻고 있는 홈시어터 등의 수요가 많을 것으로 보고 평소보다 많은 물량을 확보해 놓고 있다.

또 대형 유통매장에서는 생필품 중심의 생활 이사용품과 집들이 용품을 전진 배치시키는가 하면 가구업체도 장식장과 식탁 등의 할인 판매를 통해 신구간 특수 잡기에 가세하고 있다. 업계 관계자는 "상반기 매출에 있어 신구간이 차지하는 비중이 만만치 않은 데다 소비심리도 살아나는 만큼 집중적으로 마케팅을 벌이고 있다"고 말했다.

2004. 1. 27. 제주일보

1950-70년대에는 사글세 대란으로 고통을 주었고, 1980년대 이후에는 쓰레기 대란, 전화이설 대란, 이삿짐센터 폭리 등으로 서민들에겐 고통을 주었던 신구간도 2000년대 중반에 들어서면 서민이나 관에서도 어느 정도 대처능력이 생겨서 연례행사 정도로 넘기게 된다. 그리고 점차 정서적, 경제적 여유가 생기면서 신구간 풍속을 제주섬의 정체성과도 연관지으면서 그것의 참뜻을 음미하려고 한다. 그동안 신구간 풍속은 악습이고 폐습이기 때문에 하루빨리 없애야 한다고 한 목소리를 내던 것과는 격세지감을 느끼게 한다.

신구간이 주는 의미

세시풍속이라고 하면 어느 한 지역, 사회 속에서 1년을 주기로 습관적으로 지켜지고 있는 풍속을 가리킨다. 그러므로 그 지역이 갖는 지방의 특색은 물론, 그 지방 고유의 고유성을 강렬하게 풍겨주기 마련이다. 또한 이는 그 지역 사람들에 의해 오랜 시간 동안 지켜져 왔다는 뜻에서 전통성을 반영하고 있기 마련이다. 이러한 특성을 지닌 세시풍속 중 제주에는 '신구간'이라는 독특한 풍속이 있어 오늘날까지도 전해져 내려오고 있다.

이 신구간이라는 말은 "신구세관(新舊歲官) 교승 기간"이라는 말에서 왔다고 하여 '신구간(新舊間)'이라고 한다. 옥황상제의 명을 받아 내려온 여러 신들이 그 임기를 다하여 하늘로 올라가고, 거기서 다른 새로운 신들이 부임해 내려오는 기간, 즉 신관·구관이 교대되는 기간을 말한다. 이들 신들이 교대하는 과도기간으로 지상의 신격(神格)이 천상에 올라가 새로운 임무를 부여받아 내려오기까지의 공백기간이라는 것이다. 따라서 이 기간에는 지상(地上)에 신령이 없는 것으로 관념되고 있다.

제주의 가정에는 다양한 가신(家神)이 있어 직무를 수행하고 있다고 관념하고 있다. 가옥의 신으로 성주가 있고, 상방의 대문신으로 문신이 있다. 정지의 신으로 조왕이 있고, 고팡의 쌀독을 지키는 신으로 안칠성, 집 뒤에 모셔져 집안의 부(富)를 수호하는 신으로 밧칠성이 있다. 또 변소의 신으로 칙도부인, 정주목의 신으로 주목지신, 눌굽의 신으로 눌굽지신, 울타리 돌담의 신으로 울담지신, 집터의 각 방위를 지켜주는 오방토신과 토지신이 그들이다. 이러한 신들이 교대를 위해 하늘로 올라가고 지상에는 아무도 없는 기간이 이 신구간이라는 것이다.

그래서 대부분의 제주 사람들은 연운(年運)이 불길하거나 길일(吉日)이 나지 않아 채 행하지 못하였던 건축, 변소나 헛간, 정지, 굴묵 등의 수리, 이사 등 가사와 관련된, 생활에 관계된 모든 일들을 날을 가리지 않고 마음대로 할 수 있는 기간이라고 믿고 있다. 평소에 금기되었던 일들을 하여도 아무런 탈이 없다고 한다. 그러기에 이 기간에는 이사를 비롯하여 집 중창(집의 일부를 고침), 울타리 안에서의 흙 파는 일, 울타리 돌담 고치기, 나무 베기, 묘소 수축 등 다양하다. 만일 아무 때나 이러한 일을 하면 동티가 나서 화(禍)를 입는다 믿고 있다. 특히 그 기간을 대한 후 5일에서 입춘 전 3일 사이로 간주하고 있기에, 오늘날에도 해마다 양력 1월 26일부터 2월 1일까지 보통 일주일 기간내에 이사를 하고자 한다.

그러기에 이때 이사에 따른 전화기의 이동 신고 폭주로 한국통신 제주지부의 업무가 마비될 지경이라고 한다. 신이 어디 있느냐고 하면서 미신에 지나지 않는다고 할 사람도 있을 것이다. 물론 그렇다. 이렇게 다양한 신들이 있어 각각의 가사(家事)에 그 역할을 하고 있다고 과학적으로 증명해 보일 수는 없겠기 때문이다. 그러나 오랜 시간 동안 그렇게 관념하고 믿어오면서 우리의 고유한 풍속의 하나로 자리하고 있다면 그 또한 나름의 이유가 있었을 것이다.

그 하나의 이유가 농경사회에서 가장 농한기인 한겨울에 신구간이 있다는 것이다. 다양한 농경의 일로 겨를이 없을 때가 아니라 한가한 농한기에 이사 등 많은 손을 빌어 해야 하는 이사 등의 가사를 행할 수 있도록 했다는 것이다. 또한 새롭게 농사일에 접어들어야 하는 입춘 전에 농사이외의 일들을 마무리할 수 있도록 함으로써, 농경에 전념할 수 있도록 했다는 것이다. 둘째로 미생물의 활동이 가장 미약한 겨울철에 변소나 헛간의 수리 등이 이루어져 전염병이나 미생물의 활동으로 동티가 나는 것을 막을 수 있도록 했던 조상의 지혜를 엿볼 수 있는 것이기도 하다.

우리가 살고 있는 사회가 농경 중심의 사회에서 산업화, 정보화 시대를 거쳐 급변해 가고 있다. 이 때문에 우리 고유의 많은 풍습들도 하나, 둘 사라져 가고 있다. 생업의 중심이 변했기에 전통적으로만 살 수도 없는 것이 현실이다. 그러나 어려운 여건 속에서도 고유한 풍속을 유지하며 살아온 우리 선인들의 삶 속에서 그들의 지혜와 땀의 결실을 찾아 오늘에 되살림으로써 제주인이라는 정체성을 지닌 우리로 사는 것 또한 중요한 일이 아닐까 생각해 본다.

김동섭, 2004. 2. 3, 제주일보

그리고 1990년대까지만 해도 신구간에 가장 크게 문제되었던 것은 임대료 폭등이었다. 물론 수요에 비해 공급이 부족했기 때문이다. 그러나 2000년대 중반에 들어서면 그와는 반대로 경기에 따라서 신구간을 앞두고 임대시장이 한파를 겪는 경우도 생겨나게 된다. 이 또한 임대시장의 수급구조 왜곡에서 생겨난 현상임은 분명하다.

신구간 앞두고 임대시장 '한파'

경기침체로 인한 도민들의 소비심리가 위축되면서 상가와 음식점 등 점포 임대시장에도 한파가 몰아치고 있다. 특히 '신구간'을 앞두고 그 동안 매출부진 등으로 어려움을 겪는 이들 소매점 업주들의 경우 손해를 보더라도 더 큰 적자를 면하기 위해 서둘러 점포를 내놓고 있지만 정작 거래는 이뤄지지 않는 것으로 알려지고 있다.

6일 도내 부동산업계 등에 따르면 최근 지속되고 있는 경기침체 등의 영향으로 도내 각종 소매점포와 음식점 등이 극심한 불황을 겪으면서 점포를 내놓고 있으나 인수자가 없어 애를 태우고 있다. 특히 일부 점포는 지금까지 관행으로 받던 권리금까지 포기하거나 임대료를 크게 내려 새 임대자를 찾고 있으나 거래가 거의 이뤄지지 않는 것으로 전해지고 있다.

실제 제주시 칠성로 지역 의류판매업소의 경우 1000만~1500만원 수준인 권리금을 포기하고 점포 임대광고를 냈으나 한달 동안 1~2차례 전화문의만 있을 뿐 점포를 보기 위해 찾아오는 경우는 아예 없는 실정이라고 말했다. 이 점포 주인은 지난해에도 점포 임대료를 예년의 30~40% 수준에서 받았는데 올해는 이보다 더 내려서 빌려줄 계획이라고 덧붙였다. 인근 중앙로의 카페의 경우도 지난해 9월부터 영업부진으로 가게문을 닫고 임대광고를 내고 있으나 한달에 2~3통 정도 문의전화만 있을 뿐이라고 털어놨다. 이곳 역시 시설비와 권리금은 받지 않을 생각이지만 실제 임대의사가 있는 문의는 전혀 없다고 말했다. 또 광양로터리 인근 한 의류소매점의 경우도 점포 임대 광고를 했지만 인수자를 찾지 못해 '울며 겨자먹기식'으로 다시 영업을 재개할 계획이라고 말했다.

이에 대해 부동산중개업소의 한 관계자는 "최악의 경기불황으로 사실상 전 업종이 어려움을 겪고 있기 때문에 웬만한 자신감이 없으면 새로 점포를 열 생각을 하지 못할 것"이라며 "이 같은 분위기가 확산되면서 점포 임대시장의 한파는 당분간 이어질 것으로 보인다"고 전망했다.

2005. 1. 7, 제주일보

신구간 풍속이 많이 완화되긴 하였지만, 신구간에 이사하는 가구가 지금도 적지 않다. 따라서 이삿짐센터에서는 신구간 대목을 노리고, 서민들은 치솟는 이사비용에 허리가 휘게 마련이다.

서민가계 '신구간 시름'

"이사 한 번 하는 데 100만원이나 들다 보니 어려운 살림에 허리띠만 바짝 죄게 생겼습니다." 제주 전통 이사철인 '신구간(新舊間)'이 시작되는 오는 25일 26평 다세대 주택 3층에 전세로 이사하는 이모씨(40.제주시)는 "월급 절반에 해당되는 돈을 이사비용으로 쓰게 돼 어깨가 눌린다"고 호소했다. 세밑 경기에 한파가 몰아치면서 각박해진 살림에 집 없는 서민들은 평소보다 높은 이사비용에 허리가 휘고 있다.

문제는 이삿짐업체마다 요금이 천차만별인데다 이사 폭주 등을 핑계로 평소보다 비싼 '신구간 대목요금'을 요구하고 것이 관행처럼 굳어졌다는 데 있다. 한 이삿짐센터 관계자는 "비수기에는 5톤기본 포장이사에 45만원을 받기도 하지만 신구간에는 두 배 정도 되는 80만원을 받고 있다"며 "성수기와 비수기 가격이 같다는 게 말이 되느냐"며 반문했다. 또 다른 업체 관계자는 "신구간에 평소보다 30-50%의 비싼 이사요금을 받는 것은 전체 이사 가구의 90%가 이 때에 이사를 하면서 이후에는 일거리가 없기 때문이다"고 밝혔다.

업체마다 부르는 가격도 제각각인데 도내 이삿짐업체 4곳에 20평 아파트를 기준으로 똑같은 견적과 조건으로 문의한 결과 포장이사인 경우 기본 이삿짐(5톤 트럭 한 대 분량) 비용은 70만원에서 85만원으로 15만원의 차이를 보였다. 또 기본비용 5톤에서 이삿짐 1톤이 추가 될 때마다 붙는 추가비용도 적게는 10만원, 많게는 15만원까지 요구하고 있었다. 아파트인 경우 사다리차(엘리카) 사용 비용(1대당 10만원선)도 별도 추가되는 데 7층 이상부터는 한 층씩 더 올라갈수록 비용도 올라가며 이 비용도 1만원에서 많게는 2만원까지 붙는 등 천차만별이었다.

행정지도요금이 없는 상태에다 신구간 오전시간대 이사는 한 달 전부터 사전예약이 대부분 끝난 가운데 일부 이삿짐센터에서 터무니없는 요금을 불러도 서민들은 '울며 겨자 먹기'로 따를 수밖에 없게 됐다. 전국주부교실 제주도지부 소비자고발센터 관계자는 "신구간에 이사 행렬이 이뤄지면서 평소 때보다 이사비용이 더 들고 심지어 웃돈까지 줘야하는 폐단이 발생하고 있다"며 "내 집이 없어 잦은 이사를 해야하는 서민들에게도 신구간 풍습이 전통적인 미풍양속에 부합되는지 의문이다"고 밝혔다.

2005. 1. 13, 제주일보

한때 도내에서는 신구간 전체 가구의 15% 정도가 이사를 할 정도로 들썩였다. 그러나 2000년대 중반이 되면서 신구간에 이동하는 가구 수는 전체 가구의 5%로 줄어들게 된다. 추운 겨울에 이사를 해야 하는 불편함, 일주일 남짓한 기간에 대이동하면서 빚어지는 혼잡함, 고가의 이사비용, 쓰레기의 대량발생, 전화 이설 등 신구간에 한꺼번에 이사함으로써 치러야 하는 대가는 신구간 풍속을 지켜야하는 명분과 실리를 능가하게 된 것이다.

예전에 비해 신구간에 이사하는 가구 수가 상대적으로 줄었지만, 신구간 쓰레기 문제는 여전해서 관계당국에서는 특별대책을 마련해야 하고, 통신신업체에서는 전화와 인터넷을 이설하느라 비상근무를 해야 한다. 그리고 미분양주택인 경우 이 시기를 놓치면 다시 분양하기가 어려워 분양경쟁이 치열하다.

올 신구간 1만세대 대 이동

올 신구간에도 도내에서 줄잡아 9000~1만여 세대에 이르는 대이동으로 이사와 쓰레기처리, 전화·인터넷 이설 등 각종 민원과 불법행위 단속 등 어김없는 '전쟁'이 예고되고 있다. 이삿짐센터와 개인용달업체, 가전·가구업계의 고객 유치전과 함께 '신구간 특수'를 겨냥한 주택업계의 미분양 주택 분양 경쟁도 그 어느 때보다 치열하게 벌어지고 있다. 제주시 등 4개 시·군에 따르면 오는 25일부터 2월1일까지 신구간에 도내 19만9000여 세대 가운데 제주시 5200여 세대를 비롯한 9000~1만세대가 이동할 전망이다.

이에 따라 제주시 400톤을 비롯해 도내 1일 생활쓰레기 발생량 628톤보다 15~20%가량 많은 1일 720~750톤의 쓰레기가 신구간에 쏟아질 것으로 예상되고 있다. 때문에 제주시를 비롯한 각 시·군은 쓰레기수거 상황실 운영과 특별기동수거반 편성, 폐가전·가구제품 재활용 확대, 불법쓰레기 투기단속 등 신구간 대책마련에 분주한 실정이다. 이사철에 집중되는 가스사고 예방대책과 함께 구조변경과 증·개축 등 불법건축행위에 대한 단속도 벌일 계획이다.

KT제주본부도 내달 초까지 1만5000여건, 신구간에만 9700여건으로 폭주하는 전화·인터넷 설치·이전 민원 해결을 위해 종합상황실을 열고 인력 충원에 나서는 등 비상상태에 돌입했다. 이삿짐센터와 개인용달업체의 고객 유치전과 이사 과정에서 빚어지는 민원·분쟁도 신구간의 '단골풍속도'다.

특히 1800여 세대에 이르는 미분양 공동주택으로 고전을 면치 못하고 있는 주택건설업계의 '신구간 특수'를 겨냥한 분양경쟁은 500여세대에 이르는 신규 공급물량과 신구간 직후 분양 예정인 1068세대의 노형주공아파트 등과 맞물려 더욱 달아오르고 있다.

2005. 1. 17. 제민일보

경기가 침체될수록 신구간 특수를 기대하는 곳이 많다. 어쩌면 신구간 풍속은 침체된 제주경제를 살리는 영양제 역할을 한다. 신구간이 되면 이사관련 업체, 집수리관련업체, 가전업체, 대형유통업체 등이 기지개를 켜고 제주사회 전체가 활기를 띠게 된다.

신구간 특수를 잡아라

　침체에 빠진 제주경제가 모처럼 신구간을 맞아 기지개를 켜고 있다. 특히 신구간이 일주일 앞으로 다가오며 가전제품 판매업계, 대형유통 업계, 이사관련 업계, 집수리 관련 업체 등이 신구간을 겨냥해 총력전을 펼치고 있다. 신구간은 다음주 25일부터 내달 1일까지로 총 8일간. 도내 업체들은 신구간 매출이 집중되는 점을 감안, 각종 이벤트 공세와 함께 전력투구에 나서고 있다.

　가전제품 판매의 경우, S프라자가 '풍요의 여신' 자청비가 함께하는 '신구간맞이 대특가 판매' 행사를 지난 14일부터 16일까지 행사를 진행하는 등 기업의 이미지 굳히기에 들어갔다. L전자도 '디지털 생활 업그레이드'를 표방하며 신구간 이사 및 혼수 고객을 대상으로 '공동구매 특별전'을 오는 31일까지 벌이고 있다. H마트도 오는 24일부터 다음달 6일까지 이사고객을 주 대상으로 주요 판매제품인 TV, 세탁기, 냉장고 및 김치냉장고 판매에 주력하고 있다. 특히 전자제품 판매업계들은 디지털 TV와 드럼세탁기의 인기가 높아짐에 따라 보상판매를 계획하고 있다.

　대형유통업계는 생활품 중심과 집들이용 용품을 전진 배치시키는 등 매기를 겨냥한 판매전에 돌입한 상태다. 이사관련 업체는 신구간의 특수성을 감안, 1년간 이사건수의 70~80%가 이뤄짐에 따라 1팀당 하루 3건의 이사를 하는 등 강행군에 나서고 있다.

　집수리 관련 업체의 경우도 전세나 사글세로 집을 빌려주는 주인들의 집 보수를 위해 일감을 맡기거나 골재를 주문하는 사례가 늘고 있다. 또 보일러 수리도 평소보다 점검 건수가 늘어나고 있다. 이밖에 아파트를 포함한 공동주택 분양이 고개를 드는 등 전반적으로 제주경제가 신구간을 통해 회생의 발걸음을 조심스레 옮기고 있다.

2005. 1. 18, 한라일보

그리고 경기가 침체되면 더욱더 침체되는 곳이 있다. 바로 중고매장이다. 새 것도 값이 싼 마당에 중고를 구입할 이가 어디에 있을까. 중고매장에서 신구간 특수를 노려보지만, 기대하는 것만큼 되질 않는다.

중고매장 매출 50% 감소 "신구간 특수 없다"

제주특유의 이사철인 신구간을 맞아 이사행렬이 이어지고 있는 가운데 과거 '신구간 특수'를 보던 중고매장이 울상을 짓고 있다. 이사하는 서민들이 새것을 구입하는 대신 기존에 쓰던 낡은 물건을 '아끼고 또 아껴' 중고할인매장을 찾는 발길조차 뜸하다는 것이 업계의 반응이다.

제주시 용담1동 G중고매장 업주는 "2~3년 전까지만 해도 신구간이 대목이었는데 요즘에는 신구간인지조차 모를 정도로 손님이 뜸하다"며 "매장을 찾아도 '고르고 골라' 물건을 사기 때문에 실제 구입자는 더 줄었다"고 말했다. 제주시 도남동 J중고매장도 상황은 마찬가지. 과거 이사철을 맞아 가게를 새단장하면서 쏟아지던 중고품도 이젠 구하기 어렵다는 것. 중고매장 운영자는 "과거에는 식당 등에서 중고품이 많이 들어왔지만 요즘은 들어오는 물건도 줄었고 구입자도 50% 가량 줄었다"며 "경기침체라고 하지만 서민들이 얼마나 아끼는지 절실하게 느낀다"고 말했다.

2005. 1. 23, 제민일보

50여년 동안 신문에 비친 신구간 풍속도를 살펴보았다. 신구간 풍속은 집 없는 서민들에게 참으로 많은 고통을 안겨 주었다. 그리고 1960년대 이후로 행정당국에서는 신구간 풍속을 악습 내지는 폐습으로 규정하여 폐지하기 위해 많은 노력을 기울이기도 하였다. 웬만하면 그 정도의 고통과 억압이 있었으면 종적을 감추었을 법도 하건만 여전히 신구간 풍속은 남아 있다. 끊임없이 이어지는 신구간 풍속의 그 끈질긴 저력은 어디에서 온 것일까.

4. 맺는말

　제주사회에서 신구간 풍속은 오늘날까지 살아있는 신화이다. 제주사람들은 신구간이 일년 중 가장 추운 농한기인데도 불구하고 그 어느 때보다도 바쁘고, 삶의 에너지가 넘치게 된다.

　우리가 살아가면서 의복(衣), 먹거리(食), 거주처(住)가 필수적이지만, 그 가운데 거주처를 마련하는 것은 경제적 부담이 커서 가장 어려운 일이었다. 오늘날까지도 우리 국민들 중 상당수는 가족들이 오순도순 함께 살아갈 수 있는 집 한 채 마련하는 것을 평생의 꿈으로 여기면서 살아간다. 제주섬이라 해서 예외는 아니다. 집을 마련하기 위해서는 임대가 되었건 매매가 되었건 많은 돈이 오가게 되고, 신구간에는 주택경기로 인해 제주경제가 들썩이게 된다. 주택이 절대적으로 부족하던 시절엔 임대료가 폭등하는 바람에 집 없는 서민들에게 신구간 풍속은 참으로 고통스런 악습이었다.

　하지만 어느 정도 먹고살게 되면서 내집 마련의 꿈을 이룬 사람들은 경제적 부담이 되더라도 묵은 살림은 버리고 번듯한 가구와 가전제품 등 새로운 살림살이를 마련하고 싶은 게 인지상정이다. 따라서 신구간 풍속은 제주사회에 또 다른 영향을 미치게 된다. 1990년대가 되어 소비사회로 접어들면서 이사과정에서 버리는 물품이 많아지게 되었고, 신구간에는 쓰레기가 넘쳐나서 온 도민이 곤욕을 치르기도 하였다. 하지만 신구간은 유통업계에도 반짝 경기를 몰고와 제주경제의 숨통을 트이는 역할을 하기도 하였다.

　신구간 풍속이 그토록 오랫동안 이어질 수 있었던 것은 제주섬의 다른 문화와도 관련이 있다. 제주섬에는 본토와는 달리 자식이 결혼하게 되면, 철저하게 분가(分家)하는 제도가 있다. 자식이 결혼하면, 차남

이하는 물론 장남이라 할지라도 양친과 별거하여 독립생활을 하게 되는 것이다. 철저한 분가제도는 신구간 풍속과 어우러져서 주로 겨울에 결혼을 치르게 하는 기능을 하기도 하였다.

제주섬에서는 기후가 온화하여 늘 일손이 바쁘기 때문에, 결혼은 주로 가을걷이와 보리파종이 끝난 농한기인 겨울철에 행해지는데, 대체로 12월부터 2월까지 약 3개월이 이 기간에 해당한다. 그리고 신구간에만 이사하는 풍속은 자연스럽게 분가제도와 연결되어 신구간에 분가(分家)를 하도록 하였다. 대체로 분가는 결혼 직후에 돌아오는 신구간에 이뤄지지만, 신구간이 끝나서 입춘 직후에 혼인하게 되는 경우엔 분가하려면, 다음 해 신구간까지 거의 1년을 기다려야 했다.65)

개명천지한 오늘날에도 '신구간=이사철' 도식이 굳어지게 된 것은 임대계약기간이 신구간을 기준으로 정해지기 때문일 것이다. 신화적 세계관에서 기인했던 농경사회의 풍속이 과학적 세계관에 입각한 정보화 사회에서도 여전히 지켜지고 있는 이유는 집을 빌리는 사람이든 빌려주는 사람이든 신구간 풍속을 먼저 어기는 사람이 그 대가로 경제적인 불이익을 감수해야 하기 때문이다.

지금까지 살펴본 바와 같이 신구간 풍속은 긍정적이든 부정적이든 제주사회에 많은 영향을 끼쳤다. 주택시장과 관련해서 볼 때, 수요에 비해 공급이 턱없이 모자라던 1980년대 말까지만 해도 신구간 풍속이 임대료 폭등과 물가앙등의 주된 억할을 하였다. 따라서 집 없는 서민들에겐 신구간 풍속은 대단히 부담스런 악습이었다. 그러나 신구간 풍속이 늘 서민들에게 불리한 것만은 아니다. 수요에 비해 공급이 남아도는 경우엔 신구간에 내놓는 물량이 많아지게 되어 오히려 주택을 싸게 빌

---

65) 김혜숙, 『제주도 가족제도와 궨당』, 제주대학교출판부, 1999, 266쪽.

리거나 매입할 수도 있게 된다. 따라서 1990년대 중반 이후가 되어 주택시장에서 수요 공급이 어느 정도 균형을 이루면서는 임대료 폭등 문제는 점차 누그러지고, 지금에 와서는 주택과 상가등의 부동산 시장에서 수요에 비해 공급이 늘어나면서, 신구간에는 오히려 임대료가 하락되는 경향도 있으니 격세지감이 아닐 수 없다.

제3장
신구간 풍속에 대한 기후 환경적 이해

1. 들어가는 말

　제주도의 민간에서는 '신구간', 즉 '대한(大寒) 후 5일부터 입춘(立春) 전 3일 사이에' 집수리, 변소개축, 이사, 이장(移葬) 등을 하는 풍속이 있다. 제주인들은 "신구간에 옥황상제의 명을 받아 지상의 일을 관장하던 신[舊官]들이 하늘로 올라가고 새로 임명받은 신[新官]이 내려오므로, 이 기간에는 지상에 신이 없기 때문에 신이 두려워서 못했던 일들을 해도 아무런 탈이 없다."는 속신(俗信)을 믿으면서 살아왔다.

　이러한 신구간 풍속이 언제부터 시작되었는지에 대해서는 정확히 알 수 없다. 하지만 첨단과학기술시대인 오늘날까지도 신구간 풍속은 이어지고 있고, 특히 산업화로 인구이동이 많아져 "신구간=이사철"로 굳어지게 되면서 신구간 풍속으로 인한 폐단도 적지 않다. 예를 들어 신구간에 많은 가구가 일시에 이사를 해야 하기 때문에 주택이 부족하던 시절에는 임대료 폭등을 가져왔고, 경제성장 시기에는 한꺼번에 쏟아져 나오는 쓰레기를 처리하기가 쉽지 않아서, 행정당국에서 신구간 풍속을 없애기 위해 많은 노력을 기울이기도 하였다. 그러나 신구간 풍속은 지금까지도 지속되어 오늘날에는 전화, 유선방송, 인터넷, 가스 등을 설비하는 업체들에선 신구간에 비상근무를 해야 하는 실정이다.

이러한 신구간 풍속은 '세관교승'에서 비롯되었다고 한다. 그리고 '세관교승' 내용은 조선 후기에 일반백성들이 널리 애용하던『천기대요』,『산림경제』등에 실려 있다. 그런 것으로 보아 제주섬에서보다 본토에서 '세관교승'의 내용은 잘 알려져 있었을 것이다. 따라서 신구간 풍속과 세관교승이 밀접한 연관이 있다면 본토에도 신구간과 유사한 관습이 있었으리라는 추측도 가능하다. 하지만, 현재로서는 제주도와 같이 연쇄적이고 비중이 큰 관습을 다른 지방에서는 찾기 어렵다.[1]

신구간 풍속이 제주도에만 (남아)있는 이유는 다른 지역에 비해 유독 무속(巫俗) 신앙이 성하기 때문이라는 주장도 가능하다. 왜냐하면 예로부터 제주섬에 무속신앙이 성하다는 것은 많은 곳에서 확인할 수 있기 때문이다. "제주 풍속에 대체로 산, 숲, 냇물, 연못, 물가, 평지 등 나무나 바위가 있는 곳에 신사(神祠)를 만들어 놓는다. 그리고 매년 설날부터 정월 보름까지 심방[巫覡]이 신독(神纛)을 받들고 나희(儺戱)를 행한다."는 기록이 조선 중기(1530년)의『신증동국여지승람』〈제주목〉조에 기록된 다음부터 이원진(李元鎭,1594-?)의『탐라지』, 이증(李增, 1628-1686)의『남사일록』, 이형상(李衡祥,1653-1733)의『남환박물』등에도 기록되고 있다.[2] 그리고 오늘날에도 제주사람들은 무속적 성향이 매우 강한 편이다.[3]

그러나 무속이 성하다는 이유만으로 제주도에 신구간 풍속이 (남아)

---

[1] 장주근,『한국의 세시풍속』(형설출판사, 1989), 105-107쪽.
[2] 고찬화 편저,『제주의 전설과 민요』(디딤돌, 2004), 27쪽, 36쪽, 40쪽 참조.
[3] 오늘날 제주지역의 무속신앙의 실태에 대해서는 조성윤, 이상철, 하순애 공저,『제주지역 민간신앙의 구조와 변용』(백산서당, 2003)에 잘 정리되어 있다.

있는 이유를 설명하기가 힘들다. 왜냐하면 무속 신앙은 전과학시대의 보편적인 현상이므로 다른 지역에서도 신구간 풍속이 (남아)있어야 하는데, 그렇지 못하기 때문이다. 그렇다면 신구간 풍속은 무속신앙과 '세관교승' 이외에 다른 요인이 있지 않을까. 옛 제주인들이 무속 신앙에 의지해서 살아온 것도 알고 보면 비 피해, 바람 피해, 가뭄 피해 등의 자연재해가 잇따르는 열악한 자연환경과 여러 가지 질병을 유발하기 쉬운 고온다습한 기후 탓이 크다는 점을 염두에 둔다면, 기후 환경적인 요인도 신구간 풍속에 영향을 미쳤다고 볼 수 있다.

언제나 신들에게 구속을 받고 뒤탈이 두려워 마음 놓고 일을 못하던 제주인들에게 "대한 후 5일부터 입춘 전 2일까지는 신구세관(新舊歲官)의 교체하는 시기여서 지상에 신이 없기 때문에 어떤 일을 해도 해가 없다."는 '세관교승'의 이야기는 하나의 복음으로 들렸을 것이다. 그러나 신구간 풍속이 과학기술의 시대에까지 지속된다는 것은 합리적 측면이 있기 때문일 것이다. 그렇다면 대한 후 5일부터 입춘 전 3일까지 변소개축, 집수리, 이사 등 평소에는 동티가 날까 두려워 못 했던 일들을 하는 신구간 풍속을 어떻게 합리적으로 이해할 수 있을까? 이 물음에 답하기 위해서는 먼저 '대한 후 5일부터 입춘 전 3일까지'라는 기간에 대해서 살펴보아야 한다. '신구간(新舊間)'을 문자 그대로 '묵은 것과 새 것 사이'라 번역한다면, 신구간은 '24절기의 마지막 절기에서 첫 절기로 넘어가는 기간' 내지는 '묵은철에서 새철로 넘어가는 기간' 성도로 해석할 수 있다.

순전히 자연에 의존하여 살아가던 농경사회에서 자연계절의 변화를 안다는 것은 대단히 중요한 일이다. 농경사회에서는 씨를 뿌릴 철인가, 열매를 거둘 철인가를 아는 것은 절대적으로 필요한 정보이다. 따라서 어리거나 아둔한 사람을 지칭할 때 '철 모르는 사람(철부지)' '철 없는 사람' '철 안 든 사람' 등이라 했다. 그만큼 농경사회에서는 생존을 위해서뿐만 아니라 삶의 질을 높이기 위해서도 계절의 변화를 읽을 줄 알아야 했던 것이다. 24절기와 민간의 여러 세시풍속들은 자연계절의 변화를 알려주는 역할을 하였고, 제주섬의 신구간 풍속 역시 그 연장선상에서 이해될 수 있다. 즉 신구간은 묵은철을 정리하고 새철을 준비하기 위한 기간이었던 셈이다.

계절의 변화는 지구가 23.5° 기울어서 태양 주위를 공전하기 때문에 생긴다. 즉 지구 자전축이 공전면에 대하여 23.5° 기울어져 있어서 공전궤도 위치에 따라 태양고도의 변화가 일어나고 밤낮의 길이에도 변화가 생기는 것이다. 따라서 계절의 변화는 태양과 관계가 있지 달과는 전혀 관계가 없다. 따라서 달의 위상(位相) 변화를 기준으로 하는 음력은 날이 가고 달이 가는 것은 잘 보여주지만, 계절의 변화는 알려주지 않는다. 그렇기 때문에 지구의 공전주기인 1년을 24등분해서 나타낸 24절기는 음력을 사용하던 사회에서 계절의 변화를 알려주는 농사력이나 다름없었다. 특히 입춘, 우수, 경칩 … 등과 같은 24절기의 이름은 계절의 변화를 직접적으로 알려주는 역할을 하였다. 24절기의 이름은 주(周)나라 때 화북(華北) 지방의 기후를 나타내기 위해서 정해졌기 때문에,[4] 우리나라 실정에는 잘 맞지 않는다. 하지만 우리 조상들은 24절기를 계절의 변화와 대응시키면서 농사력으로 사용하였다.

24절기는 우리나라의 기상학적 계절과는 많은 차이가 난다. 즉 절기상으로는 '입춘'이라 하지만 기상학적으로는 봄 날씨가 아닌 경우가 많다. 하여 예로부터 시인묵객들이 '봄은 왔건만 봄 같지가 않다(春來不

---

4) 한국천문연구원 편찬, 『한국천문대 만세력』, 명문당, 2004, 13쪽.

似春)'고 노래하였던 것이다. 그리고 기상학적 계절, 즉 자연계절은 어디에나 같은 시기에 오는 것은 아니다. 즉 기상학적 계절은 위도에 따라 다르며, 같은 위도에서도 고도에 따라 차이가 나며, 내륙이냐 해안이냐에 따라서도 편차가 심하다. 이를테면 제주섬에는 이미 봄이 와서 새싹이 파릇파릇하지만, 강원도에는 아직도 눈이 많이 와서 교통이 두절되는 경우도 적지 않다.

신구간 풍속 역시 그와 같은 차원에서 이해해 볼 수 있다. '신구간'은 묵은 절기인 대한과 새 절기인 입춘 사이에 있어서 새철을 준비하는 기간인 것은 분명하다. 하지만 대한 후 5일부터 입춘 전 3일(즉 양력 1월 25일부터 2월 1일) 사이가 새철을 준비하는 기간으로 적합하냐는 지역에 따라 다르다. 왜냐하면 자연계절은 지역마다 다르기 때문이다. 신구간이 문자 그대로 새철을 준비하는 기간이 되려면, '입춘'에 기상학적으로 봄이 시작될 수 있어야 한다. 신구간 풍속이 제주섬에만 있는 이유도 바로 여기에 있다.

2. 시간의 흐름과 달력

시간의 흐름은 눈에 보이지 않지만, 일상생활을 영위하기 위해서는 시간을 재는 단위가 필요하다. 일찍이 우리는 지구의 자전으로 밤낮이 생기는 까닭에 지구의 자전주기를 하루(1일)로 삼고, 달의 위상은 달의 공전궤도에 따라 바뀌기 때문에 달의 공전주기를 한 달(1삭망월)로 삼고, 계절은 지구가 기울어져서 태양 주위를 공전하면서 바뀌는 것이기 때문에 지구의 공전주기를 한 해(1태양년)이라 규정하면서 사용해 왔다.

기 준	시간단위	달 수	날 수	시간	분	초
지구 자전	하루	-	1	= 24	= 1440	= 86,400
달 공전	한 달 (삭망월)	1	29	+12	+44	+2.9
			한 달 = 29.530589일			
지구 공전	한 해 (태양년)	12	365	+5	+48	+45.97546
			한 해 = 365.2421988일			

음력은 달의 위상 변화를 기준으로 한 달로 정해서 만든 달력이다. 다시 말해서 달의 합삭과 다음 합삭까지의 간격은 29.530589일이므로, 음력 한 달은 대체로 29일과 30일이 반복적으로 교체된다. 따라서 12개의 삭망월로 만들어진 태음력의 길이는 12×29.530589= 354.3671일이다. 이는 지구의 공전주기인 1태양년 365.2422일보다 약 11일(10.8751일)이 짧다. 따라서 태음력으로는 계절의 변화를 읽을 수 없다. 따라서 이를 보정하지 않으면 17년 후에는 오뉴월에 눈이 내리는 겨울이 되고, 동지섣달에 무더운 여름이 된다.

그러한 불편을 없애기 위해 태음력은 보정하여 태양력과 맞출 필요가 있다. 대략 3년에 한 번(정확하게는 19년에 7번)을 윤달을 두어 1년을 13달로 하면 거의 태양력과 일치하게 된다. 우리가 일상에서 사용하는 음력은 태음력이 아니라 윤달을 도입하여 보정한 태음태양력이다. 음력에 윤달을 도입하는 방법은 24절기와 밀접한 관련이 있다. 예로부터 윤달을 두는 방법이 여러 가지로 고안되었다. 그 중 19태양년에 7개월의 윤달을 두는 방법을 19년7윤법(十九年七閏法)이라 하여 가장 많이 쓰이는 방법이다. 왜냐하면 19태양년은 6939일로 235삭망월(=19년×12삭망월 +7삭망월)과 같은 일수가 되어, 계절과 월상(月相)이 원래대로 복귀되기 때문이다.[5] 여기에서 6939일을 동양에서는 장(章)이라 하고 서양에서는 메톤주기라 하는데, 각각 B.C. 600년경인 중국의 춘추시대와 B.C. 433년에 그리스의 메톤에 의하여 발견되었다.

음력과 계절의 흐름을 맞추기 위해서 19년에 7번 윤달을 어떻게 둘 것인가는 24절기를 기준에 따랐다. 즉 태양의 시운동에 근거한 24절기는 12개의 절기(節氣)와 12개의 중기(中氣)로 분류하며 음력 12달에 대응시킨다. 입춘은 일월절(一月節), 우수는 일월중(一月中)이며, 마찬가지로 소서는 유월절, 대서는 유월중이다. 그리고 음력에서 어떤 달의 이름은 그 달에 든 중기로 결정한다.

음력	정월	이월	삼월	사월	오월	유월	칠월	팔월	구월	시월	동짓달	섣달
절기	입춘	경칩	청명	입하	망종	소서	입추	백로	한로	입동	대설	소한
중기	우수	춘분	곡우	소만	하지	대서	처서	추분	상강	소설	동지	대한

24절기표(1)

표에서 보듯이 정월 중기인 우수가 있으면 정월이 되고, 이월 중기인 춘분이 있는 달은 이월이 되며, 삼월 중기인 곡우가 있으면 삼월이 된다. 마찬가지로 동짓달에는 반드시 동짓달 중기인 동지가 있게 마련이다. 하지만 삭망월을 기준으로 하는 태음력에 따르다보면 어떤 달에는 중기가 없어서 그 달의 이름을 결정할 수 없는 경우도 있게 된다. 그 경우에는 그 달을 윤달로 삼고, 달 이름은 전 달의 이름을 따른다. 이와 같이 중기가 들지 않는 달, 무중월(無中月)을 윤달로 하는 법을 무중치윤법(無中置閏法)이라 한다.[6] 그리고 20세기(1901~2000) 100년 동안에 37번의 윤달이 있었는데, 음력 2월부터 8월까지 비교적 고루 분포되어 있다.

---

5) 19태양년=365.2422일×19=6939.6018일, 235사망월=29.53059일×235=6939.6887일은 그 차이가 0.0869일=2.09시간에 불과하다.
6) 한국천문연구원 편찬, 『한국천문대 만세력』, 명문당, 2004, 15쪽.

윤달	1월	2월	3월	4월	5월	6월	7월	8월	9월	10월	11월	12월
빈도	0	4	4	6	8	6	4	4	0	1	0	0

윤달의 빈도수(1901년-2000년 기준)

  그리고 윤달을 두어 계절의 흐름을 반영한 음력, 즉 태음태양력이라 하더라도 태양력과는 많은 편차가 있어서 계절의 흐름을 읽는 데는 한계가 있다. 이는 음력 설(정월초하루)의 분포를 양력과 비교해보면 한 눈에 알 수 있다. 다음 표는 20세기 100년 동안에 태양력에서의 설날의 빈도를 나타내본 것이다.

절기	신구간													입춘														우수	
양력 일	22	23	24	25	26	27	28	29	30	31	1	2	3	4	5	6	7	8	9	10	11	12	13	14	15	16	17	18	19	20
양력 월	1월										2월																			

양력에서 본 음력설의 빈도(1901년-2000년 기준)

  설은 태양력을 기준으로 볼 때 가장 빠른 경우가 1월 22일이고 가장 늦은 경우가 2월 20일로서 약 1개월의 편차가 있다. 그리고 설은 대체로 입춘을 전후 15일 사이에 있으며, 늦을 때는 우수(2월 19일경)[7]에 드는 경우도 있다. 그리고 음력을 기준으로 할 때, 입춘은 섣달에 들기도 하고, 그 해 정월과 섣달에 거듭 들기도 한다. 이처럼 입춘이 정월과 섣달에 거듭 드는 경우를 재봉춘(再逢春)이라 한다.[8] 따라서 보정된

---

[7] 20세기에 설과 우수가 겹친 해는 다섯 번, 즉 1901년, 1920년, 1939년, 1958년, 1996년이었다. 그리고 1985년에는 우수가 2월 19일이었고, 설은 그 다음 날인 2월 20일이었다.

음력인 태음태양력으로도 계절의 변화를 읽는 데는 한계가 있다.

3. 계절의 순환과 24절기

계절의 변화를 읽는 데는 오히려 태음태양력보다 24절기가 훨씬 효과적이다. 24절기는 태양의 시운동에 근거한 것으로 춘분점으로부터 태양이 시운동하는 길인 황도(黃道)를 따라 동쪽으로 15° 간격으로 나누어 24점을 정하여 태양이 각 점을 지나는 시기를 말한다. 그러나 지구의 공전궤도가 정확하게 원이 아니고 타원이고, 1태양년도 360일이 아니라 이 365.2422일이기 때문에 24등분하면, 절기 사이의 간격은 대략 15일(보다 정확히는 15.2184일)이지만,9) 어떤 때는 14일이나 16일만에 다음 절기가 있는 경우도 있다.

그리고 24절기는 황경(黃經)의 위치를 개념으로 나타낸 것으로 그 명칭만 들어도 농사와 관련된 기상정보를 대략적으로 읽어낼 수 있다. 다시 말해서 24절기는 중국문화권 농경사회에서의 농사력이었던 셈이다. 하지만 24절기는 중국 협서성의 향토력에서 시작된 것으로 추정되며,10) 그 명칭도 주(周)나라가 득세할 때 중국 화북지방의 기상을 중심으로 정해진

---

8) 이강로, 『세시풍속과 민속놀이』(세종대왕기념사업회, 2000), 73쪽.
9) 전통적으로 24절기(節氣)를 지정하는 방법은 평기법(平氣法)과 정기법(定氣法)의 두 가지가 있다. 오랜 세월을 사용한 절기 지정 방법은 평기법으로 만든 절기로 1년을 24등분해서 황도(黃道)상의 해당점에 각 기(氣)를 매기는 방법으로 동지(冬至)를 기점으로 중기(中氣)와 절기(節氣)를 매겨 15.2184일씩 더하면서 24절기를 정하는 방법이다. 그리고 정기법은 청나라 때의 시헌력이 사용되면서 채택된 절기 사용법으로 황도상의 동지점을 기준으로 태양이 동쪽으로 15도 간격으로 변화될 때마다 절기(節氣)와 중기(中氣)를 매겨 나가는 방법이다.
10) 문승의, 『기상환경의 이해』(지구문화사, 1987), 64쪽 참조.

것이기 때문에 우리나라의 기후와는 정확하게 들어맞지 않는다.

24절기	양력	명칭의 의미 (계절의 특징)
입춘	2월 4일경	봄이 시작됨
우수	2월 19일경	비가 처음 옴
경칩	3월 6일경	동물이나 벌레들이 겨울잠에서 깨어남
춘분	3월 21일경	태양이 춘분점에 이름
청명	4월 5일경	중국 황하의 물이 맑음(날씨가 맑음)
곡우	4월 20일경	봄비가 내려 백곡을 기름지게 함
입하	5월 6일경	여름이 시작됨
소만	5월 21일경	여름기분이 나기 시작함
망종	6월 6일경	벼같이 까끄라기 있는 곡식을 심음
하지	6월 21일경	태양이 북회귀선에 이름
소서	7월 7일경	더워지기 시작함
대서	7월 23일경	몹시 더움
입추	8월 8일경	가을이 시작됨
처서	8월 23일경	더위가 그침
백로	9월 8일경	흰 이슬이 내림
추분	9월 23일경	태양이 추분점에 이름
한로	10월 8일경	찬 이슬이 내림
상강	10월 23일경	서리가 옴
입동	11월 7일경	겨울이 시작됨
소설	11월 22일경	눈이 오기 시작함
대설	12월 7일경	눈이 많이 옴
동지	12월 22일경	태양이 남회귀선에 이름
소한	1월 6일경	춥기 시작함
대한	1월 20일경	몹시 추움

24절기표(2)

그런데도 우리나라 민가에서는 24절기를 세시풍속과 연계하면서 우리 실정에 맞게 변용하여 활용하였다. 이를테면 농가에서는 24절기를 열두 달에 나눠서 우리 실정에 맞게 각 달에 해야 할 일들을 '농가월령가'에 담아 불렀다. 그런 점에서 '농가월령가'는 우리나라의 농사력이라 할 수 있다. 이 가운데 사계절이 시작되는 정월, 사월, 칠월, 시월의 노래를 발췌해 보면 다음과 같다.

정월조 : 정월은 맹춘(孟春)이라 입춘(立春) 우수(雨水) 절기로다. 산중간학(山中澗壑)에 빙설(氷雪)은 남았으나 평교(平郊) 광야(曠野)에 운물(雲物)이 변하도다. …… 일년 흉풍(凶豊)은 측량하지 못하여도, 인력(人力)이 극진하면 천재(天災)를 면하나니, 제 각각 권면하여 게울리 굴지마라. 일년지계(一年之計) 재춘(在春)하니 범사(凡事)를 미리 하라. 봄에 만일 실시(失時)하면 종년(終年)에 낭패되네. 농기(農器)를 다스리고 농우(農牛)를 살펴 먹여 재거름 재워 놓고 일변(一邊)으로 실어내어, 맥전(麥田)에 오줌치기 세전(歲前)보다 힘써 하라.

사월조 : 사월이라 맹하(孟夏)되니 입하(立夏) 소만(小滿) 절기로다. 비온 끝에 볕이 나니 일기도 청화(淸和)하다. 떡갈잎 퍼질 때에 뻐국새 자로 울고, 보리이삭 패어나니 꾀꼬리 소리한다. 농사도 한참이요 잠농(蠶農)도 방장(方長)이라. 남녀노소 골몰하여 집에 있을 틈이 없어, 적막한 대사립을 녹음(綠陰)에 닫았도다. 면화를 많이 가소, 방적의 근본이라. 수수 동부 녹두 참깨 부룩을 적게 하소. 갈 꺾어 거름할 제 풀베어 섞어 하소. 무논을 써을리고 이른모 내어보세. …… 찔레꽃 만발하니 적은 가물 없을 소냐. 이 때를 승시하여 나 할 일 생각하소. 도랑쳐 수도(水道)내고 우루처(雨漏處) 개와(改瓦)하여 음우(陰雨)를 방비하면 훗근심 더 없나니.

칠월조 : 칠월이라 맹추(孟秋)되니 입추(立秋) 처서(處暑) 절기로다. 화성(火星)은 서류(西流)하고 미성(尾星)은 중천(中天)이라. 늦더위 있다 한들 질서야 속일 소냐. …… 곧 고두어 김매기, 벼포기에 피 고르기, 낫 버려 두렁깎기, 선산에 벌초하기, 거름풀 많이 베어 더미지어 모아 놓고, 자채논에 새보기와 오초밭에 정의아비. 밭가에 길도 닦고 복사도 쳐 올리소. 살지고 연한 밭에 거름하고 익게 갈아 김장할 무우 배추 남 먼저 심이 놓고 가시울 진직 막아 시실험이 없게 하소. …… 장마를 겪었으니 집안일을 돌아보고 곡식도 거풍하고 의복도 포쇄하소. 소채

과실 흔할 적에 저축을 생각하여, 박 호박 고지켜고 외 가지 짜게 절여 겨울에 먹어보소 귀물이 아니 될까. 면화밭 자로 살펴 올다래 피었는가. 가꾸기도 하려니와 거두기도 달렸느니.

시월조 : 시월은 맹동(孟冬)이라 입동(立冬) 소설(小雪) 절기로다. 나뭇잎 떨어지고 고니 소리 높이 난다. 듣거라 아이들아 농사일 끝났구나. 남은 일 생각하여 집안 일 마저 하세. 무 배추 캐어 들여 김장을 하오리라. 앞 냇물에 정히 씻어 소금 간 맞게 하소. 고추 마늘 생강 파에 조기 김치 장아찌라. 독 곁에 중두리요 바탕이 항아리라. 양지에 움막 짓고 짚에 싸 깊이 묻고, 장다리무 알암말도 얼잖게 간수하소. 방고래 청소하고 바람벽 맥질하기, 창호도 발라 놓고 쥐구멍도 막으리라. 수숫대로 터울하고 외양간에 떼적 치고, 깍짓동 묶어 세고 땔나무 쌓아 두소. 우리 집 부녀들아 겨울옷 지었느냐 술 빚고 떡 하여라 강신(講信) 날 가까웠다. 꿀 꺾어 단자(團子)하고 메밀 찧어 국수 하소. 소 잡고 돝 잡으니 음식이 풍비(豐備)하다.

그러나 '농가월령가'도 결국은 음력에 근거한 농사력이어서 우리나라의 계절변화를 반영하는 데는 한계가 있다.

음력에서는 한 달에 두 절기를 두고, 석 달 여섯 절기씩을 묶어서 사계절을 대응시킨다. 그러나 앞서 보았듯이 계절은 365일마다 순환하는데, 보정된 음력인 태음태양력에 따르더라도 평년에는 354일이고, 윤달이 있는 해에는 383일이 되어 계절의 순환과 잘 맞지 않는다. 즉 윤달이 있는 해에는 13개월(29.5×13=383.5일)이 되므로 윤달이 속한 계절은 4개월(29.5×4=118일)이 되고, 나머지 경우에는 한 계절이 3개월(29.5×3=88.5일)이 된다.

24절기에 따른다면, 봄은 입춘, 여름은 입하, 가을은 입추, 겨울은 입동부터이다. 하지만 자연의 사계절은 그처럼 기계적으로 4등분될 수 없다. 예를 들면 서울의 경우 자연계절, 즉 일평균기온을 중심으로 하는 기상학적 계절의 경우[11], 봄(5℃~20℃)이 83일, 여름(20℃이상)이 108일, 가을(20℃~5℃)이 62일, 겨울(5℃이하)이 112일 정도 되며, 봄과 가을은 짧고 여름과 겨울은 길다.

그리고 24절기가 우리나라 기후에 잘 맞지 않는다는 사례로 '소한이 대한보다 더 춥다'는 사실을 예로 드는 경우가 있다. 이를테면 "춥지 않은 소한 없고 포근하지 않은 대한 없다." "대한이 소한 집에 놀러 갔다가 얼어 죽었다." "소한의 얼음 대한에 녹는다." "소한 추위는 꾸어다가라도 한다."라는 속담 등은 이를 잘 보여준다. 겨울철 추위는 입동(立冬)에서 시작하여 소한(小寒)으로 갈수록 추워지며 대한(大寒)에 이르러서 최고에 이른다는 것은 중국의 경험에 의한 것이고, 우리나라에서는 대한보다 소한 무렵이 훨씬 더 춥다는 것이다. 하지만 이는 사실과 다르다.

---

11) 기상계절은 일정한 한계값이 되는 날과 서리, 얼음, 눈 등 특수한 기상현상이 나타나는 날을 조사하여 얻어진 결과를 말한다. 기상계절을 구분하기 위한 기준은 일평균기온 20℃ 이상, 일최고기온 25℃ 이상인 날을 여름이라 하고, 일평균기온 5℃ 이하, 일최저기온 0℃ 이하인 날을 겨울이라 한다. 『한국기후편람』(중앙기상대, 1985), 『한국기후표(1971~2000)』(기상청, 2001) 참조. 한편, 김연옥은 기상계절을 다음과 같이 나누고 있다. 김연옥, 『개정 기후학개론』(정익사, 1999), p.73.

계 절	일 평균기온	일 최저기온	일 최고기온
초겨울(初冬)·늦겨울(晩冬)	5℃이하	0℃이하	
한겨울(嚴冬)	0℃이하	-5℃이하	
초봄(早春)·늦가을(晩秋)	5℃~10℃	0℃이상	
봄(春) · 가을(秋)	10℃~15℃	5℃이상	
늦봄(晩春)·초가을(初秋)	15℃~20℃	10℃이상	
초여름(初夏)·늦여름(晩夏)	20℃~25℃		25℃이상
한여름(盛夏)	25℃이상		30℃이상

절기	양력	일평균기온(℃)		
		서울	광주	제주
소 한	1월 6, 7일	-1.5	1.3	6.8
대 한	1월 20, 21일	-3.2	-0.2	5.1

대한과 소한의 일평균기온 비교(1971-2000)

24절기만 놓고 볼 때, 대한은 중국뿐만 아니라 우리나라에서도 가장 추운 절기이다. 그리고 소한보다 대한이 더 춥다는 것은 앞의 표를 보면 알 수 있다. 한편, 지난 30년간(1971-2000)을 기준으로 본다면, 우리나라에서 가장 더운 극서일(極暑日)과 가장 추운 극한일(極寒日)은 다음과 같이 나타나고 있다.

	서울	광주	제주
극서일 (極暑日)	7월 31일 (26.9℃) 8월 1일 (26.7℃)	7월 31일 (27.4℃) 8월 1일 (27.5℃)	8월 1일 (27.6℃) 8월 2, 3, 8일 (27.5℃)
극한일 (極寒日)	1월 19일 (-3.6℃) 1월 30일 (-3.7℃)	1월 31일 (-0.5℃) 2월 2일 (-0.6℃)	1월 30, 31일 (4.4℃) 2월 2일 (4.3℃)

위 표에서 알 수 있듯이 우리나라에서 가장 더운 때는 7월말과 8월초이고, 가장 추운 때는 1월말과 2월초이다. 이것을 기준으로 본다면 기상학적으로 가장 더운 극서일은 절기상으로 가장 덥다는 대서(大暑, 7월 23일경)와 1주일 정도 차이가 나고, 가장 추운 극한일은 절기상으로 가장 춥다는 대한(大寒, 1월 20일경)과는 10일 정도 차이가 난다.

그리고 봄과 가을이 짧은 우리나라에서는 24절기는 실제 기상과 상당한 차이가 있다. 통상적인 기상학적 계절구분에 따른다면, 일평균기온 5℃ 미만을 겨울, 20℃ 이상을 여름이라 한다. 그 기준에 따른다면, 기상학적 사계절의 시작일은 24절기에서의 입춘, 입하, 입추, 입동과는 많이 다르며, 지역에 따라서 일평균기온이 다르기 때문에 사계절이 시작되는 시기도 달라진다.

24절기를 중심으로 일평균기온의 변화를 살펴보면, 우리나라에서는 절기의 명칭과는 다르게 '입추' 때 가장 더우며, 가장 추운 절기는 '대한'이 된다. 한편, 제주도에서는 일평균기온이 5℃ 미만인 경우가 없어서 기상학적 겨울이 없는 셈이다.

절기상 계절	24절기	양력	일평균기온(℃)		
			서울	광주	제주
봄	입춘	2월 4,5일	-1.6	0.7	5.3
	우수	2월 19,20일	0.7	2.7	6.3
	경칩	3월 5,6일	3.1	4.8	8.2
	춘분	3월 21,22일	6.7	7.5	9.6
	청명	4월 5,6일	10.4	11.2	12.5
	곡우	4월 20,21일	14.0	14.2	14.4
여름	입하	5월 6,7일	15.8	16.6	17.1
	소만	5월 21,22일	18.5	18.9	18.1
	망종	6월 6,7일	21.2	21.1	20.3
	하지	6월 21,22일	22.7	22.6	21.4
	소서	7월 7,8일	24.1	24.8	24.6
	대서	7월 23,24일	26.1	26.2	26.8
가을	입추	8월 8,9일	26.1	27.0	27.3
	처서	8월 23,24일	24.4	25.0	25.7
	백로	9월 8,9일	22.5	22.7	23.8
	추분	9월 23,24일	19.6	20.1	21.5
	한로	10월 8,9일	16.6	16.9	19.0
	상강	10월 23,24일	12.2	13.9	16.5
겨울	입동	11월 7,8일	10.0	11.3	14.6
	소설	11월 22,23일	4.8	7.0	11.3
	대설	12월 7,8일	2.2	4.4	8.9
	동지	12월 22,23일	-0.5	2.0	7.3
	소한	1월 6,7일	-1.5	1.3	6.8
	대한	1월 20,21일	-3.2	-0.2	5.1

24절기의 일평균기온 (1971-2000)[12]

---

12) 표에서 배경색 처리가 된 부분은 일평균기온 5℃ 미만으로 기상학적 겨울을 나타냄.

4. 24절기와 자연계절

　자연 속에 생명들이 지속될 수 있는 것은 계절이 순환하기 때문이다. 겨울과 봄 사이, 그리고 24절기의 마지막 절기인 대한과 첫 절기인 입춘 사이는 생명의 죽음(휴식)과 부활(소생)의 마디가 된다. 따라서 사계절이 뚜렷한 온대기후에서 겨울에서 봄으로 넘어가는 기간, 특히 묵은해의 마지막 절기인 대한과 새해의 첫 절기인 입춘 사이는 낡은 것을 마무리하고 새로운 것을 준비하는 기간이라는 점에서 중요한 의미를 지닌다.
　따라서 자연에 의존하는 농경사회에서는 계절의 순환을 잘 읽어내어 자연의 순리에 거스르지 않아야 삶의 질을 높일 수 있다. 대체로 봄은 시작과 부활의 의미를 지니고, 계절의 시작이며, 한 해의 시작이고, 모든 만물이 생명의 근원을 다시 얻어 소생하는 계절이다. 그리고 여름은 1년 중 가장 양기가 왕성한 생기를 발산하는 계절이고, 가을은 풍요와 결실의 계절이며, 겨울은 죽음과 암흑의 상징이면서도 새로운 생명의 잉태를 암시한다.
　하지만 계절을 엄격하게 구분하기는 쉽지 않다. 그리고 세간에서 통용되는 통상(通常)계절, 24절기를 기준으로 하는 절기(節氣)계절 등은 1년을 기계적으로 3개월씩 나누어 봄, 여름, 가을, 겨울로 규정한 것이기 때문에 평균기온을 기준으로 하는 기상(氣象)계절, 즉 자연계절과는 많은 차이가 있다. 그리고 온대기후대에 속하는 우리나라는 대체로 사계절이 뚜렷한 편이지만, 자연계절은 위도와 고도와 해안에서의 거리에 따라 많은 차이가 난다. 다시 말해서 동일한 시기라 해서 동일한 자연계절을 나타내지는 않는다.

	봄	여름	가을	겨울
양 력	3월초~5월말	6월초~8월말	9월초~11월말	12월초~2월말
음 력	1월초~3월말	4월초~6월말	7월초~9월말	10월초~12월말
24절기	입춘(2월4일경)	입하(5월6일경)	입추(8월8일경)	입동(11월7일경)

통상적인 사계절 분류표

그렇다면 무엇을 기준으로 사계절을 나누어야 할까. 1년은 열두 달이기 때문에, 음력이 되었건 양력이 되었건 24절기가 되었건 통상적으로 각각의 계절을 3개월씩 나눈다. 그러나 음력의 경우는 윤달이 있는 해는 13개월(384일) 되기 때문에 어느 한 계절은 4개월이 된다. 그리고 사계절을 3개월씩 기계적으로 나누다보면, 자연계절과 많은 차이가 난다.

이를테면 서울을 기준으로 볼 때 부활과 소생의 계절인 봄은 절기상의 봄(입춘, 2/4), 음력상의 봄(설날, 1/22~2/20), 통상적인 봄(3/1), 기상학적 봄(평균기온 5℃ 이상, 3/13) 등의 순으로 찾아온다. 그리고 옛날부터 동양의 농경사회에서는 주로 입춘(立春)을 봄의 시작으로 삼았다. 하지만 서울을 기준으로 볼 때 입춘은 자연계절의 봄과 한 달 이상 차이가 난다. 따라서 예로부터 "봄은 왔지만 봄 같지 않다(春來不似春)."는 말이 상용어가 된 것도 당연하다 할 것이다.

우리나라는 비록 국토는 작지만 제주의 해양성 기후에서부터 북부지방의 대륙성 기후에 이르기까지 다양한 기후상을 나타내고 있기에 지역에 따라 자연계절이 다르다.

	봄 (5℃→20℃)	여름 (20℃ 이상)	가을 (20℃→5℃)	겨울 (5℃ 이하)
서울	3월 13일~ 6월 3일 (83일)	6월 4일~ 9월 19일 (108일)	9월 20일~ 11월 20일 (62일)	11월 21일~ 3월 12일 (112일)
광주	3월 7일~ 5월 28일 (83일)	5월 29일~ 9월 24일 (119일)	9월 25일~ 11월 28일 (65일)	11월 29일~ 3월 6일 (98일)
제주	2월 4일~ 6월 3일 (120일)	6월 4일~ 10월 3일 (122일)	10월 4일~ 1월 26일 (115일)	1월 27일~ 2월 3일 (8일)

일평균기온을 중심으로 본 자연계절 (1971-2000)

위 표를 보면 기상학적 사계절은 3개월씩 나뉘지 않는다는 것을 한눈에 알 수 있다. 서울과 광주에서는 봄과 가을은 짧고 여름과 겨울은 길다. 특히 가을은 60여일 남짓해서 매우 짧은 편이어서, 봄과 가을이 짧게 느껴지는 것도 크게 잘못은 아니다.

월(양력) 기준	1	2	3	4	5	6	7	8	9	10	11	12
통상 사계	겨울	겨울	봄	봄	봄	여름	여름	여름	가을	가을	가을	겨울
절기 사계	겨울	봄	봄	봄	여름	여름	여름	가을	가을	가을	겨울	겨울
음력 사계	겨울	겨울	봄	봄	봄	여름	여름	여름	가을	가을	가을	겨울
기상사계 서울	겨울	겨울	겨울/봄	봄	봄	여름	여름	여름	여름/가을	가을	가을/겨울	겨울
기상사계 광주	겨울	겨울	겨울/봄	봄	봄	여름	여름	여름	여름/가을	가을	가을/겨울	겨울
기상사계 제주	가을/겨울	겨울	봄	봄	봄	여름	여름	여름	여름/가을	가을	가을	가을

여러 기준으로 본 사계절

겨울(묵은철)이 끝나고 봄(새철)이 시작된 시기는 기준에 따라 다르다. 통상적으로는 3월 1일이 봄이 시작일이고, 음력으로는 설날이며, 절기상으로는 입춘일이다. 그러나 농경사회에서는 식물이 생육하고 미생물의 활동이 시작되는 일평균기온 5℃ 이상이 되는 기상학적으로 봄이라 한다. 따라서 기상학적으로 봄은 지역에 따라 달라지며, 서울의 경우는 3월 13일경이고, 광주는 3월 7일경이며, 제주는 절기상의 입춘일과 일치하는 2월 4일 경에 시작된다.

그리고 기상학적 여름이 시작되는 시기는 서울, 광주, 제주 등에서 거의 일치하지만, 가을이 오는 시기는 서울, 광주, 제주 등의 순으로 찾아오며, 제주에서는 기상학적 겨울은 존재하지 않는다 해도 과언이 아니다. 하지만 제주섬에도 신구간(1월 25, 26일 ~ 2월 1, 2일)에는 일평균기온이 4.7℃으로 내려가 눈발이 날리고 5㎧ 내외의 세찬 바람까지 분다는 사실을 감안한다면 신구간은 제주섬의 겨울에 해당한다고 볼 수도 있다.

5. 제주도 기후의 특징

제주도는 한반도의 최남단에 위치하며 지리적으로는 목포에서 약 145㎞, 부산에서 약 268㎞ 떨어진 섬으로 아열대기후대에서 온대기후대로의 전이지대에 위치하고 있다. 따라서 연중 온난 습윤한 해양성이 강하여 일교차가 본토에 비해 작고, 지표 및 지중 온도가 높다. 한편, 제주도는 최한월인 1월에는 서울보다 8~10℃ 따뜻하다. 지난 80년간(1904~1984) 자료에서 본다면 일평균기온이 5℃ 미만인 경우가 1년 동안에 23일이고, 지난 30년간(1971~2000)의 자료에서 본다면 10일 내외에 불과하다. 그러나 그 경우에도 일 최저기온이 0℃ 이하로 내려가는 경우는 없고, 통상적인 겨울에 해당하는 12월, 1월, 2월에도 일평균기온이 대부분 5℃를 넘어 기상계절(자연계절)로서의 겨울은 없는 셈이다. 따라서 제주도는 겨울철 원예작물의 월동재배가 가능하다.

그리고 제주도 연 강수량은 1,000~1800㎜이며, 남부지역이 1,851㎜로 서부(1,095㎜) 및 북부(1,457㎜)지역에 비하여 월등히 많은 강수량을 보이며, 제주도이 연평균 습도는 70~80%로 월별 습도변화가 거의 없다. 또한, 제주도는 바람, 돌, 여자가 많아 삼다도라 하며 실제 바람이 많음을 수시로 느낄 수 있고, 풍향의 급변과 해륙풍의 탁월함을 실감한다. 제주도의 연 평균풍속은 3~6㎧로, 서부지역이 가장 강한 6.9㎧이고, 북부가 3.8㎧, 동부와 남부지역은 연중 3㎧이다.

다음 표에서 보듯이 제주의 기후는 서울과 비교해 볼 때 늦가을부터 초봄 사이, 즉 전년 10월부터 익년 3월 사이에 차이가 있으며, 특히 겨울, 즉 전년 12월부터 익년 2월까지 두드러진 차이가 있다. 제주도는 이른바 통상적 겨울에 해당하는 12월, 1월, 2월에도 평균기온이 5℃를 넘고 있으며, 강수량도 적지 않아서 진눈깨비나 비가 내리는 날이 많다. 하지만 바람이 많이 불어 체감온도가 다소 낮은 편이다.

구분	월	1	2	3	4	5	6	7	8	9	10	11	12	전년
기온 (℃)	서울	-2.5	-0.3	5.2	12.1	17.4	21.9	24.9	25.4	20.8	14.4	6.9	0.2	12.2
	제주	5.6	6.0	8.9	13.6	17.5	21.2	25.7	26.5	22.7	17.8	12.6	8.0	15.5
강수량 (mm)	서울	22	24	46	77	102	133	328	348	138	49	53	25	1344
	제주	63	67	84	92	88	190	232	258	188	79	71	45	1457
풍속 (m/s)	서울	2.5	2.7	2.9	2.9	2.6	2.3	2.3	2.1	1.9	2.0	2.3	2.3	2.4
	제주	4.9	4.7	4.1	3.7	3.2	3.1	3.2	3.2	3.2	3.5	4.1	4.6	3.8

서울과 제주 기후 비교(1971-2000년 기준)

이러한 제주도의 기후는 조선시대에 중앙에서 파견된 목사(牧使)나 귀양왔던 선비들의 기록에도 여실히 나타난다. 병자호란 당시 청나라에 굴복하기를 끝내 반대했던 청음(淸陰) 김상헌(金尙憲 : 1570~1652)이 32세(1601)에 안무어사(安撫御使)로 파견되어 기록한 기행문인 『남

사록(南槎錄)』에 보면,

한 지역민(土人)에게 물으니 "봄과 여름 낮에 안개가 끼면 섬이 온통 시루 속에 있는 것과 같아 지척을 분간하지 못합니다. 사람이 마주보고 앉았어도 다만 말소리만 들릴 뿐 그 얼굴을 볼 수 없습니다."고 한다. 내가 (음력) 9월에 닻을 내리고 정월에 출항하였으니, 바로 이 가을 겨울이 하늘이 개는 때인데 그 사이 5개월 간 해와 달과 별을 볼 수 있었던 것은 불과 수십일이다. 이 밖에는 항상 흐리고 비가 오거나 눈이 내렸고, 바람이 불지 않은 날이 없었다. 섬사람들은 몹시 가난하고 옷이 없는 자가 많다. 망석(網席)을 뚫어 만든 도롱이를 입고 겨울 추위를 막는다. 대개 그 땅이 북쪽 본토에 비해서 대단히 따뜻하기 때문이다. 서울에서 죄를 짓고 들어가서 옷 없이 벌거벗은 자도 역시 풍속에 따라 추위를 견디는 것인데 이는 살기가 어려워 어쩔 수 없는 것이다. 또한 백성은 곱추병과 상처와 헌데가 온몸에 나 있는 자가 많은데 이는 반드시 풍토가 나쁘기 때문일 것이다.

그리고 충암(沖庵) 김정(金淨 : 1486~1521)의 『충암록(沖庵錄)』에 따르면, 이 읍의 풍토는 유별나고 모든 일이 다르다. 문득문득 감탄하고 놀라게 된다. 겨울은 따뜻하고 여름은 시원한데, 변화하거나 어긋나서 일정치가 않다. 기후는 따뜻한 것 같은데 옷 입은 사람은 매우 불편하다. 의식(衣食)을 절도있게 하기가 어렵기 때문에 병에 걸리기 쉽다. 더군다나 구름과 안개가 항상 음침하고 찌고 습하고 끓는 듯하고 울적하다. 땅에는 벌레들이 많은데 파리와 모기가 더욱 심하다. 지네와 개미와 지렁이 등 모든 굼실거리는 것들이 모두 겨울나도 죽지 않으니 가장 견디기 어려운 것이다.[13]

라고 하고 있다. 한편 정동계(鄭桐溪 : 1569~1641, 호 정온[鄭蘊])는 「대정위리기(大靜圍籬記)」에 말하기를

---

13) 김상헌(金尙憲) 저, 김희동 역, 『남사록(南槎錄)』(영가문하사, 1992), 53-56쪽 참조.

한 지역민(土人)에게 다음과 같이 들었다. "제주도(瀛州)는 둘러가며 전역이 바다 가운데 있는 어려운 섬이다. 그런데 이 (대정)현은 바닷가에 더욱 가까워 지형이 낮아 풍토병의 독한 기운이 (제주)삼읍 중에서 가장 심하다. 봄 여름이 바뀔 때부터 가을 8월초에 이르기까지 장마가 들면 계속 축축하여 개지 않아 눈병이 발생하고 때도 없이 지독한 안개가 침침하게 막아 지척을 가리지 못한다. 사람과 물건들이 이때가 되면 기둥 서까래와 창벽에 물방울이 흐르는 게 샘처럼 하여 옷과 갓이며 상과 돗자리가 번지르하게 습기가 져서 땟물과 같다. 이러므로 비록 옷, 재물, 곡물이 있다 해도 여름이 지나면 썩어버려 끝내는 못쓰게 돼버리고 만다. 문지도리 쇠에 이르기까지 몇 년이 지나면 모두 삭아 썩는다. 하물며 피와 살이 있는 신체에서야… 우리야 여기서 성장하여 습관과 성격이 이뤄지지만 내지(內地)의 조관(朝官)이야 어찌 견딜 곳이겠는가."

가을 기운이 끝나가고 북풍이 일어나려고 하면 장려(瘴癘)라는 풍토병이 조금 개고 양기(陽氣)가 드러나는데 정말 요즘과 같다. 그런데 겨울에 간혹 춥지 않고 여름에 간혹 덥지를 않아 기후가 서로 어겨 추위와 더위가 거꾸로 놓인다. 입는 것과 먹는 것이 조절하기 어려워 질병이 일어나기 쉽다.

뱀, 지네, 땅강아지, 지렁이 등 꿈틀거리는 생물들이 모두 겨울을 지나도 죽지를 않는다. 이는 풀과 나무, 무우, 부추, 마늘, 상치 등 모든 씨뿌려 심는 종류는 비록 깊은 겨울에도 여러 나물을 밭에서 구해다 쓸 수 있는 것만 봐도 알 수 있다.[14]

고 하였다. 물론 여기서 대정현은 제주도의 남서부 지역이긴 하지만 여기에서 묘사된 기후는 제주도 전체의 기후와 크게 다르지 않다.

이처럼 제주도에서는 거의 일 년 내내 식물 생육과 세균 번식이 가능하다. 그렇기 때문에 제주도에는 겨울에도 들판에서 푸른 채소를 볼 수

---

[14] 이증(李增) 저, 김익수 역, 『남사일록(南槎日錄), 1681』(제주문화원, 2001), 159-160쪽 참조.

있으며, 방역(防疫)이 제대로 되지 않던 시절엔 늘 세균감염으로 인한 질병의 위험이 도사리고 있었다. 따라서 평소에 어디를 손대도 세균감염으로 뒤탈이 있었다. 그리고 옛 제주사람들은 그것을 신의 노여움 때문에 생긴 동티(動土)로 여겼고, 산과 숲, 내와 못, 높은 언덕이나 낮은 언덕, 물가와 평지, 나무와 돌 따위를 모두 신으로 섬겨 제사를 베풀었다(尙淫祀).15) 그러한 전통은 오늘날까지도 이어져서 신을 잘 모시지 않으면 벌을 받는다는 공포감이 제주사람들에게 존재하며, 이 공포감은 금기의 적극적 수용이라는 행동으로 이어진다. 신구간 풍습이 지금도 지켜지는 것은 금기의 적극적이고 지속적인 수용을 보여주는 한 예이다.16) 이처럼 신구간 풍습의 이면에는 질병의 위험이 있는 일 년 내내 따뜻하고 다습한 제주도의 기후가 있는 것이다.

6. 신구간의 기후적 특징

24절기는 중국 협서성의 향토력에서 시작된 것으로 추정되며, 그 명칭도 중국의 화북지방의 기후를 중심으로 정해진 것이기 때문에 다른 지역에서는 정확하게 들어맞지 않는다. 특히 24절기 가운데 첫 절기이자 봄이 들어선다는 입춘은 우리나라 실정과는 잘 맞지 않는다. 이를테면 서울의 자연계절을 중심으로 본다면 봄은 양력 3월 13일경에 시작되기 때문에 24절기를 기준으로 본다면 서울에서의 봄은 춘분에야 시

---

15) 이원진(李元鎭) 저, 김찬흡 이 여주, 『탐라지(耽羅志), 1653』(푸른역사, 2002), 24-25쪽.
16) 하순애 외, 『제주지역민간신앙의 구조와 변용』(백산서당, 2003), 236-237쪽.

작되는 셈이다.

그리고 서울에서 신구간, 즉 대한 후 5일부터 입춘 전 3일은 자연계절에서의 엄동설한에 해당한다. 따라서 서울에서 자연계절의 봄의 시작을 3월 13일로 본다면, 자연계절에 따른 서울에서의 신구간은 3월 초에 해당한다고 볼 수 있다.

따라서 절기상으로 입춘(立春)이 문자 그대로 봄의 시작이라고 한다면, 입춘(2월 4,5일)에 평균기온이 5℃이상이 되어 자연계절의 봄이 시작될 수 있는 곳은 우리나라에서 제주도가 유일하다. 사실 제주도에는 자연계절을 놓고 볼 때 겨울은 없고, 기껏 해봐야 늦가을(일 평균기온 5℃~10℃, 일 최저기온 0℃이상)이 있을 뿐이다. 그러나 제주에서도 대한(大寒)은 문자 그대로 가장 추운 시기이고, 신구간은 늦가을(묵은철)에서 초봄(새철)으로 가는 길목인 셈이다.

한편 우리나라의 기상자료를 놓고 볼 때 [1951-1980]에는 연중 가장 추운 날이 서울(-5.5℃)과 제주(4.0℃) 모두 1월 16일이었다. 하지만 [1961-1990]에는 서울이 1월 14일에 -4.9℃로 가장 추웠고, 제주는 1월 31일에 3.8℃로 가장 추웠으며, [1971-2000]에는 서울이 1월 30일에 -3.7℃로 가장 추웠고, 제주의 경우 2월2일에 4.3℃로 가장 추웠다. 그리고 다음 표에서 보듯이 서울과 제주의 겨울철 일평균기온이 [1951-1980]에 비해 [1971-2000]에는 다소 상승하고 있음을 알 수 있다.

월 년 일	12월			1월			2월		
	1951- 1980	1961- 1990	1971- 2000	1951- 1980	1961- 1990	1971- 2000	1951- 1980	1961- 1990	1971- 2000
1	1.5	0.9	2.1	-2.6	-2.7	-1.2	-4.7	-4.1	-3.1
2	2.4	1.8	2.1	-3.5	-3.1	-1.4	-3.9	-4.5	-3.7
3	2.2	2.0	1.6	-3.2	-3.1	-1.9	-3.1	-3.9	-2.9
4	2.0	2.4	2.1	-3.5	-4.1	-3.1	-2.7	-3.2	-2.0
5	1.3	1.6	1.8	-4.7	-4.5	-2.9	-2.3	-2.4	-1.1
6	0.6	1.0	1.5	-3.4	-2.7	-1.8	-2.0	-2.9	-1.5
7	1.2	1.4	2.3	-2.8	-2.0	-1.2	-1.2	-2.6	-2.1
8	0.7	0.9	2.0	-2.4	-2.1	-1.2	-1.2	-2.0	-2.1
9	0.2	0.8	1.6	-1.9	-2.0	-1.2	-1.5	-1.2	-1.4
10	1.2	2.0	1.9	-2.8	-2.8	-1.4	-1.8	-1.1	-1.1
11	1.7	1.4	0.8	-3.8	-3.4	-2.3	-2.8	-1.8	-0.7
12	0.5	0.3	-0.1	-2.8	-3.3	-2.1	-2.3	-1.3	0.3
13	-0.5	-0.3	0.7	-3.0	-4.0	-2.7	-1.2	-0.8	0.4
14	-0.5	-0.8	0.2	-4.1	-4.9	-3.2	-1.0	-1.0	0.4
15	-0.9	-1.3	-0.2	-5.0	-4.4	-2.4	-1.4	-1.3	0.0
16	-0.4	-0.6	0.3	-5.5	-4.4	-2.5	-0.7	-0.3	-0.1
17	-0.5	-0.2	0.0	-4.6	-3.7	-2.6	-0.3	0.4	0.7
18	-1.0	-0.5	-0.4	-4.5	-3.6	-3.4	-0.3	0.3	0.8
19	-1.0	-0.6	-0.4	-4.1	-3.9	-3.6	-0.2	0.5	0.9
20	-0.8	-0.2	0.2	-3.5	-3.8	-3.2	-0.1	0.3	0.5
21	-1.8	-0.7	-0.1	-3.7	-3.5	-3.1	-0.7	-0.1	0.0
22	-1.7	-0.9	-0.1	-4.1	-3.4	-2.5	0.0	0.4	0.6
23	-1.2	-1.4	-0.9	-4.2	-3.6	-2.5	-0.5	0.2	0.9
24	-2.0	-1.9	-0.7	-3.3	-3.3	-2.6	-0.2	0.0	0.7
25	-2.5	-2.4	-1.2	-2.7	-3.2	-2.6	0.9	-0.1	0.9
26	-3.0	-3.4	-1.8	-2.6	-3.2	-2.8	1.0	-0.2	1.2
27	-3.3	-3.5	-1.5	-3.2	-3.6	-3.3	1.0	0.4	1.6
28	-2.8	-2.8	-1.5	-2.8	-3.0	-3.4	0.6	1.1	1.8
29	-3.1	-2.6	-2.1	-2.4	-2.6	-3.1	1.1	0.4	1.8
30	-3.4	-3.0	-1.6	-3.9	-3.9	-3.7			
31	-3.1	-2.5	-1.4	-4.3	-3.9	-3.3			

서울의 겨울철 평균기온 (단위 ℃)[17]

---

17) 『한국기후표 제1권(1951-1980)』(중앙기상대, 1982) 및 『한국기후표 (1971- 2000)』 (기상청, 2001) 참조. 배경색이 있는 부분은 신구간(1/25-2/2) 기온을 나타냄.

월	12월			1월			2월		
년 일	1951- 1980	1961- 1990	1971- 2000	1951- 1980	1961- 1990	1971- 2000	1951- 1980	1961- 1990	1971- 2000
1	9.3	8.6	9.8	6.0	6.0	7.0	4.0	4.1	4.5
2	9.7	9.4	9.5	5.4	5.6	6.6	4.3	4.0	4.3
3	9.1	9.3	8.9	5.5	5.7	6.6	4.8	4.3	4.7
4	9.3	9.6	9.5	5.6	5.2	5.8	4.7	4.3	5.1
5	9.0	9.1	9.5	5.0	4.9	5.9	4.9	4.7	5.5
6	8.4	8.3	8.8	5.4	5.5	6.6	5.8	5.0	5.8
7	8.9	8.7	9.1	5.7	6.5	6.9	5.3	4.6	4.9
8	8.1	8.2	8.6	5.7	5.9	6.5	6.1	5.5	5.1
9	8.2	8.4	8.8	6.4	6.2	6.8	5.6	5.8	5.5
10	8.8	9.3	9.4	6.5	6.1	6.1	5.5	6.0	5.6
11	8.7	8.5	8.2	5.4	5.2	5.7	4.7	6.3	6.1
12	8.7	8.1	7.5	5.5	5.5	5.9	5.2	5.7	6.7
13	8.0	7.7	8.2	5.4	4.9	5.4	6.2	6.2	7.0
14	8.1	7.7	8.1	4.8	4.5	5.5	5.9	5.8	6.7
15	7.5	7.1	7.6	4.3	4.6	5.6	5.6	5.5	6.4
16	7.7	7.5	8.1	4.0	4.4	5.4	5.7	6.1	6.3
17	7.7	7.9	8.1	4.9	4.9	5.2	5.5	6.3	6.3
18	7.7	7.8	7.6	4.7	5.0	5.0	5.5	6.2	6.4
19	7.6	7.3	7.4	5.0	5.1	5.2	5.4	6.2	6.5
20	7.3	7.2	7.5	5.5	4.9	5.2	5.8	6.1	6.1
21	7.2	7.4	7.7	5.0	4.9	5.0	6.2	6.0	5.7
22	7.2	7.4	7.5	4.7	5.0	5.5	6.3	6.8	6.6
23	7.1	6.9	7.1	4.7	5.2	5.9	5.8	6.4	6.6
24	6.6	6.7	7.3	5.3	5.2	5.6	6.1	5.6	5.9
25	6.8	6.4	7.0	5.1	4.6	5.2	7.1	5.5	6.3
26	6.1	5.7	6.5	5.2	4.7	5.1	6.6	5.2	6.2
27	5.8	5.7	6.9	5.2	4.8	4.7	6.3	5.5	6.6
28	6.0	6.1	6.9	6.0	5.3	4.7	6.3	6.6	7.3
29	5.9	6.3	6.8	5.8	5.4	5.1	6.2	6.0	7.1
30	6.3	6.0	7.1	4.2	4.0	4.4			
31	6.2	6.2	6.8	3.9	3.8	4.4			

제주의 겨울철 평균기온 (단위 ℃)[18]

---

18) 『한국기후표 제1권(1951-1980)』(중앙기상대, 1982) 및 『한국기후표 (1971-2000)』 (기상청, 2001) 참조. 배경색이 있는 부분은 신구간(1/25-2/2) 기온을 나타냄.

대체로 신구간(1월 25일 ~ 2월 2일)은 우리나라 전역에서 연중 가장 추운 시기이다. 특히 서울은 이 기간이 한겨울[嚴冬](평균기온 0℃ 이하, 일 최저기온 -5℃ 이하)에 해당하기 때문에, 묵은철에서 새철로 넘어가는 과도기라고 하기에는 거리가 멀다. 뿐만 아니라 서울에서는 신구간이 한겨울이어서 제주도에서처럼 이사를 한다든가 집을 고치는 일은 거의 불가능하다.

그러나 제주도의 경우는 다르다. 제주의 신구간은 대체로 대한보다 더 추워서 1년 중 가장 추운 시기로 일평균기온이 4℃ 내외이지만 일최저기온이 영하로 떨어지는 일이 없기 때문에 엄밀한 의미에 기상학적으로 겨울은 아니다. 그러나 제주도에도 이 시기에 눈발이 날리고 5㎧ 내외의 세찬 바람까지 분다는 사실을 감안한다면 신구간은 제주도의 겨울에 해당한다고 볼 수도 있다. 그렇게 본다면 제주도에서 신구간은 늦가을에서 초봄으로 이어지는 과도기인 셈이다.

7. 맺는말

자연에서 생명이 지속될 수 있는 것은 계절이 순환하기 때문이다. 계절은 부활기에서 활동기를 거쳐 휴지기로 나아가고 다시 부활기로 이어진다. 따라서 휴지기에서 부활기로 바뀌는 시점은 생명의 지속이라는 측면에서 대단히 중요한 의미를 지니는데, 이른바 신구간은 묵은철을 정리하고 새철을 준비하는 기간이다.

신구간이 하나의 세시풍속으로까지 전승되려면 관념적으로뿐만 아니라 실질적으로도 묵은철을 마무리하고 새철을 준비할 수 있어야 할 것이다. 즉 절기상의 신구간(대한 후 5일부터 입춘 전 3일까지)과 자연 계절상의 신구간(일평균기온이 5℃ 이상으로 상승하기 직전 시기)이 일치해야 한다. 따라서 절기상으로는 신구간이지만, 입춘 자체가 자연 계절의 봄의 시작이 아니라면 그 기간을 묵은철을 정리하고 새철을 준비하는 기간으로 삼기엔 부적절하다.

『천기대요』와 『산림경제』의 '세관교승'조에서는 "대한 후 5일부터 입춘 전 2일 사이를 신구세관이 교승하는 때(大寒後五日立春前二日 乃新舊歲官交令之際)"로 규정하여 이 시기를 묵은철을 정리하고 새철을 준비하는 기간으로 상정하고 있다. 그런데 이 두 책이 전국적으로 널리 읽혔는데도 본토에는 신구간이라는 개념조차 없는 이유는, 신구간이 끝나 절기상으로는 입춘이 되어도 여전히 기상학적으로는 한겨울이기 때문인 것으로 보인다. 즉 서울에서는 대한 후 5일부터 입춘 전 2일 사이가 엄동설한이어서 묵은철을 정리하고 새철을 준비하는 기간으로는 부적절하며, 이 시기에 이사를 하거나 집을 수리한다는 것은 상상조차 할 수 없다. 반면에 제주도에서는 신구간이 끝나 절기상 입춘이 되면 기상학적 봄이 시작될 수 있었기 때문에, 제주인들은 '세관교승'을 문자 그대로 받아들여 신구간 풍속으로 정착시킬 수 있던 것이다.

이처럼 신구간 풍속이 제주도에만 (남아) 있었던 데는 단순히 무속이나 미신으로 돌려버릴 수는 없는 기후 환경적 요인들이 있다. 제주도는 아열대성 기후로 비가 많고, 화산회토로 이뤄져서 조금만 가물어도 가뭄을 겪고, 태풍의 길목이어서 바람 피해가 심했다. 그리고 고온다습한 제주의 기후는 1년 내내 세균의 번식이 가능해서 제주인들은 늘 질병의 위험을 안고 살아야 했다. 옛 제주인들은 자연재해와 질병 등을 인간의 의지로는 어찌할 수 없는 불가항력적인 것들로 여기면서 무속 신앙에 의지하면서 살아야 했기에, 제주도는 다른 지역에 비해 무속적 성향이 높았다.

모든 것에 신령이 깃들어 있고, 길흉화복이 신의 조화 때문이라고 믿던 시절엔 어떤 일을 해도 탈이 없다는 것은 자연스레 신이 없기 때문에 그렇다는 속신(俗信)으로 이어졌다. 그리고 신구간에는 구세관(舊歲官)과 신세관(新歲官)이 교체되기 위해 하늘로 올라가서 지상에는 신이 없기 때문에 어떤 일을 하더라도 해가 없다는 '세관교승'은 일 년 내내 신에게 구속을 받으며 살아왔던 제주인들에게 복음(福音)과도 같았을 것이다. 다시 말해서 언제나 동티가 날까봐 마음 놓고 일을 할 수 없었던 제주인들에게 '신구간 동안만이라도 신으로부터 해방될 수 있다'는 '세관교승' 이야기는 큰 축복이었던 것이다. 무속 신앙이 강했던 제주인들에게 신구간은 신의 간섭으로부터 해방된 유일한 기간이었다. 다시 말해서 신구간은 신이 두려워 못 했던 일들을 마음놓고 할 수 있는 자유의 기간이요, 일탈의 기간이었다.

그리고 제주도의 독특한 기후 때문에 평소에 하면 뒤탈이 있던 일들도 신구간에 하면 뒤탈이 없더라는 것이 실증적으로 확인될 수 있었다. 신구간은 제주도에서 일평균기온이 5℃ 이하로 내려가는 거의 유일한 기간이다. 이것은 겨울이 없는 따뜻한 아열대성 기후 속하는 제주에서는 중요한 의미를 지닌다. 5℃ 이하에서는 대부분의 미생물 증식이 중단되어 세균번식이 위축되기 때문에, 방역(防疫)이 허술하던 시절에 위생상에 문제가 되어 못했던 일, 즉 변소를 개축하거나 집을 수리해도 별 탈이 없었다. 이처럼 고온다습한 기후로 늘 세균 감염에 시달려야 했던 제주인들에게 신구간은 질병으로부터 자유로울 수 있는 유일한 기간이었던 것이다.

뿐만 아니라 일평균기온이 5℃ 미만인 신구간은 식물의 성장이 정지되는 제주도의 농한기가 되는 셈이다. 따라서 신구간은 제주도의 기후를 놓고 볼 때 농사에서 휴식을 취할 수 있는 시기이지만, 곧바로 다시 농사일에 전념하기 위해서 그동안 미뤄뒀던 집안일을 바삐 마무리해야 하는 시기였다. 척박한 자연환경을 이겨내기 위해서 제주인들은 식물성장이 가능한 시기에는 농사에 전념해야 했고, 집수리, 변소개축, 이사, 이장(移葬) 등 농사 외적인 일은 농한기인 신구간을 이용해야 했다. 이처럼 입춘에 접어들면 곧바로 농사에 전념해야 하는 제주도의 기후는 신구간은 집안일을 하기에 안성맞춤의 시기였다. 다시 말해서 노동력을 생업에 집중적으로 투여해야 했던 농경사회에서 신구간 풍속은 합리적일 수가 있었던 것이다.

 이처럼 제주도는 기후 환경적 측면에서 볼 때 "대한 후 5일에서 입춘 전 2일이 신세(新歲) 구세(舊歲)의 관신(官神)이 교승하는 때이므로, … 집을 짓고 장사를 지내도 불리함이 없다."는 '세관교승'을 문자 그대로 받아들여 묵은철을 정리하고 새철을 준비하는 신구간 풍속으로 정착시킬 수 있는 유일한 지역인 셈이다. 그리고 신구간 풍속이 제주도의 생활 민속에서 큰 비중을 차지할 수 있었던 것은 제주인들의 전통적인 무속적 성향, 그로부터 한시적으로나마 일탈을 가능하게 해준 '세관교승'의 유입, 그리고 기후 환경적으로 인한 실증적 효과 등이 어우러졌기 때문이라고 할 수 있다.

제4장
신구간 풍속과 유사 풍속의 비교

1. 들어가는 말

 자연의 순리에 따라 농사를 짓던 시절에 계절(사철)의 순환을 읽어내야 했고, 봄은 한 해의 시작이기에, 농경사회에서 새철(봄)을 알고 준비하는 것은 대단히 중요한 일이었다. 특히 묵은해에서 새해로, 묵은철(겨울)에서 새철(봄)로 넘어가는 순간(또는 기간)에는 마음을 가다듬고 묵은 것을 정리하고 새 출발을 준비해야 했다. 따라서 묵은해(묵은철)에서 새해(새철)로 바뀌는 시기에는 어느 지역에나 갖가지 세시풍속이 있었다. 제주섬의 신구간 풍속은 묵은철을 정리하고 새철을 준비하는 기간이었다.
 여기서는 묵은해(묵은철)에서 새해(새철)로 넘어가는 시기의 세시풍속, 특정시기가 되면 지상의 신이 옥황상제에게 지상에 있던 일들을 보고하기 위해 하늘로 올라간다는 속신에 비롯된 세시풍속, 그리고 신이 두려워서 못하던 일을 특정시기에 하는 세시풍속 등을 신구간 풍속과 비교하면서, 신구간 풍속의 특징을 드러내보고자 한다.

2. 신구간 풍속

　신구간 풍속에 대해서 관심을 가지고 있고, 신구간에 대한 글을 최초로 중앙학회지에 발표했던 진성기 선생은 신구간 풍속에 대해서 다음과 같이 이야기하고 있다.

　　제주섬의 민간에서는 이사나 집수리 따위를 비롯한 손질은 언제나 신구간, 즉 대한 후 5일에서 입춘 전 3일까지 하는 것으로 생각되고 있다. 제주섬사람들은 신구간은 보통 신세관(新歲官)과 구세관(舊歲官)이 교승(交承)하는 과도기간으로, 이 기간에는 대체로 모든 신들이 천상에 올라가서 지상에는 신령이 없기에, 이 기간에는 이사나 집수리를 비롯한 평소에 꺼려했던 일들을 손보아도 아무런 탈이 없어 무난하지만, 평상시에 그러한 일들을 저질렀다가는 동티가 나서, 그 집에는 큰 가환(家患)이 닥치고 액운(厄運)을 면치 못하게 된다고 믿는다.
　　신구간에 이사를 함에 있어서는 반드시 거기에는 그 이사에 중심이 되어 있는 긴요한 물품들이 있다. 이사 갈 때의 뺄 수 없는 중심적인 요긴한 물품은 체와 푸는체(키)라고 한다. 그러기 때문에 대개 이사할 때에는 체와 푸는체를 먼저 옮겨 버리면, 이사는 다 된 것이나 다름이 없고 나머지 살림들은 나중에 옮겨도 상관없다는 것이다. 한편, 이사에 따르는 긴요한 물품은 어떠한 경우에는 체, 푸는체, 솥, 단지(요강)이라 말하기도 하며, 다시 여기에 화로를 더 끼는 경우도 있다. 또 다른 한편에서는 대주(大主)까지를 끼워서 말하는 경우도 있으며, 여기에 다시 부부(夫婦)를 다 같이 말하는 이도 있다. 그렇게 본다면 이사갈 때의 중심이 되는 것으로는 체, 푸는체(키), 솥, 단지(요강), 화로 등이며 사람으로는 대주와 부인을 들고 있음을 알 수 있다.
　　이처럼 제주섬 사람들은 여러 신들이 옥황상제에게로 오가고, 또 그 신들이 많은 일거리들을 처리하느라고 인간세계를 보살필 겨를이 없는 분망한 틈을 타서 그러한 신들의 눈을 피해가면서 쓰러져 가는 가옥을 다시 고쳐 세우고 또한 새로운 살림살이를 꾸며 온 것이다.[1]

여기서 신구간 풍속의 핵심을 다음과 같이 정리해 볼 필요가 있다.

① 제주섬의 민간에서는 신구간, 즉 대한 후 5일에서 입춘 전 3일까지는 신세관(新歲官)과 구세관(舊歲官)이 교승(交承)하는 과도기간이어서, 이 기간에는 대체로 모든 신들이 천상에 올라가서 지상에는 신령이 없는 기간이므로 평소에 꺼려했던 이사나 집수리 따위를 한다.

② 제주사람들은 신구간에는 여러 신들이 옥황상제에게로 오가고, 또 그 신들이 많은 일거리들을 처리하느라고 인간세계를 보살필 겨를이 없는 틈을 타서 평소에 꺼려했던 일들을 해도 아무런 탈이 없지만, 평상시에 그러한 일들을 저질렀다가는 동티가 나서, 그 집에는 큰 가환(家患)이 닥치고 액운(厄運)을 면치 못하게 된다고 믿고 있다.

③ 신구간은 묵은해에서 새해로, 묵은철(겨울)에서 새철(봄)로 넘어가는 기간으로 묵은 것을 정리하고 새 출발을 준비하는 기간이다.

물론 제주섬 이외의 다른 지역에서도 특정시기가 되면 신(神)들이 지상에서 있었던 일들을 옥황상제에게 보고하기 위해서 하늘로 올라간다는 속신에 따른 세시풍속들도 있었고, 새철이 드는 입춘일에 제사를 지내는 풍속이 있었다. 여기서는 그러한 풍속들을 신구간 풍속과 비교하면서 제주섬의 신구간 풍속의 특징을 드러내보기로 한다.

---

1) 진성기, 『제주도민속』, 제주민속연구소, 1969년(초판), 1997(9판), 383-388쪽. 『제주도지(하)』, 1982, 926-928쪽 참조.

3. 제석수세(경신수야) 풍속

한 해의 마지막 날인 음력 12월 30일을 '섣달그믐'이라 하며, 한자로는 '제석(除夕)', '세제(歲除)', '세진(歲盡)'이라 한다. 이 날에는 '묵은세배'라 하여 한 해 동안의 보살핌과 안녕을 감사하고 서로 축하하며, 세찬(歲饌)으로 쓰일 음식을 장만하고 서로 나눈다.

이날 남자들은 집 안팎을 깨끗이 청소한다. 주로 집주변의 청소를 하며 외양간도 치우고 거름도 퍼내어 설을 맞이할 준비를 한다. 묵은해의 잡귀와 액은 물러가고 신성한 가운데 새해를 맞이하려는 마음의 준비인 것이다. 요즘도 그믐날 마당을 깨끗이 쓸어 그 쓰레기를 마당 한 구석에서 피우는 것을 볼 수 있다. 이것은 모든 잡귀를 불사른다는 신앙에서이다.

그리고 옛날 궁중에서는 연종방포(年終放砲)라 하여 대포를 쏘았다. 민가(民家)에서는 연중에 있었던 거래가 종결되는 날이라 하여 빚이 있는 사람은 해를 넘기지 않고 이날에 모두 청산하였다. 남으로부터 받을 빚이 있거나 외상이 있는 사람은 이날 찾아다니며 받아야 한다. 만약 자정이 넘도록 받지 못하면 정월 보름날까지 빚독촉을 안 하는 것이 상례이다.[2]

그리고 특히 이 날 밤에는 불을 밝히고 잠을 자지 않는 '수세(守歲)' 풍속이 있었다. '수세'는 지나가는 한 해를 지킨다는 뜻으로, 어린이들이 졸린다고 조르면 "눈썹이 하얗게 센다."하여 가능하면 재우지 않았다. 이러한 제석수세(除夕守歲) 풍속은 우리나라뿐만 아니라 중국에서도 행해졌는데,[3] 이는 도교에서 경신일(庚申日)에 밤을 새워 지키는 경신수야(庚申守夜)에서 비롯되었다(守歲 卽 守庚申之遺俗也)[4]고 한다.

---

2) 이강로, 『세시풍속과 민속놀이』(세종대왕기념사업회, 2000), 187-188쪽.
3) 장정룡, 『한중 세시풍속 및 가요연구』(집문당, 1988), 228-230쪽 참조.

도교에서는 하늘이 내려준 사람의 수명을 120년으로 본다. 그러나 죄를 지으면 그 죄값만큼 수명이 단축된다고 한다. 옥황상제는 사람의 몸에다 삼시충(三尸蟲)을 심어 놓고 60일에 한번씩 하늘로 올라와 그 사람의 죄를 보고하게 하고, 죄질에 따라 최하 3일, 최고 300일까지 수명을 단축시킨다는 것이다.

'경신수야'는 경신일(庚申日)에 잠을 자지 않고 밤을 지새는 도교(道敎)의 장생법(長生法)의 하나이다. 민간 도교에서는 60일에 한 번씩 돌아오는 경신일이 되면 사람 몸에 기생하던 삼시신(三尸神/三尸蟲)이 사람이 잠든 사이에 몸을 빠져 나와서 옥황상제께 그 동안의 죄과를 고해바쳐 수명을 단축시킨다고 한다. 따라서 민간 도교에서는 동지가 지나서 경신일에 밤을 새워 지키는데, 진짜 경신수야는 섣달 경신일에 해야 된다고 한다. 그리고 섣달 경신일은 매년 있는 게 아니라, 6년에 한번 꼴로 있게 되는데 경신수야를 7번 하면 삼시신이 아주 없어진다고 한다.[5] 그래서 사람들은 섣달 경신일에는 삼시신이 하늘로 올라가 상제에게 고하지 못하도록 밤새도록 잠을 자지 않는다. 이 날 밤이면 징을 치고 큰 소리가 나는 악기를 치며 불경을 외고, 한편으로는 자지 않고 밤을 새우기가 어려우니까 술을 마시고 노래를 부르며 놀이를 한다.

이러한 경신수야의 풍속은 한대(漢代)에도 있었으며, 우리나라에서는 『고려사』에 "고려 원종 6년(1265)에 태자가 밤새워 연회를 베풀면서 자지 않았는데 이것이 경신일을 지키는 것으로, 태자도 당시의 풍속을 따랐다."[6]는 기록이 있으며, 궁중행사로 계속되다가 조선 영조 때 폐지되었다. 그리고 이러한 습속이 민간에 전해져 제석수세의 풍속으로 남게 되었다.[7]

---

4) 홍석모, 『동국세시기』 12월 '제석'조, 김성원 편, 『한국의 세시풍속』(명문당, 1994), 271쪽.
5) 임동권, 『한국세시풍속연구』(집문당, 1989), 214-215쪽.
6) 국립민속박물관 편, 『조선대세시기I』(민속원, 2003), 134쪽 각주 152.

제석수세와 경신수야 풍속은 신구간 풍속과 마찬가지로 "인간은 최고신인 옥황상제의 지배를 받으며, 지상의 신들은 옥황상제에게 지상의 일을 보고하러 하늘로 올라간다."는 속신에서 비롯되었다. 그리고 이들은 모두 묵은해와 새해 또는 묵은철과 새철 사이에서 행해지는 세시풍속이라는 점에서 일치한다. 그러나 두 풍속은 그 기능과 의미에 있어서 큰 차이가 있다.

첫째는 시간상으로 신구간은 일주일 이상 이어지는데, 제석(또는 섣달 경신일)은 단 하루에 불과하다. 따라서 신구간에는 변소개축, 집수리, 이사, 이장 등을 할 수 있는 시간적 여유가 있지만, 제석수세(경신수야)는 단 하룻밤에 불과하기 때문에 많은 시간을 요하는 일은 할 수가 없다.

둘째는 섣달그믐은 계절상으로도 묵은해(묵은철)를 마무리하고 새해(새철)를 준비하기에는 적절치 않다. 왜냐하면 제석수세를 마치고 설날이 되면 새해가 시작되지만 계절상으로는 여전히 겨울이기 때문이다. 따라서 섣달그믐은 관념적으로 묵은 것을 정리하고 새로운 출발을 준비하는 기간이고, 설날 역시 역(曆)으로는 새해의 시작이지만, 절기상으로는 들쭉날쭉하여 입춘보다 이르거나 늦는 경우도 많아서 실질적으로 새로운 계절이 시작된다고 보기는 어렵다. 반면에 제주섬에서는 입춘이 되면 새철이 듦으로(자연계절상으로도 봄이 시작되기 때문에), 신구간은 실질적으로 묵은철을 마무리하고 새철을 준비하기에 적절한 시기이다.

셋째는 섣달 경신일에 밤을 지새는 경신수야 풍속은 인간은 언제나 신으로부터 구속을 받는다는 믿음에서 비롯되었지만, 신구간 풍속은

---

7) 『서울민속대관』풍수·관습·종교 편, (서울특별시, 1996), 733쪽.

평상시에는 신의 구속을 받지만 신구간에는 신의 구속으로부터 벗어날 수 있다는 믿음에서 비롯되었다. 다시 말해서 경신수야 풍속이 단순히 삼시신(三尸神)이 하늘로 올라가지 못하도록 하는 데서 비롯되었다면, 신구간 풍속은 지상의 신들이 없는 사이에 꺼리던 일들을 적극적으로 하려 한다는 점에서 차이가 있다.

넷째는 제석수세와 경신수야 풍속은 묵은 것을 마무리하고 새 출발하기 위해 마음의 준비를 하는 축제(놀이)의 시간이다. 반면에 신구간은 묵은 것을 정리하고 새 출발을 하기 위해 실질적으로 준비해야 하는 기간으로, 바쁘게 여러 가지 일을 해야 하는 노동의 시간이라는 점에서 차이가 있다.

이처럼 신구간 풍속과 제석수세(경신수야) 풍속은 인간세상은 신의 지배를 받고 있다는 믿음과 이 기간(날)에 새해맞이 준비를 한다는 점에서는 일치하지만, 실질적인 내용에서는 많은 차이를 보이고 있다.

4. 조왕제 풍속

중국에는 일찍부터 부엌신인 조왕신(竈王神)에게 제사를 드리는 풍속이 있었다.[8] 조왕신은 옥황상제의 부속신으로 '조군(竈君/灶君)', '조왕야(灶王爺)' 등으로 불리며 중국에서는 보편적으로 신앙되고, 우리나라에서도 가신(家神)이나 무속의 신으로 신앙되고 있다.

---

[8] 중국의 세시풍속을 기록한 『酌中志略』, 『荊楚歲時記』, 『東京夢華錄』, 『夢梁錄』, 『宛署雜記』, 『帝京景物略』, 『熙朝樂事』, 『淸嘉錄』, 『燕京歲時記』 등에 조왕신을 기리는 풍속이 기재되어 있다. 장정룡, 『韓·中 歲時風俗 및 歌謠硏究』(집문당, 1988), 107쪽 및 226쪽 참조.

중국의 민간에서는 조왕신이 가족들의 선악을 기록해 두었다가 매월 30일에 한데 모아 천제께 아뢰며, 매년 섣달 24일(8일 또는 23일)에는 상천(上天)하여9) 옥황상제에게 한 집안의 선악을 보고하고 다시 정초(正初) 4일에 집안의 평안과 복록(福祿)을 관장하기 위해 내려온다고 믿었다. 그렇기 때문에 중국의 가정에서는 조왕이 상천하는 섣달 24일과 하강하는 정월 초 4일에 조제(竈祭)를 지낸다.10)

그리고 중국인들이 다음과 같은 이유로 부엌신인 조왕에게 제사를 지낸다.

중국 고대의 제신 가운데 부엌신은 사람들과 가장 깊은 관계를 맺고 있다. 부엌신은 천제 대표의 신분으로 천가만호에 들어와서 평시에는 사람들의 공과선악(功過善惡)을 기억해 두었다가 섣달 23일이 되면 하늘로 올라가 옥황상제에게 보고하는데 옥황상제는 부엌신의 보고를 선을 포상하고 악을 징계함을 근거로 삼는다. 진나라 시기의 갈홍(葛洪)은 『포박자(抱朴子)』에 다음과 같이 쓰고 있다. 매달 말이 되면 부엌신은 하늘에 올라가 인간세상의 일을 보고한다. 그 누가 부엌신을 노염시켰다가는 부엌신은 즉간 천제에게 보고하였는데, 죄가 크면 300일을 살게 되고, 죄가 작아도 100일을 살게 된다. 인간의 수명을 빼앗아가는 징벌을 그 누가 무서워하지 않겠는가?" 그러므로 민간에는 집집마다 성심성의로 부엌신을 모시는데 조금도 소홀히 하지 않았다. 물론 부엌신에게 제사지냄은 그것을 무서워해

---

9) 조왕상천일을 12월 8일 또는 12월 23일이라 하는 경우도 있다. 『서울민속대관』 풍수·관습·종교 편, (서울특별시, 1996), p.731 및 장정룡의 위의 책, 226쪽 참조.
10) 『帝京景物略』券2, "二十四日以糖劑餠, 棗糕, 棗栗, 胡桃, 炒豆祀竈君, 以糟草秣竈君馬, 謂竈君 翌日朝天去, 白家問一歲事, 祝曰 好多說, 不好少說.", 陳瑞隆, 『臺灣民間年節習俗』(臺北:裕文堂書局, 1982), 44쪽. "初四, 接神, 俗以臘月二十四日灶君和諸神上天奏報, 初四日回到人間, 家家以牲禮, 果品供奉, 燒金馬, 放爆竹迎新, 意在祈求衆神下降賜吉祥." 장정룡의 위의 책, 106쪽, 226쪽에서 재인용.

서만이 아니다. 더욱 중요한 것은 그에게 기도하여 좋은 점을 얻자는 데 있었다.『후한서』에는 다음과 같은 이야기가 기록되어 있다. 한선제 선작 년간에는 음자방이라 부르는 사람이 있었다. 섣달 초8일 아침에 밥을 하였는데 갑자기 부엌신이 나타났다. 그의 집에는 개 한 마리밖에 없으므로 그 개를 잡아 부엌신에게 올렸다. 그때부터 음자방은 운이 틔어 큰 부자가 되었다. … 이 소식이 전해지자 사람들은 부엌신이 사람들에게 재부를 가져다줄 수 있음을 알게 되었는데 부엌신에 제를 지내는 풍조가 날로 성행하게 되었다.[11]

　이렇게 볼 때 제주도의 신구간 풍속은 이러한 중국 민간 풍속, 특히 도교의 영향을 받은 것으로 추측해볼 수도 있다.[12] 그러나 앞에서 경신수야 풍속과의 비교에서도 보았듯이, '조왕이 하늘로 올라가고 내려올 때 제사를 지내는 상천일' 풍속과 제주섬의 '신구간' 풍속은 지상을 관장하는 신이 조회(朝會)하기 위해 하늘로 올라가고 내려온다는 것에 근거한다는 점에서 유사하지만, 그 기능과 의미는 크게 다르다.

　첫째 조왕이 하늘로 올라가거나 내려올 때 제사를 지내는 풍속은 경신수야 풍속과 마찬가지로 우리가 언제나 신으로부터 구속을 받을 수밖에 없다는 속신에서 비롯되었지만, 신구간 풍속은 적어도 신구간에는 신의 구속으로부터 벗어날 수 있다는 속신에서 비롯되었다. 그렇기 때문에 제주사람들은 중국인들과는 달리 신구간에는 평소에 신이 두려워서 꺼리던 일들을 할 수 있는 기간으로 보고, 그 기간을 묵은철을 정리하고 새철을 준비하는 기간으로 삼았다.

　둘째 중국의 민간에서는 조왕이 하늘로 올라가는 섣달 23일 또는 24일에는 조왕신이 하늘로 올라가서 옥황상제에게 보고할 때 좋은 이야

---

11) 김인옥 편저,『중국의 생활민속』, 집문당, 1996, 248쪽.
12) 장정룡, 위의 책, 106쪽, 장주근, 앞의 책, 106-107쪽.

기는 많이 하고 궂은 이야기는 적게 해달라고 빌고, 조왕이 하늘에서 내려오는 정월 초 4일에는 좋은 일이 많이 있게 해달라고 비는 제사를 지낸다. 즉 중국인들에게 있어서 조왕이 상천하거나 하강하는 날은 신에게 제사를 지내는 날인 반면에, 제주사람들에게 신구간은 평소에 신이 두려워 못했던 일을 할 수 있는 자유의 시간이요, 노동의 시간이다.

이처럼 신구간과 조왕상천일은 지상의 신이 조회를 위해 하늘로 올라간다는 점에서는 일치하지만, 그 의미와 기능은 전혀 달랐다. 중국인들은 조왕상천일과 하강일에 신에게 제사를 지내느라 더욱 신에게 구속된데 반해, 제주사람들은 신구간에 신의 구속으로부터 벗어나 자신들의 의지를 적극적으로 행사하였다.

5. 투수일(투시) 풍속

영남 일부 지방에는 제주도의 신구간 풍속과 유사한 투수일(偸修日) 내지는 투시(偸時) 풍속이 있는 것으로 보고된 바 있다.

> 대한 후 10일째, 입춘 이전 5일째 되는 날은 귀신들이 하늘에 모임 하러 가서 세상에는 귀신이 없다. 그렇기 때문에 집, 특히 변소나 헛간 등 잡신이 탈을 부려서 평소에는 날을 받아서 해도 뒤탈이 잘 나는 곳도 이 때에 고치면 뒤탈이 없다. 이 때를 대투수(大偸修) 또는 투시(偸時)라 한다.[13]

이러한 투시 풍속은 전적으로 "투수일(투시)은 대한 후 10일, 입춘

---

13) 『한국민속종합조사보고서』경상남도편 (문화공보부 문화재관리국, 1972), 701쪽, 759쪽 및 『서울민속대관』풍수·관습·종교 편, (서울특별시, 1996), 731쪽 참조.

전 5일로 단 하루인데, 그 하루가 가장 좋고, 그 전날이나 그 다음날이 다음으로 좋다. 이 날은 구신(舊神)은 막 떠나고 신신(新神)은 아직 오지 않은 때이다. 이것은 곧 1년 중의 공망일(空亡日)인 까닭에 연월일시를 세지 않으며, 상극(相剋)이라 하더라도 모든 일에 거리낄 것이 없다. 다만 길성(吉星)이 와서 도와주지 않으니, 5일 내에 일을 마치는 게 좋다."14)는 〈투수일〉조 또는 〈투시〉조에서 기인한다.

한편 고려대학교 민족문화연구원이 기획 편찬한 『한국민속대관』에서는 경상남도의 통영군 사량면 금평리 진천마을의 투수일 풍속에 대해서 다음과 같이 보고하고 있다.

> 경남 도서지대의 사량도(蛇梁島)에서는 대한 후 5일에서 입춘 전 3일까지 7,8일간을 '투수일'이라 했다. 이 기간 동안은 잡신들이 다 집을 비워서 방을 하나 손질해도 동토가 안 나고 괜찮다는 말을 했다. 중국 도교에서 이른바 조왕(竈王)의 옥황상제 앞의 승천(昇天) 회의(會議)기간으로 여기는 풍속의 영향으로 제주도에서는 이 기간을 신구간이라 부른다. … 그러니까 사량도의 경우 제주도 풍속과 비슷한 데가 있다 하겠다. 그러나 그것은 지금 한두 고로(古老)나 어렴풋이 기억하고 있던 일이고 일반적으로 지금껏 생동하고 있는 민속은 못 되었다.15)

---

14) 偸修日 大寒後十日 立春前五日 只一日爲上 前一日後一日爲次 右日 舊鬼將謝 新神未進 此乃一年之空亡 故不計年月日時 受剋而 百事無忌 但無吉星之來助 五日內畢功爲可 대한역법연구소 편, 原本 影印版 『新增參贊秘傳 天機大要』, 대지문화사, 1981, p.131. 偸時 (舊鬼將謝 新鬼未進 此乃一年之空亡也 殺神專不用事 百事無忌而 但無吉星之來助) 大寒後十日 立春前五日 只一日爲上 前一日後一日爲次 不計年月日時 受剋而爲之 無害也 五日內畢功爲可 홍만선, 『山林經濟』한국학기본총서제8집, 오한근 소장본 영인본 (경인문화사, 1973), 639-640쪽. 및 『국역 산림경제』II, 三木榮소장본 영인본 (민족문화추진회, 1983), 76쪽 참조.
15) 고려대학교 민족문화연구원, 『한국민속대관』 (주)누리미디어 한국학 데이터베이스 (http://www.krpia.co.kr) 『한국민속대관』, 본문 1522쪽.

그러나 사량도(통영시 사량면 금평리 진천마을)에 대대로 거주하는 차철호(1934년생)씨에 따르면 "예전에 있었던 투수일 풍속은 지금은 사라졌으며, 투수일은 손 없는 날로, 대한 후 10일 입춘 전 5일로 단 하루였고, 뒤탈이 두려워 못하던 일들을 투수일에만 했던 것은 아니고 한식일에도 했다."16)고 한다. 따라서 영남지방의 투수일을 제주섬의 신구간과 같은 '대한 후 5일에서 입춘 전 3일'이라는 민속문화원의 보고는 『천기대요』나 『산림경제』〈투수일/투시〉조와 사량도 주민의 얘기에 비춰볼 때 오류인 것으로 보인다.

'투수일' 내지는 '투시'는 대한 후 10일, 입춘 전 5일로 (대한을 1월 20일, 입춘을 2월 4일이라 할 때) 1월 30일 단 하루이다. 그리고 이 날은 기상학적으로 본다면 우리나라에서 일년 중 가장 추운 날에 해당하며, 제주섬을 제외한 우리나라 전역이 혹한기라서 일평균기온이 영하권을 밑돈다. 그리고 투수일(투시)은 신구간의 여러 날(8일) 가운데 하루이다. 따라서 투수일과 신구간은 시기상으로 한 겨울이라는 점에서는 일치하지만 중요한 차이점도 있다.

첫째는 시간상으로 투수일은 단 하루이지만, 신구간은 일주일 이상 이어진다. 따라서 투수일(투시) 풍속에 따르면, 투수일은 단 하루뿐이어서 여러 가지 일을 하기가 힘들다. 뿐만 아니라 변소개축, 집수리, 이사, 이장 등을 하는 경우에, 날씨에 상관없이 이 날 하루에 일을 해야 한다. 반면에 신구간은 일주일 이상으로 시간적 여유가 있기 때문에 날씨를 보아가면서 일을 할 수 있고, 실질적으로 묵은철을 정리하고 새철을 준비하기 위한 여러 가지 일들을 할 수 있다.

둘째는 투수일은 혹한기여서 질병 감염 위험이 없어서 평소에 꺼리

---

16) 전화 인터뷰 2006. 3. 3.

던 일들을 해도 뒤탈이 없지만, 일년 중 가장 추운 날이어서 일을 하기가 쉽지 않다. 그렇기 때문에 영남지방에서 『천기대요』와 『산림경제』 등의 영향을 받아 '투수일에는 지상에 신이 없어서 평소에 꺼리던 일을 해도 뒤탈이 없다.'는 속신이 있어서 투수일(투시) 풍속이 있었던 것으로 보이지만, 오늘날까지 이어지지 못한 것으로 추측된다. 그리고 투수일(투시) 풍속이 전국적으로 확장되지 못했던 이유도 이와 비슷하다 할 것이다.

물론 제주섬의 경우도 신구간은 일 년 중 가장 추운 기간으로 일평균 기온 4.7℃이고 5m/s 내외의 찬바람까지 부는 것을 감안하면 체감온도가 1~2℃로 내려간다. 그러나 제주섬의 신구간 추위는 일을 못할 정도의 추위는 아니며, 제주섬의 고온다습한 기후에 비춰볼 때 이 때가 기후 환경적으로 질병 위험이 가장 적고 농한기라는 이점이 있었기 때문에 신구간 풍속은 오랫동안 이어질 수 있었다.

6. 윤달 풍속

윤달[閏月]은 음력 일 년 열두 달 이외로 한 달이 더 불어난 달이다. 따라서 이러한 윤달은 정상적 달이 아니라는 생각에서 '공달[空月]'이라고도 한다.

음력 한 달은 29.53059일이므로, 순태음력의 1년 길이는 354.3671일이다. 이는 1태양년의 길이 365.2422일보다 약 11일(10.8751일)이 짧다. 따라서 3년이 지나면 음력날짜는 태양이 움직임과 약 한 달 차이가 나게 되어 보정을 하지 않을 경우 점점 계절과 차이가 많이 나서, 17년

후에는 5월·6월이 겨울이 되고, 11월·12월에 여름이 될 것이다. 따라서 태음태양력(현재 우리가 사용하는 음력)에서는 이러한 문제를 없애고, 날자와 계절을 맞추기 위해 19년에 7번 윤달을 도입하여 1년을 13달로 한다. 19태양년에 7번 윤달을 두는 이유는 19태양년=365.2422일×19 =6939.6018일이고, 235삭망월=29.53059일×235=6939.6886일로 같은 일수가 되기 때문이다.

여기에서 6939일을 동양에서는 장(章)이라고 하여 B.C. 600년경인 중국의 춘추시대에 발견되었고, 서양에서는 메톤주기라고 하여 B.C. 433년에 그리스의 메톤에 의하여 발견되었다. 윤달을 어디에 둘 것인가를 결정하는 것은 24절기를 기준으로 한다. 24절기는 각 사이는 대체로 15일이므로 한 달에 한 번의 절기(節期)와 한 번의 중기(中期)가 든다. 그러나 어떤 달에는 절기만 들고 중기가 들지 않는 달이 있는데, 그 달을 윤달로 삼고 달 이름은 전 달의 이름을 따른다.[17] 이처럼 윤달을 두게 된 것은 음력이 계절의 흐름과 차이가 나는 것을 조정하기 위해서이다.

한편, 민간에서는 천지신(天地神)이 1년 12달을 관장한다고 생각하여 윤달은 덤으로 있는 달이라 하여 '공달(空月)', '덤달', '여벌달', '썩은 달'이라 하였다. 즉 윤달은 지상의 모든 신들이 월중행사(月中行事)에 따른 일정표에서 제외된 텅 빈 달이기 때문에, 평상시의 신의 노여움을 살까 두려워하고 꺼려하던 일들을 해도 괜찮은 것으로 속신(俗信)되고 있는 것이다.

그렇기 때문에 민간에서는 윤달에는 보통 달과는 달리 부정이나 액이 없기 때문에 집수리, 이사, 이장(移葬) 등을 했다. 특히 수의(壽衣)

---

17) 한국천문대 편, 『만세력』(명문당, 2004), 12-16쪽 참조.

는 윤달에 짓는 풍습이 있어서 연로한 어른이 있는 집안에서는 꼭 윤달에 수의를 만들어 놨다. 그리고 윤달에는 변소를 고쳐도 측간신이 눈감아 주기 때문에 동티가 일어나지 않을 것으로 생각하여 변소를 고쳐야 할 집에서는 따로 날을 받지 않고도 이를 고치기도 하였다.[18]

이처럼 윤달에 있어서의 '공달'의 관념은 평소에 꺼리던 일을 할 수 있는 기간이라는 점에서 제주도의 '신구간'의 속신과 비슷하지만, 둘 사이에는 근본적인 차이가 있다.

첫째는 윤달은 매년 있는 게 아니고 대략 3년에 한 번(보다 정확히 하자면 19년에 7번) 있고, 그 시기도 윤 2월에서부터 윤 10월까지 일정하지가 않다. 신구간은 매년 대한 후 5일과 입춘 전 3일로 기상학적으로 볼 때 한겨울에 일정하게 고정되어 있다. 반면에 윤달은 한겨울에는 들지 않으며 기상학적으로 볼 때 봄과 여름에 많이 든다.

윤달	정월	이월	삼월	사월	오월	유월	칠월	팔월	구월	시월	동짓달	섣달
빈도	0	4	4	6	8	6	4	4	0	1	0	0

20세기(1901-2000)에 있었던 윤달의 빈도[19]

둘째는 윤달과 신구간은 평소에 꺼리던 일을 하는 시기라는 점에서는 일치하지만, 윤달의 경우는 평소에 꺼리던 일을 해도 해가 없다는 것을 뒷받침해줄 합리적 근거를 찾기가 어렵다. 위의 표에서 보듯이 오뉴월에 윤달이 드는 빈도수가 제일 높다. 제주 속남에 "오뉴월엔 아신 방석도 못 고쳐 안나(또는 오몽 안흔다)"는 말이 있다.[20] 오뉴월에는

---

[18] 진성기, 『제주도 금기어 연구사전』(제주민속연구소, 1992), 51-55쪽 및 『한국민속 대관』권4 세시풍속·전승놀이 (고려대학교민족문화연구소, 1995), 280-282쪽, 『세시풍속』경상남도편 (국립문화재연구소, 2002), 147쪽 참조.

[19] 한국천문대 편, 『만세력』(명문당, 2004) 참조.

시기적으로 더위가 심한 때인만큼 이 때 물건을 옮기거나 이사를 한다는 것은 여러 가지 전염병의 감염을 비롯하여 위생적으로도 좋지 않다는 뜻이다. 이에 비춰본다면 윤달에 평소에 꺼리던 일을 해도 된다고, 윤오뉴월에 변소를 고쳤다가는 동티를 면치 못할 게 분명하다. 반면에 제주도의 신구간은 가장 추운 기간이어서 세균활동이 위축되는 시기이기 때문에 어떤 일을 해도 뒤탈이 없는 기간으로, 제주섬의 신구간 풍속은 그를 뒷받침해줄 그 나름대로의 합리적 근거가 있는 셈이다.

셋째는 윤달과 신구간은 역할과 기능상의 차이가 있다. 윤달의 기능은 본래 달의 공전에 바탕을 둔 음력과 지구의 공전으로 인해 생겨나는 계절의 변화 사이에 차이가 벌어지는 것을 조정하기 위한 것이다. 반면에 24절기의 맨 마지막 절기와 첫 절기 사이에 존재하는 신구간은 묵은 계절과 새로운 계절이 교체되는 것을 알려주는 역할을 한다.

7. 춘경(입춘굿) 풍속

신구간 풍속이 입춘 직전에 행해지는 풍속이라면, 춘경 풍속은 입춘일에 행해진다. 앞에서도 살펴본 바와 같이 신구간 풍속이 언제부터 어디에서 유래하는 지에 대해서는 자세하게 알 길이 없지만, 지역의 촌로들의 이야기를 들어보면 해방 이전에도 신구간 풍속이 행해진 것으로 보인다. 그러나 문자로 기록되기 시작한 것은 한국전쟁 중에 피난민들이 제주섬으로 몰려들어 주택난이 심화되면서 신구간 풍속이 사회문제가 된 이후이다.

---
20) 진성기, 『제주도 금기어 연구사전』, 제주민속연구소, 366-267쪽.

반면에 춘경(입춘굿)에 대한 기록은 비교적 많이 남아 있다. 제주섬의 입춘굿에 대해 이원조의 『탐라록(耽羅錄), 1842』에서 최초로 기록된 후에, 김석익의 『심제집(心齊集), 1918』과 김두봉의 『제주도실기(濟州島實記), 1936』등에도 등장한다.[21]

[음력 십이월] 24일은 입춘(立春)이다. 호장(戶長)이 관복을 차려입고 나무로 만든 소가 끄는 쟁기를 잡고 앞서 가면 어린 기생 둘이 좌우에서 부채를 들고 따른다. 이를 일러 퇴우(退牛)라 한다. 무당의 무리들이 북을 치면서 앞에서 이끌어 나간다. 먼저 객사(客舍)를 거친 뒤 영정(營庭)으로 들어가 밭갈이 하는 흉내를 내었다. 이 날 관아에는 음식을 마련하여 대접하였다. 이것은 탐라왕이 적전(籍田)하는 풍속을 이어져 내오려온 것이라 한다.[22]

이 글을 쓴 헌종 7년(1841년) 신축년 음력12월 24일은 양력으로는 이듬해인 1842년 입춘날(2월 5일)에 해당된다. 그리고 『탐라록』의 기록처럼 '춘경(春耕)' 풍속이 탐라왕이 몸소 밭갈이하는 모습을 보여 농사의 풍요를 기원하던 데서 비롯된 것이라면, 이 풍습은 탐라국 시대부터 최소한 1842년까지 전승되고 있었음을 미루어 짐작할 수 있다. 그리고 김석익의 『심제집』과 김두봉이 쓴 『제주도실기』에 따르면, 1910년대까지만 해도 매년 입춘 전날에 심방들이 주사(州司)에 모여 낭쉐[木牛]를 만늘어 제사를 지내고, 입춘날이 되면 관덕정 앞마당에서 입춘굿놀이를 하였음을 알 수 있다.

---

21) 한신오, 「제주도 입춘굿의 연행원리 연구」, 제주대학교 대학원, 서사학위논문, 2007, 34-37쪽. 25-34쪽.
22) 이원조, 「立春拈韻」 『耽羅錄』, 1841.

춘경(春耕)은 상고(上古) 탐라왕시(耽羅王時)에 친경(親耕)적전(籍田)하던 유풍(遺風)이라. 예전부터 이를 주사(州司)에서 주장하야 매년 입춘전 일일(立春前一日)일에 전도(全島) 무격(巫覡)을 주사에 집합하고, 목우(木牛)를 조성(造成)해서 제사하며, 익조(翌朝)에 호장(戶長)이 머리에 계관(桂冠)을 쓰고, 몸에 흑단령예복(黑團領禮服)을 입고 출동하야 목우에 농계(農械)를 갖추고 무격배(巫覡輩)는 홍단령채복(紅團領彩服)을 입고 무격이 목우를 끌고, 전로(前路)에는 육률(六律)을 갖추고 뒤에는 동기(童妓)로 호종(護從)케 하며, 징, 광매기, 무악기(巫樂器) 등을 울리며 호장을 호위하야, 관덕정(觀德亭)에 이르면 호장이 무격배를 여염(閭閻)집에 파견(派遣)와야 저치(儲置)한 곡식속(穀食束)을 뽑아오게 하고, 뽑은 바 실부(實否)를 보아서 신년(新年)의 풍겸(豊歉)을 징험하며, 또 그 모양으로 객사(客舍)에 이르러 호장과 무격이 현신(現身)하고, 동헌(東軒)에 이르러 호장이 쟁기와 따비를 잡고 와서 밭을 갈면, 한 사람은 적색가면(赤色假面)에 긴 수염을 달아 농부로 꾸미고 오곡을 뿌리며, 또 한 사람은 색우(色羽)로써 새와 같이 꾸미고 주어먹는 형상을 하면, 또 한 사람은 엽부(獵夫)로 꾸미어 색조(色鳥)를 쏘는 것 같이 하고, 또 두 사람은 가면(假面)하여 여우(女優)로 꾸미고 처첩(妻妾)이 서로 싸우는 형상을 하면, 또 한사람은 가면하여 남우(男優)로 꾸미고 처첩이 투기하는 것을 조정하는 모양을 하면, 목사(牧使)는 좌상(座上)에 앉아서 주효(酒肴)와 연초(煙草)를 많이 주며 여민동락지풍(與民同樂之風)을 보인다. 관광자(觀光者)는 다 웃고 또 본관아(本官衙)에 이르러서도 또 그와 같이 하면 가식(假飾)한 사람들은 영웅호걸(英雄豪傑)같이 보인다. 호장은 물러가고 무격배는 집합일대(集合一隊)에 요적창에 들어 뛰놀며 어지러이 춤추고 청청한 목소리로 연풍(年豊)의 주문을 외우며 태평을 즐기고 산회(散會)한다. 근자(近者)에는 폐지되었고 한 20여년 전까지의 풍속이라.

무격(巫覡)이 송독(誦讀)하는 주문(呪文)은 다음과 같다.

"모년(某年) 모월(某月) 모일(某日) '공신(恭神), 강신(降神), 우으로 하

나님을 위하고 나려스면 디부왕을 위하고, 물을 위하며, 사직(社稷)을 위하고, 천지개벽(天地開闢之後)에 낸 규칙(規則)으로 위합니다. 금년(今年)은 오곡(五穀)이 풍등(豊登)하야 이사창에 넘도록 하여주소서' 이 노래를 하고 어지러이 돌아다니며 춤을 추니 참 장광스런 구경입니다.23)

한편, 입춘굿은 신구간 풍속과는 달리 함경도와 평안도의 '입춘나경(立春裸耕)', 삼척지방의 '입춘제(立春祭)', 김해지방의 '춘경제(春耕祭)' 등에서도 찾아볼 수 있다.24) 다시 말해서 입춘굿과 유사한 사례는 전국에 걸쳐 고르게 나타나고, 입춘에 펼쳐지던 풍농의례가 제주섬에만 국한되었던 것은 아니다.

그렇다면 어째서 신구간 풍속은 제주섬에만 (남아)있는데, 입춘굿은 거의 전국에서 행해질 수 있었던 것일까. 그리고 제주섬을 제외한 지역에서는 입춘굿이 사라진 것일까. 이에 대해서는 보다 면밀한 검토가 이뤄져야 하겠지만, 일단 여기서는 기후 환경적 요인을 중심으로 살펴보고자 한다.

다음 표를 보면 알 수 있듯이 대한(大寒)에서부터 입춘(立春)까지는 우리나라에서 가장 추운 시기에 해당한다. 신구간도 이 기간 중에 포함되며, 전국적으로 볼 때 가장 혹한기에 해당한다. 제주섬을 제외하고는, '입춘'이 절기상으로만 입춘이지, 기상학적으로는 여전히 한겨울에 해당하며, '소한'보다 더 춥다는 것을 알 수 있다.

---

23) 김두봉, 「권농하던 춘경의 풍속」, 『제주도실기(1936)』, 우당도서관(영인본), 2003, 35-37쪽.
24) 한진오, 「제주도 입춘굿의 연행원리 연구」, 제주대학교 대학원, 석사학위논문, 2007, 34-37쪽.

	서울	광주	완도	제주
소한(1월 6,7일)	-1.5	1.3	4.0	6.8
대한(1월 20,21일)	-3.2	-0.2	1.9	5.1
신구간(1/25-2/2일)	-3.2	-0.3	2.0	4.7
입춘(2월 4,5일)	-1.6	0.7	2.7	5.3
우수(2월 19,20일)	0.7	2.7	4.4	6.3

신구간 전후 절기의 일평균기온[25](단위 ℃)

따라서 제주섬을 제외하고는, 입춘일은 새봄을 맞는 상징적 의례행위인 놀이(굿)를 하기에 너무 추운 시기이다. 그리고 제주섬의 경우에도, 1999년 이래로 매년 입춘을 전후해서 과거의 춘경 풍속(입춘굿)을 복원한 '탐라국입춘굿놀이'가 행해지고 있지만, 대체로 쌀쌀한 날씨를 보이고 있다. 따라서 일제식민지를 거치면서 전통의례 의식이 많이 약화된 상황에서, 혹한기인 입춘일에 농경사회에서 풍요를 기원하는 입춘굿을 행하기는 쉬운 일이 아니었을 것이다.

반면에 제주섬에서는 신구간은 가장 추운 시기임에는 틀림없지만, 묵은 것들을 정리하고 새봄을 준비하기 위한 노동의 시간으로 가능한 시기였다. 그리고 신구간이 끝나면 하늘에 올라갔던 1만8천 신들이 지상으로 내려와 새해 일을 시작하기 때문에, 새철이 드는 날에 한 해 농사가 잘 되기를 기원하는 풍농굿을 하는 것은 어쩌면 당연한 일이었다. 그런 점에 비춰볼 때 입춘굿과 신구간 풍속은 몇 가지 점에서 차이가 있다.

첫째 신구간 풍속은 새봄을 실질적으로 준비하기 위한 노동(일)이 주가 된다면, 입춘굿은 풍농을 기원하는 의례적 축제(제사와 놀이)가 주가 된다.

---

25) 『한국기후표(1971-2000)』, 기상청, 2001 참조.

둘째 신구간이 신으로부터 구속되어 살던 제주사람들이 신으로부터 해방되어 신이 두려워서 할 수 없던 일들을 하는 자유의 시간이라면, 입춘굿은 다시 신에게 의지하는 경건한 시간으로 된다.

셋째 시공간적으로 신구간이 대한 후 5일에서 입춘 전 3일까지 8일간이라면, 춘경(입춘굿)은 입춘 전날과 입춘일을 포함하여 이틀간 행해졌고, 범위를 놓고 볼 때 신구간은 제주섬에 국한 되었다면, 입춘굿과 유사한 풍속은 전국적으로 행해졌다.

8. 맺는말

제주섬의 신구간 풍속은 지상의 신이 하늘로 올라가서 없는 사이에 신으로부터 해방되어 평소에 꺼려하던 일들을 마음 놓고 하면서, 묵은 철을 마무리하고 매우 바쁘게 새철을 준비하는 것이다.

지금까지 살펴본 바와 같이
① 섣달 그믐날 밤을 꼬박 새는 제석수세(除夕守歲) 풍속은 묵은해를 마무리하고 새해를 맞는다는 점에서,
② 섣달 경신일에 우리 몸을 관장하는 삼시충(三尸蟲)이 하늘로 올라가지 못하도록 떠들면서 밤을 새는 경신수야(庚申守夜) 풍속은 지상의 신이 하늘로 올라간다는 점에서,
③ 집을 돌보는 가신(家神)인 조왕(竈王)이 하늘로 올라가고 내려 올 때 제사를 올리는 조왕제 풍속은 지상의 신이 하늘로 올라가고 내려온다는 점에서,

④ 대한 후 10일 입춘 전 5일(보통 1월 30일 단 하루임)은 평소에 꺼려 하던 일을 해도 된다는 투수일(투시) 풍속은 지상의 신이 하늘로 올라가고 아직 내려오지 않은 때 꺼려하던 일을 한다는 점에서,
⑤ 윤달에는 보통 달과는 달리 부정이나 액이 없기 때문에 집수리, 이사, 이장(移葬) 등을 한다는 점에서,
⑥ 춘경(春耕) 풍속은 시기적으로 신구간 직후인 입춘 전날과 입춘일에 행해진다는 점에서,
신구간 풍속과 유사하다.

그러나 그러한 유사풍속들은 다음과 같은 점에서 신구간 풍속과 차이가 있다. 즉,
① 제석수세(除夕守歲) 풍속은 단 하룻밤에 불과하지만, 신구간 풍속은 8일간이나 지속된다는 점에서,
② 경신수야(庚申守夜) 풍속은 신이 올라가지 못하도록 (일을 하지 않고) 밤새 놀지만, 신구간 풍속은 신이 없는 동안에 열심이 일한다는 점에서,
③ 조왕제 풍속은 신에게 여전히 구속되어 소극적으로 제사를 지내지만, 신구간 풍속은 평소에 하지 못했던 일들을 신구간에 적극적으로 한다는 점에서,
④ 투수일(투시) 풍속은 단 하루뿐이지만, 신구간은 8일간이라는 여유가 있다는 점에서,
⑤ 윤달은 고정되어 있지 않고 계절에 관계없이 들쑥날쑥하며 윤달 풍속에 대한 합리적 근거가 부족하지만, 신구간은 겨울철에 일정하게 고정되어 있으며 신구간 풍속은 나름대로 합리적 근거가 있다는 점

에서,

⑥ 춘경(春耕) 풍속은 풍농을 기원하는 의례적 축제(제사와 놀이)가 주가 되지만, 신구간 풍속은 새봄을 실질적으로 준비하기 위한 노동(일)이 주가 된다는 점에서,

신구간 풍속은 다른 유사 풍속들과 근본적인 차이가 있다.

제5장
신구간 풍속의 축제화 가능성에 대한 고찰

1. 들어가는 말

　제주도의 민간에는 대한 후 5일부터 입춘 전 3일까지를 '신구간'이라 하여, 이 기간에만 변소를 고치고, 집을 수리하고, 이사를 하는 풍속이 있다. 이러한 신구간 풍속이 언제부터 행해졌는지는 정확히 알 길이 없지만 오늘날까지도 상당수의 제주인들이 이 풍속을 따르고 있다.
　신구간이 이사철로 고착된 이후로 신구간이 되면 육지에서 이삿짐센터들이 제주도에 원정을 올 정도로 바쁘다. 그리고 신구간에 이사를 하거나 집을 수리하는 경우가 많아지면서, 가구점, 가전제품 대리점, 커튼가게, 인테리어가게 등도 신구간이 대목이 된다. 뿐만 아니라 제주에서는 이사철과 관계없는 매장이나 가게에서도 신구간이 되면 바겐세일을 한다. 그래서 제주도에서는 침체됐던 경기가 신구간에 반짝 살아나는 신구간 특수(特需)가 있다.
　그러나 지난 50여 년 동안(1953～2006)의 제주지역 신문에서 신구간과 관련된 보도를 보면, 신구간 풍속은 긍정적 측면보다 부정적 측면이 많았음을 알 수 있다. 주택보급률이 낮던 1950, 60년대에 집 없는 서민들은 턱없이 치솟는 사글세 때문에 많은 고통을 겪어야 했고, 경제적 여유가 생긴 1970년대부터는 이삿짐이 늘어나 이사차량을 구하기가 쉽지 않아 이삿짐센터의 횡포가 심했으며, 소비사회로 접어든 1990년대 이후부터는 한꺼번에 쏟아지는 쓰레기 때문에 몸살을 앓게 되었다. 동사무소와 법원등기소 등에서는 전입신고와 전세등기를 하느라 민원인들로 장사진을 이루고, 정보화 시대로 접어들어서는 통신회사와 방송국 등에서는 전화, 인터넷, 유선방송 등을 이설하느라 비상근무를 해야 한다.

따라서 행정관청에서는 신구간 풍속이 득보다는 실이 많다고 판단하여, 신구간 풍속을 악습으로 규정하여 철폐하기 위해 많은 노력을 기울이기도 하였다. 그런데도 도시화 과정을 거치면서 신구간은 더욱더 이사철로 굳어졌고, 주거형태가 아파트로 바뀌어서도 그 입주 시기를 신구간에 맞추어야 하는 경우도 있었다. 하지만 육지와의 전출입 인구가 많아지고 대규모 택지개발이 이루어지면서, 이사는 반드시 신구간에 해야 한다는 고정관념이 깨어져 이사철로서의 신구간도 점차 퇴색되고 있다.

지금은 모든 것을 신의 조화로 생각하면서 살아가는 시대가 아니다. 더 이상 농경사회가 아니고, 농촌에서도 농한기가 따로 없으며, 방역이 철저하고 위생상태가 좋아져 세균감염으로 인한 질병의 위험도 사라져서 동티날 걱정을 할 필요도 없다. 그런데도 제주사람들이 여전히 신구간 풍속을 지키는 가장 큰 이유는, 오랫동안 신구간 풍속을 지켜오는 과정에서 신구간이 임대차의 회계기간으로 정착되었기 때문으로 보인다.

민속학적 측면에서 신구간 풍속은 다른 곳에서 찾아볼 수 없는 독특한 풍속이다. 따라서 근대화 과정에서 신구간 풍속이 비록 부정적 측면이 두드러졌다 할지라도, 독특한 문화가 자산이 되는 문화산업사회에서는 신구간 풍속을 제주섬의 문화적 자산으로 끌어올릴 필요가 있다. 그러나 농경사회에서 비롯된 신구간 풍속이 문화산업사회에도 지속되기 위해서는 상당한 의미 변형이 필요하다.

옛 제주사람들은 매사에 1만8천신에 구속되어 살다가, 일 년에 단 한 차례 신구간에 신의 구속으로부터 해방되었다. 반면에 현대인들은 수많은 잡다한 규범과 격식에 갇혀서 살아가고 있고, 가끔 그것들로부터 일탈을 꿈꾼다. 그리고 현대인들은 과학기술이 발달한 덕분에 일상생활에서 계절의 영향을 거의 받지 않고 살아가지만, 그럴수록 일 년에 한번쯤은 묵은 것을 정리하고 새로운 출발을 하는 게 필요하다. 다시 말해서 겨울이 가고 봄이 오는 시기에 낡은 세계가 무너지고 새로운 세계가 재창조되는 의식이 필요하다. 즉 새로운 질서(cosmos)를 위해서 낡은 것을 무너뜨리는 혼돈(chaos)과 난장판이 필요하다는 것이다.

> 사라져가는 일 년의 마지막 며칠간은 천지창조 이전의 카오스 —사자(死者)의 방문, 조령(祖靈)에의 치성, 소등(消燈)과 점화(點火), 성적(性的) 방종(放縱), 상하관계의 뒤집힘 등등으로 가치의 역전(逆轉)등과 함께 카오스(난장판)등이 필요하다. 이러한 난장판은 근원적 태초의 세계와 맞닿아 그 시간과 시점에서 새로운 창조의 힘을 얻는, 곧 해체를 통한 질서 및 활성의 획득과 관련된다고 보면, 농경사회에서는 수확에 따르는 위기, 곧 씨를 뿌릴 때에 두드러지게 나타나는 위기는 땅에서의 형태(Form)의 해체와 난장판 카오스 속의 '사회석 형태'의 해체 사이에 내칭을 강조하는 것이다. … 섣달그믐에 밤을 새는 제석수세(除夕守歲) 풍속이나 섣달 경신일에 붉을 밝혀 노는 경신수야(庚申守夜) 풍속에서 종교적 의식을 떠난 난장판(orgy)은 새로운 질서의 재래(齎來)를 맞는 인공의 카오스이다. 겨루기 형식과 난장벌림을 지닌 이러한 사례들의 한국적 형태들은 새해의 정화(淨化)를 기약하고 묵은 부정(不淨)을 쫓는 형식으로 소란과 방종과 불양(祓

禳)을 수반함으로써 이것을 우리는 '모순적 제의'라 부를 수 있다.¹⁾

옛 제주사람들은 묵은철과 새철이 교체되는 신구간에 신으로부터 해방되었고, 신구간이 끝나면 다시 신이 다스리는 질서 속으로 돌아갔다. 그렇게 본다면 지상을 다스리던 신들이 하늘로 올라가 지상에 신이 없는 신구간은 새로운 질서(cosmos)가 형성되기 이전의 혼돈(chaos)로 볼 수 있다. 그러나 척박한 환경 속에서 살아남아야 하는 제주사람들은 신구간을 난장판의 기간으로 삼기보다는 보다 새로운 질서를 세우기 위한 실질적 준비기간, 새봄맞이 준비기간으로 삼았던 것이다.

여러 가지 규범과 틀 속에서 살아가는 현대인들은, 제주사람들이 새로운 질서가 생기기 이전의 혼돈의 시기로 보았던 신구간을, 자신들을 구속하고 있는 규범과 틀로부터 일탈을 허용할 수 있는 기간으로 삼을 수 있다. 즉 지상에 신이 없는 기간으로 여겼던 신구간을 '놀이판' 내지는 '난장판'을 벌이는 축제기간으로 변형시킬 수 있다.

그리고 제주섬에서는 예로부터 신구간이 끝나면 하늘의 1만8천신들이 지상으로 내려와 새해의 일들을 시작하게 된다고 믿으면서 입춘굿놀이를 했다는 기록이 있다. 적어도 이원조가 1842년 입춘굿을 『탐라록』에 기록한 이후로 1918년 김석익의 『심제집』에 기록될 때까지 제주섬에서 입춘굿놀이가 행해졌던 것으로 보인다. 그리고 1999년 이래로 입춘굿놀이가 복원되어 도시축제로 행해지고 있다.²⁾ 따라서 입춘이 되기 직전에 행해지던 신구간 풍속을 신구간 축제로 변형하여 이미 도시축제로 행해지고 있는 입춘굿놀이와 연계하는 것은 크게 어렵지 않

---

1) 이상일, 「한국인의 놀이문화」, 『한국인의 놀이의식과 여가문화』(집문당, 1997), 80-81쪽.
2) 문무병, 『탐라국입춘굿놀이』, 제주전통문화연구소, 2000, 2쪽.

을 것으로 보인다.

뿐만 아니라 묵은 것을 털어내고 새 것을 준비하는 기간인 신구간은 집안과 매장(賣場) 구석구석을 정리하기에 안성맞춤이다. 신구간을 가정에서는 집안 구석에서 잠자고 있던 물품을 꺼내어 무료로 기증하거나 교환하는 기간으로 삼고, 상인들은 일 년 동안 안 팔려서 창고에 쌓아두었던 상품들을 재고(在庫)정리하는 기간으로 삼을 수 있다. 모든 것은 있어야 할 자리에 있을 때 가장 귀하게 된다. 따라서 그동안 제자리를 찾지 못해 쓰레기나 폐기물로 될 물품들을 꼭 필요로 하는 사람에게 제공한다면 귀한 자원이 될 것이다. 그럴 경우에 그동안 쓰레기로 넘쳐나던 신구간은 환경과 경제를 동시에 살릴 수 있는 기간으로 될 것이고, 더 이상 쓰레기대란 때문에 신구간 풍속을 악습으로 규정하는 일은 없을 것이다.

따라서 여기서는 신구간 풍속이 단순히 농경사회에서의 풍속을 넘어서 문화산업사회에도 걸맞는 새로운 축제로 거듭날 수 있는 가능성을 모색해보기로 한다.

2. 신구간 풍속의 민속학적 의미

신들의 고향이라 불릴 만큼 많은 신들이 존재하는 섬에도 신들이 없는 기간이 있다. 제주사람들은 신구간, 즉 대한 후 5일부터 입춘 전 3일까지(1월 25일부터 2월 1일까지)[3]는 신들이 지난 한 해의 일들을 옥황상제에게 보고하고 임무교대를 위해 하늘로 올라가기 때문에 지상에

---

3) 여기서는 편의상 대한을 1월 20일, 입춘을 2월 4일을 기준으로 한다.

는 신이 없다고 믿어 왔다. 그래서 일 년 내내 신에 구속되어 살던 제주 사람들은 신구간에 평소에 신이 두려워서 못하던 일들을 하였던 것이다. 신구간과 관련된 최초의 논문을 썼던 진성기 선생은 신구간에 대해서 다음과 같이 서술하고 있다.

제주도의 민간에 있어서 이사나 집수리 따위를 비롯한 손질은 언제나 이 '신구간'이라는 기간에만 하는 것으로 생각되고 있다. 일반적으로 이러한 '신구간'은 대한 후 5일에서 입춘 전 3일 간으로, 이 기간은 보통 일 주일 정도가 된다. 이 신구간은 보통 신구세관(新舊歲官)이 교승(交承)하는 과도 기간을 뜻한다. 그래서 이 기간에는 대체로 제반 신격(神格)이 천상에 올라가서 지상에는 신령이 없는 것으로 관념되고 있는 것 같다.
그러기에 이 기간에는 이사나 집수리를 비롯한 평소에 꺼려했던 일들을 손보아도 아무런 탈이 없어 무난하다고 한다. 그러나 다른 평상시에 그러한 일들을 저질렀다가는 동티가 나서, 그 집에는 큰 가환(家患)이 닥치고 액운(厄運)을 면치 못하게 된다고 하니, 날이 갈수록 일상생활에서는 미신으로만 돌려 버리던 이들까지도 이 속신(俗信)에만은 속박을 받고 있는 것이다.
아무튼 사람들이 이 신구간이 아닌 다른 시기에 부엌, 문, 변소, 외양간, 집중창 등을 고치거나, 울타리 안에서 흙을 파고, 울담을 고치고, 나무를 자르는 따위의 일을 하면 동티가 생긴다는 것이다. 이러한 동티로 인해 잘 아프게 되는 증상으로는 대개 다리, 눈, 머리, 목, 가슴 등이 아프거나, 전신불구 따위로 그 아픈 증상이 한결같지 않게 나타난다. 특히 급한 동티가 생겼을 때는 심방을 청해다가 빌 사이도 없이 죽는다는 것이다.
이러한 일들이 있기 때문에 사람들은 특별한 주의를 하여 이사나 집수리 따위는 반드시 이 신구간을 찾게 된다. 이것은 평상시에 그러한 일들에 대해서 신의 노여움을 사지 않으려 매우 조심스럽게 살아가는 것이다.
이러한 신구간은 해마다 예외없이 찾아오게 마련이고, 이 기간에는 옥황상제의 임명을 받아 내려온 여러 신격(神格)들의 임기가 다 끝나게 되어 구관(舊官)은 옥황으로 올라가고, 거기서 다시 신관(新官)이 서로 부임해 내려오는 이른바 신관・구관이 교대되는 기간인 것이다. 그래서 이 기간에는 지상의 모든 신들이 일 년간의 인간 세계에 있었던 온갖 일들을 옥황상제님 앞으로 총결산을 함과 아울러 그 일의 성과에 따라 새로운 임지로 발령도 받게 된다는 것인데, 그 기간이 꼭 일주일간으로 보통 대한 후 5일에서 입춘 전 3일이 되는 것이다.

말하자면 제주도민은 그렇게 여러 신들이 옥황상제에게로 오가고, 또 그 신들이 많은 일거리들을 처리하노라고 인간세계를 보살필 겨를이 없는 분망한 틈을 타서 그러한 신들의 눈을 피해가면서 쓰러져 가는 가옥을 다시 고쳐 세우고 또한 새로운 살림살이를 꾸며 온 것이다.4)

평소에 신에게 구속되어 살던 제주사람들에게, 신구간은 지상에 신이 없는 기간으로, 신이 두려워 할 수 없던 일들을 할 수 있는 해방의 시간이요, 자유의 시간이요, 인간의 시간이었다.

신구간 풍속은 다른 곳에서는 찾아볼 수 없고 제주도에서만 행해지는 독특한 풍속이다. 그러나 그 유래에 대해서는 민속연구자들 간에도 견해 차이가 있다. 진성기 선생은 제주도의 신구간 풍속을 제주사람들이 인력으로 극복하기 힘든 척박한 환경에서 살아오는 과정에서 자연발생적으로 생겨난 고유문화로 본다. 반면에 현용준 선생은 제주도 심방[巫覡]들이 구송하는 무가(巫歌)인 본풀이 어디에도 대한과 입춘 사이에 신들이 하늘로 올라가거나 내려온다는 이야기가 없는 것으로 보아 신구간 풍속은 '세관교승(歲官交承)'의 내용이 제주에 전해지면서 생겨난 외래문화라 본다. 그리고 오문복 선생은 조선말기(1877~1881)에

---

4) 진성기, 『제주도민속』(제주민속연구소, 1997[9판]), 383-388쪽. 『제주도지(하)』(제주도, 1982), 926-928쪽.

백낙연 목사가 제주 성내(城內)의 도로를 확장할 때 '세관교승'의 내용을 가지고 백성들을 설득하는 과정에서 우연하게 신구간 풍속이 생겨났다고 주장한다.

그러나 그들은 모두 제주사람들이 '신구간'을 대한 후 5일부터 입춘 전 3일 사이로 규정하게 된 데는 "대한 후 5일부터 입춘 전 2일은 곧 신세관(新歲官)와 구세관(舊歲官)이 교승하는 때이다. 입춘일을 범하지 말고, 반드시 황도일(黃道日)과 흑도일(黑道日)을 가려서, 먼저 조상의 신주에게 길(吉)한 방향으로 피해서 나가도록 청해야 한다. 이때에는 산운(山運)에도 거리낌이 없어 제반 흉살이 극복되므로, 임의대로 가택을 짓고 장사를 지내도 불리함이 없다."는 '세관교승'과 무관하지 않다는 데는 대체로 동의한다.

우리는 앞에서 신구간 풍속의 연원을 '세관교승'의 유입과 더불어 열악한 자연환경에서 생겨난 무속신앙과 고온다습한 기후에서 찾아보았다. 제주사람들은 비, 바람, 가뭄 등의 자연재해와 고온다습한 기후로 인한 무서운 질병 등을 극복하고자 무속신앙에 의지해서 살아 왔다. 제주도의 무속신앙에서는 잡다한 신격(神格)이나 귀령(鬼靈)들이 숭배되고, 심방들은 신의 수효를 말할 때 보통 '1만8천신'이라고 한다.

이처럼 제주사람들은 신들에게 예속되어 뒤탈이 두려워 마음 놓고 일을 못하였다. 그런 제주사람들에게 대한 후 5일부터 입춘 전 2일에는 신구세관(新舊歲官)이 교체되는 기간이어서 신이 없다는 '세관교승'은 하나의 복음(福音)처럼 받아들여졌을 것이다. 그리고 기후적 관점에서 볼 때, 제주도에서 신구간은 문자 그대로 묵은철에서 새철로 넘어가는 과도기여서 새철을 준비하는 기간, 즉 새봄을 맞이하기 위한 준비기간으로는 안성맞춤이었다.

3. 신구간 풍속의 축제화 가능성

모든 것을 신의 조화로 믿으면서 살던 제주사람들에게 '세관교승'이 알려진 것은 일대 사건이었다. '세관교승'은 거의 일 년 내내 신에게 예속되어 살던 제주사람들에게 신구간만큼은 신의 구속으로부터 풀려나는 계기가 되었다. 그들은 '세관교승'을 통해서 신구간에는 지상에는 신이 없기 때문에 평소에는 신이 두려워서 못하던 일들을 해도 괜찮다고 믿게 되었다. 그리고 그러한 속신 덕분에 제주사람들은 가장 추운 시기인 신구간에 뒤탈이 날지도 모르는 일들을 함으로써 후환을 방지하였다.

무속신앙에 젖어 거의 일 년 내내 신의 간섭을 받으면서 살던 제주사람들은 신구간이라는 일주일 남짓한 신구간 동안만큼은 자유의지를 행사할 수 있었다. 즉 지상에 신이 없는 신구간은 늘 신의 규제를 받는 일상에서 벗어나서 그동안 할 수 없었던 일을 마음 놓고 할 수 있는 기간이었던 것이다. 그리고 제주도의 기후를 놓고 볼 때, 미생물의 활동이 둔화되는 신구간은 질병으로부터 자유로울 수 있는 기간이었고, 농한기에 해당해서 그동안 미뤄뒀던 집안일을 바삐 마무리해야 하는 새철(봄)을 맞이하기 위한 준비기간으로 적격이었다.

그러나 현대인들은 더 이상 신의 구속을 받지 않는다. 그리고 현대사회는 더 이상 농경사회도 아니고, 농한기도 따로 없으며, 방역과 위생이 좋아져서 더 이상 질병감염을 두려워 할 이유도 없다. 따라서 농경사회의 산물인 신구간 풍속이 산업사회에도 지속되려면 상당한 의미 변형이 있어야 한다.

오늘날 신 대신에 수많은 규범들에 구속되어 살아가는 우리는 가끔 규범으로부터의 일탈을 꿈꾼다. 그리고 과학기술의 발달 덕분에 일상생활에서 계절의 영향을 거의 받지 않고 살아가지만, 일 년에 한번쯤은 새로운 출발을 하게 위한 준비기간이 필요하다. 따라서 이러한 현대인들의 요구에 맞게 제주도의 신구간 풍속을 문화축제 내지는 관광축제로 새롭게 자리매김해볼 필요가 있다.

'축제(祝祭, Festival)'를 한마디로 정의하기는 쉽지 않다. 한양명 선생은 그의 "축제와 놀이"에서 여러 학자들의 축제에 대한 정의를 종합하여 공동체축제를 다음과 같이 정의하고 있다.5)

1) 일상과 일정하게 분리된 시공간에서 행해지는 집단적 활동
2) 주기적으로 반복되며 일상과 순환적인 관계에서 시간을 질서와 체계화할 수 있는 활동
3) 일정한 형식과 내용을 가지며 반복성과 지속성을 갖는 활동
4) 제사, 놀이, 예술 등의 다양한 활동을 포괄하며, 주체가 여기에 몰입하여 흐름을 체험함으로써 자기 존재의 의의를 자각하고 고양시킬 수 있는 활동
5) 일상적 차별의 약화와 무화를 통해서 참여자들의 연대를 촉진하고 집단에 대한 귀속감을 강화할 수 있는 활동
6) 주체적, 적극적 참여를 통해 일상의 삶을 갱신할 수 있는 활동

위의 정의를 통해서 본다면, 축제의 조건은 비일상성, 주체의 삶에 리듬을 부여하는 주기성, 형식과 내용의 지속성, 주체적 몰입을 통한 존재의 부양성, 대동성, 일상의 갱신성 등으로 요약할 수 있다. 하지만 한양명 선생은 오늘날 한국의 축제에서 그러한 조건들을 충족하는 공

---

5) 한양명, 「축제와 놀이」, 『한국축제의 이론과 현장』,(월인, 2000), 103쪽.

동체축제는 존재하지 않는다고 주장하고 있다.6) 그의 이러한 주장은 우리나라에 축제다운 축제가 없다는 반증이기도 하다.

신구간에는 지상에 신이 없다는 속신에서 비롯된 신구간 풍속은 신구간에는 일상의 규범으로부터 일탈할 수 있음을 내포한다. 따라서 신구간 풍속을 다음과 같이 의미 변형시킨다면, '신구간 축제'라는 새로운 공동체 축제의 가능성을 엿볼 수 있다.

신구간 조건	신구간 풍속	신구간 축제
비일상성	신의 부재로 인한 비일상성 신화적 금기로부터의 일탈	기존질서로부터의 일탈 사회적 금기로부터의 일탈
주기성	대한 후 5일부터 입춘 전 3일까지 (1월 25일부터 2월1일까지)	대한 후 5일부터 입춘 전 3일까지 (1월 25일부터 2월1일까지)
지속성	농경사회에서 산업사회까지 지속됨	문화산업사회에도 유효함
몰입성	평소에 하지 못했던 일을 바쁘게 함	기존질서로부터 해방되어 즐김
대동성	근대 이후에는 임대료 문제, 쓰레기 문제 개인간에 이해관계의 갈등이 커져 대동성이 깨짐	기존질서로부터 일탈함으로써 구성원들의 상호이해를 넓히고, 상호이익이 되는 경제행위를 통해 대동성이 강화됨
일상의 갱신성	새철을 맞이하기 위한 준비기간	정신적 물질적으로 묵은 것을 털어내고 새로운 출발을 위한 준비기간

축제의 조건에 비춰본 신구간 축제의 가능성

축제적 놀이는 일상생활 및 일과 다르고 일상을 벗어난 시간이다. 이는 신성(神聖)과 속(俗)의 전도(顚倒)이고, 규직과 역할의 선도일 수가 있고, 가치에 대한 부정 등의 현상일 수도 있다. 결국 축제적 놀이는 비일상성의 특성을 내포하면서 특히 리미노이드(liminoid)7)한 놀이들

---

6) 한양명, 「3.1 민속문화제의 역사와 축제성」, 『3.1 민속문화제의 회고와 전망』(3.1 민속문화향상회, 2001), 8쪽.

은 일상적 영역으로부터의 이탈 외에 전도의 특성을 지님으로써 정상적인 세계의 규칙과 규제에서 벗어나 있을 뿐만 아니라 그 규칙과 규제를 명백하게 부정하거나 제약의 사슬을 끊어버리게 전도시킨다. 또한 그 기간 동안에는 사회적 위계질서가 전도되고, 도덕행위의 관습적 규칙들이 중지되는 것이다.[8]

우리는 축제를 통해 일상에서 벗어나 놀고 즐기며 일탈을 경험한다. 그리고 사회가 덮어씌운 굴레를 벗어나 인간의 본능적 욕구를 발산하고 난 후 그 집단적 신명의 경험은 다시 일상으로 돌아왔을 때 생기를 불어넣는 활력소가 될 수 있다.[9] 축제의 장은 숨 막히는 일상으로부터 벗어날 수 있는 해방구요, 축제기간은 해방의 시간이다

옛 제주사람들은 평소에는 신에게 구속되어 여러 가지 금기(禁忌) 속에 살다가 신구간에 그 금기들을 깨고 평소에 신이 두려워 못하던 일들을 하였다. 그런 점에서 신구간은 비일상성의 측면에서 두드러진다. 오늘날 신화적 금기는 사라졌지만, 또 다른 사회적 금기 속에서 살아간다. 그리고 신구간이 신화적 금기가 깨지는 기간이라면, 신구간을 사회적 금기들을 깨는 축제의 기간으로 삼는 것은 지극히 자연스런 의미 변형이라 할 수 있다.

그리고 신구간은 주기성에서도 상당한 이점을 지닌다. 우리나라 민속축제들은 대체로 음력에 근거하고 있다. 따라서 이를테면 정월대보

---

[7] 여기서 '리미노이드(liminoid)'란 용어는 일상생활의 바깥, 일상성에서의 변화, 전도(轉倒), 반구조적, 가면무도적이며, 신분과 서열이 부재하는 민주적, 평형적, 개방적인 조건을 가리킨다. 이광진, 『민속과 축제의 관광적 이해』, (민속원, 2004), 24쪽에서 재인용.

[8] 이광진, 『민속과 축제의 관광적 이해』(민속원, 2004), 24쪽.

[9] 조미영, 「축제의 시작에서 끝까지」, 『문화와 현실』 제8호(제주문화포럼, 2004), 10쪽.

름은 음력 1월 15일로 정해져 있지만, 현대인들의 일상을 지배하는 양력에 비추어 본다면 빠른 경우는 2월 초순에서 늦은 경우는 3월 초순에 이르기까지 들쑥날쑥하다. 그리고 다른 축제들도 정확한 날짜를 지정하기보다는 ~월 초순 또는 하순 등으로 대략적으로 정해져 있어서 주기성의 측면에서 한계를 지닌다. 반면에 신구간은 대한 후 5일에서 입춘 전 3일(양력 1월 25일부터 2월 1일)까지로 언제나 정확하게 고정되어 있고, 8일간이나 되기 때문에 축제 프로그램을 유연하게 조정할 수 있어 주기성에서 강점을 지닌다.

뿐만 아니라 이 기간은 본토에서는 혹한기여서 축제가 없으며, 제주도로서도 관광 비수기에 해당한다. 그리고 제주도에서는 1999년 이후로 전통 입춘굿을 도시축제로 복원한 '탐라입춘굿놀이'가 입춘전일과 입춘일(2월 3, 4일경)에 행해지고 있어 신구간 축제를 '탐라입춘굿놀이'를 연계한다면, 제주도에서만 즐길 수 있는 축제가 될 수 있어서 관광적 측면에서 바람직하다.

그리고 신구간 풍속은 언제부터 행해졌는지를 알 수는 없지만, 개명천지한 오늘날까지 이어지고 있어서 지속성의 측면에서 뛰어나다. 따라서 '신구간'의 개념은 단순한 농경사회에서만이 아니라 산업사회에서도 유효하며, 오늘날에도 적절하게 의미 변형을 한다면 곧바로 신구간의 축제화가 가능하다.

한편, 신구간 축제는 놀이성과 대동성의 측면에서도 뛰어나다. 위에서 언급했듯이 신구간 축제는 기존질서로부터 해방되어 그동안 억누르던 여러 가지 금기로부터 벗어나 본능적 욕구를 발산할 수 있는 기회를 제공하기 때문에 참여자들이 주체적 참여가 가능하다. 뿐만 아니라 신구간 축제 기간 동안에 일상적 차별을 약화시키거나 없앰으로써 참여자들의 연대를 촉진하고, 기존의 질서나 규범에 근거한 계급이나 역할을 바꿔봄으로서 구성원들 간에 상호이해를 넓히고 새로운 이상세계를 지향함으로써 집단에 대한 귀속감을 강화하고 공동체 의식을 고양할 수 있다.

농경사회의 제주사람들은 신구간에 묵은철에 못 다한 일을 마무리하고 새철을 맞이하기 위한 준비를 했다. 따라서 문화산업사회의 우리들은 신구간 축제를 통해 정신적으로는 억눌렸던 금기로부터 벗어나 본능적 욕구를 발산함으로써 그동안 쌓였던 스트레스를 날려 보내고, 물질적으로는 집안과 매장에서 불필요하게 쌓아두었던 물품들을 필요한 이들에게 제공하여 문자 그대로 묵은 것을 털어내고 새로운 출발을 위한 준비기간으로 삼을 수 있다. 그러나 신구간 축제가 현실화 되려면 보다 구체적인 방안이 필요하다.

4. 신구간 축제의 의의와 현실화 방안

만일 신구간 축제가 가능하다면, 그것은 새롭게 창조된 지역축제가 될 것이다. 장주근 선생은 지역축제의 현대적 의의와 기능을 원초 제의성의 보존, 전통문화의 보존, 지역민의 일체감, 경제적 의의, 관광적 의의 등으로 제시하고 있다.[10] 여기서는 신구간 축제가 그러한 축제의 기능에 얼마나 부합되는지 살펴보고자 한다.

---

10) 김명자 외, 『한국의 지역축제』(문화체육부, 1996), 26쪽에서 재인용.

4.1. 원초적 제의성과 전통문화의 보존

애초에 축제는 성스러운 종교적 제의에서 출발했다. 그리고 축제는 축(祝)과 제(祭)가 포괄된 문화현상이다.[11] 그러나 오늘날에는 축제에서 유희성을 강하게 지니는 반면에 종교적 신성성이 거의 퇴색되고 있다.

신구간에는 모든 신들이 지난 한 해의 일들을 옥황상제에게 보고하고 새로운 임무를 부여받기 위해 하늘로 올라가고 아직 새로운 신들이 내려오지 않아 지상에는 신이 없다. 따라서 신구간 축제에는 제의(祭儀)의 대상이 없다고 볼 수 있다. 하지만 신이 없다고 축제가 불가능한 것은 아니다.

서양에도 신격(神格)과 귀령(鬼靈)이 없는 날에 민속축제를 행해지는 사례가 있다. 우리에게 잘 알려진 영국의 축제 '할로윈(Halloween)' 전날은 과거 켈트족의 새해 첫날로, 영국에서는 해마다 10월 31일이 되면 할로윈 풍습을 지킨다. 스코틀랜드 미신에 따르면, 이 날은 마녀나 악마, 요정, 기타 땅과 공기의 정령들이 매년 휴가를 갖는 때이다. 바로 이 날에 모든 아이들이 가장(假裝)을 하고 몇 명씩 떼를 지어 봉투를 들고 집집마다 찾아다니며 달콤한 사탕이나 과자를 달라고 한다. 이날은 어디를 가나 대문 앞에서 속을 파낸 호박의 흉측한 몰골을 볼 수 있는데, 소름끼치는 호박얼굴들은 안에 넣은 촛불로 빛이 환하다.[12] 따라서 신이 없는 기간에는 신화적 또는 사회적 금기로부터 벗어날 수 있기 때문에 오히려 인간이 스스로의 행위의 주체가 될 수 있다는 이점이 있다.

그리고 신에 대한 제의(祭儀)가 축제의 필수조건이라면, 신구간 축제를 전통적 입춘굿을 복원한 탐라입춘굿놀이와 연계하여 제의를 도입할

---

11) 위의 책, 15쪽.
12) 울리히 쿤 하인 편, 『유럽의 축제』, 신희섭 옮김(컬쳐라인, 2001), p.295.

수 있다. 조선후기 이원조의 『탐라록』(1841) 「立春日拈韻」, 김석익의
『심제집』(1914) 「海上逸史」, 김두봉의 『제주도실기』(1936) 「勸農하는
春耕風俗」 등에서 탐라국 이래로 입춘굿이 전승되고 있었음을 보여준다.

　'춘경(春耕)'이란 입춘굿은 주사(州司) 오장청(五長廳)에서 주관하였다.
해마다 입춘 전날에는 심방들이 주사(州司)에 모여 낭쉐[木牛]를 만들어
'고사'를 지낸다. 다음날(입춘) 아침이 되면 호장은 머리에 월계수꽃을 꽂
고 흑단령의복을 차려입고, 목우에 농기구를 매고 나와 심방들로 하여금
화려한 비단옷을 입고 앞장서서 호위하여 대오를 인도하게 하며, 큰 북과
징을 치며 행진하여 관덕정 앞마당에 이르면, 호장은 무격배들을 나누어
여염집에 들어가 쌓아둔 보릿단을 뽑아오게 하여 뽑아온 보릿단으로 '실
(實)'과 '부실(不實)'을 판단하여 새해의 풍년과 흉년을 점쳤다. 또 돌아서
객사에 이르게 되면 문 밖에 있던 호장은 쟁기를 잡고 밭을 간다. 이곳에서
는 아주 크고 붉은 가면에 긴 수염을 달아 농부로 차린 한 사람이 등장하여
오곡의 씨를 뿌린다. 이어서 초란 광대처럼 채색한 새 탈을 쓴 다른 한 사
람이 등장하여 곡식을 주워 쪼아먹는 시늉을 한다. 사냥바치 포수의 탈을
쓴 사람이 나타나 초란광대(새 탈)를 쫓아가 쏘는 시늉을 한다. 또 두 사람
이 여자 배우 여자배우 가면을 쓰고 등장한다. 처와 첩이 투기하여 서로
다투는 장면을 남편인 듯한 탈을 쓴 광대가 등장하여 거짓부렁 서로 말리
는 양하면 모두 이빨을 드러내고 웃는다. 이러한 장면은 매우 '꼭두각시놀
음'과 비슷하다. 이어 무격배들이 모여 한 떼를 이루어 어지럽게 춤을 추며
신을 놀려 태평을 즐긴다. 동헌에 들어와서도 그와 같이 한다. 이는 대개
탐라왕 때 임금이 몸소 백성들 앞에서 밭을 갈아 풍년을 기원하던 유습(遺
習)이 전해내려 온 것이라 한다.13)

---

13) 김석익, 『심제집 Ⅱ』(1914), 도서출판 제주문화, 365-366쪽, 문무병, 『탐라국입춘
굿놀이』(제주전통문화연구소, 2000), 5-6쪽 번역문 인용.

신구간 축제를 입춘굿과 연계할 경우에, 기록된 전승시기의 입춘굿과 1999년 이후 새롭게 복원된 탐라국입춘굿놀이의 연행을 참조하지 않을 수 없다.

전승시기 입춘굿	탐라국 입춘굿놀이
(오리정 신청궤) 하늘에서 내려온 1만8천신들을 5리 밖까지 가서 심방이 안내하는 감상관이 되어 모셔오는 청신의례	걸궁
(造木牛以祭) 낭쉐를 만들어 고사를 지냄	낭쉐코사
(退牛) 낭쉐를 끌고 관덕정까지 행진	낭쉐몰이
거리굿	입춘거리도청제
(驗新年之豊歉) 새해의 풍년과 흉년을 점침	입춘굿
입춘탈굿놀이	입춘탈굿놀이
(跳躍亂舞) 뛰어놀며 어지럽게 춤을 춤	뒤풀이

전승시기 입춘굿과 탐라국 입춘굿놀이 연행의 비교[14]

한편, 신구간 풍속과 입춘굿(탐라입춘굿놀이)과 신구간 풍속을 축제화한 신구간 축제는 대략적으로 비교해보면 다음과 같다.

	탐라국 입춘굿놀이	신구간 풍속	신구간 축제
기간	입춘 전일 당일 (2일간)	대한 후 5일 입춘 전 3일 (8일간)	대한 후 4일 입춘 전 2일 (10일간)
특징	축제(놀이)	노동(일)	축제(놀이), 경제활동
성격	의례적	실질적	의례적, 실질적
대상	신	인간	인간, 신

---

14) 한진오, 「제주도 입춘굿의 연행원리」(제주대학교 대학원 석사학위논문, 2007), 79쪽 및 문무병, 『탐라국 입춘굿놀이』(제주전통문화연구소, 2000), 참조.

입춘에 행하는 '입춘굿'은 신구간이 끝나 지상으로 내려와 새해의 일들을 시작하려는 1만8천신들을 청하여 대접하기 위한 풍농굿이다. 따라서 신에게 의례를 행하는 입춘굿은 신이 중심이 된 축제 내지는 놀이라 할 수 있다. 반면에 신구간 풍속은 신이 없는 동안에 신이 두려워 못했던 일들을 하는 것이기에, 의례적이기보다는 실질적 노동(일)을 통해서 인간의 자유의지를 실현하고 있기 때문에 전적으로 인간을 위한 것이라 볼 수 있다.

한편, 신구간 풍속을 의미 변형하여 축제화한 신구간 축제는 입춘굿과 연계한다면, 송신제(送神祭)과 영신제(迎神祭) 등의 의례를 도입할 수 있다. 하지만 신구간 축제는 예전부터 있었던 의례를 전승한 게 아니고 새롭게 창조된 것들이기 때문에, 신구간 축제가 원초적 제의성과 전통문화를 보전하는 기능을 한다고 보기는 어렵다. 그러나 신구간 축제를 오래 전부터(길게는 탐라국 시대부터 짧게는 조선후기부터) 행해지던 '입춘굿'이 80년만인 1999년부터 복원되어 행해지고 있는 '탐라국 입춘굿놀이'와 연계시킨다면 어느 정도 원초적 제의성과 전통문화를 보존하는 측면도 있다고 볼 수 있다.

따라서 신구간 축제를 입춘굿과 연계시키면서 신구간 축제를 대략 다음과 같이 구상해 볼 수 있다.

① 신구간 전날 (1월 24일)

1만8천신들이 하늘로 올라가는 신구간 전날(대한 후 4일)에 신들에게 일 년 동안 잘 보살펴주어 고맙다는 송신제(送神祭)를 지낸다.[15] 그

---

15) 중국의 민간에서는 집안의 평안과 목록을 관장하는 조왕신(竈王神)이 옥황상제에게 한 집안의 선악을 보고하러 하늘로 올라가는 섣달 24일과 다시 지상으로 내려오는 정월 초 4일에 제사[竈祭]를 지낸다. 장정룡, 『韓中 歲時風俗 및 歌謠硏究』(집문당,

리고 그와 더불어 신구간 전날에 1만 8천신들이 하늘로 올라가는 장면을 1만8천명의 주민과 관광객이 참가한 가장행렬 또는 깃발행렬 등을 통해 연출할 수도 있다.

② 신구간 (1월 25일부터 2월 1일)

다음과 같이 사회적 규범과 금기를 깨면서 인간의 본능적 욕구를 발산하고, 공동체 구성원들의 대동성과 지역경제의 생산성을 강화하는 다양한 프로그램들을 마련해볼 수 있다(2절과 3절 참조).

* 고정관념 깨기
* 사회적 금기 깨기
* 인간관계 역할 바꾸기
* 차 없는 거리 만들기
* 감귤축제
* 눈꽃축제
* 아나바다장터
* 신구간 떨이축제

③ 신구간 다음날 (2월 2일)

1만8천신들이 지상으로 내려오는 신구간 다음날(입춘 전 2일)에는 신을 맞아들이는 형식으로 1만8천명의 주민과 관광객이 참여한 가운데 가장행렬 또는 깃발 행렬을 통해 연출하고, 낭쉐(木牛) 제작에 들어간다.

1988), 106쪽 및 226쪽.

④ 탐라국 입춘굿놀이 (2월 3일 ~ 2월 4일)

신구간 축제에 이어 풍요를 기원하는 탐라국 입춘굿놀이를 펼친다.

우리는 신구간 축제 기간에 일상으로부터 일탈을 통해 그동안 억눌 렸던 감정들을 토해내고, 입춘굿놀이를 통해 다시 경건함을 일깨움으 로써 몸과 마음을 정화하고 재충전한 다음에 일상으로 돌아갈 수 있다.

4.2. 공동체의식 함양과 관광 활성화

신구간은 우리를 구속하던 신이 사라진 해방의 시간이요, 자유의 시간 이요, 인간의 시간이다. 따라서 신구간 축제의 꽃은 신구간에 사회가 덮어씌운 온갖 굴레로부터 벗어나 인간의 본능을 맘껏 발산하고 집단 적 신명을 경험해보는 데 있다.

축제에 참가하는 사람들은 축제 때 일상생활의 궤도에서 벗어난 행 동을 하게 되는데, 경우에 따라서는 전통적 도덕성이나 금기시해 온 행 동들도 구속력이 완화되고 축제 참가자들도 각각 기묘한 복장과 행동 들을 보여줌으로써 잠시나마 인습적 속박으로부터 벗어나게 된다. 그 리고 그들은 그 과정에서 인간생활의 고뇌와 번민, 절망 등을 모두 극 복하고 자신이 원하는 모든 것이 성취되고 또 성취할 수 있다는 기대감 을 축하하기도 한다.[16]

그런 점에서 축제의 시공간은 현실 속에 존재하는 가상현실(virtual reality)의 시공간이다. 신구간 축제는 제주섬이라는 제한된 공간과 신 구간이라는 제한된 시간에 벌어지는 축제이다. 그리고 관광객과 도민

---

16) 이광진, 『민속과 축제의 관광적 해석』(민속원, 2004), 13쪽.

들은 신구간이 축제가 끝나는 순간 새로운 일상으로 돌아가게 된다.
 일상으로부터의 일탈은 여러 가지가 있을 수 있다. 일탈 중에 가장 손쉬운 것은 고정관념을 깨는 것이다. 우리는 사용하는 언어와 도구, 그리고 사회적 역할 등에서 나름대로의 고정관념을 안고 살아간다. 그러한 고정관념은 사회질서의 원천이지만, 우리의 삶의 굴레가 되기도 한다. 따라서 그러한 잠시나마 고정관념을 깨볼 필요가 있다. 그 과정에서 세계에 대한 이해의 지평이 넓어지고, 현재보다 더 나은 가능성을 발견하게 되며, 일상으로 돌아가서는 보다 긍정적인 삶을 살아갈 수 있게 된다.
 그리고 우리 사회는 성, 계층, 세대 간에 역할과 위계가 뚜렷하다. 따라서 공동체 구성원들 사이의 이해의 폭을 넓히고 사회적 갈등을 줄이기 위해 신구간 축제 기간에 역지사지(易地思之)의 장을 만들어 볼 수도 있다. 신구간 축제 때에 남자와 여자, 남편과 아내, 아버지와 아들, 어머니와 딸, 부모와 자식, 형과 아우, 시어머니와 며느리, 선생과 학생, 상사와 부하, 사용자와 고용자, 선배와 후배, 기성세대와 신세대 등의 역할을 바꿔보는 프로그램들을 생각해볼 수도 있다. 사회적 역할을 바꾸거나 뒤집어 보는 것은 사회적 질서와 금기를 깨는 것이다. 하지만 그 과정에서 공동체의 구성원들에 대한 이해를 넓히고 사회적 연대성을 확충함으로써 성, 계층, 세대 간에 갈등을 해소하는 사회적 통합을 이루는 계기를 마련할 수도 있다.
 한편, 제주도는 인구비례로 자동차가 전국에서 제일 많다. 오늘날 제주도에 그만큼 자동차가 넘쳐나고 있고, 제주사람들은 자동차에 길들어져 있고, 자동차에 예속되어 살아간다. 따라서 신구간 동안만이라도 대도로를 차 없는 거리를 만들어 활보하게 함으로써 거리의 주인공이

차가 아니라 인간이라는 것을 재확인할 필요가 있다. 신구간에는 승용차 운행을 자제하고, 특히 신구간 축제가 열리는 지역은 차 없는 거리로 만들어, 자동차에 지배되던 일상적인 삶에서 벗어나보자는 것이다. 그러한 체험을 통해서 자동차가 우리의 삶을 얼마만큼 구속하고 지배하고 있는지를 확인할 수 있을 것이다. 신구간 축제 기간에는 도시의 주인이 차가 아니라 인간임을 선포하고, 인간의 존엄성을 회복하는 자리를 마련하자는 것이다.

4.3. 경제 활성화와 환경보전

제주도에서는 생명산업인 감귤이 대부분 생산량이 많아 가격 조절이 어렵고, 특히 비상품 감귤을 처리하는 게 큰 골칫거리 중에 하나이다. 즉 비상품 감귤이 시중에 유통되어 감귤값 전체가 하락되고, 상당량의 비상품 감귤들은 매립되어 토양과 수질오염이 염려되고 있다. 따라서 애물단지가 되고 있는 비상품 감귤을 땅에 파묻지 말고, 그것을 이용하여 감귤축제를 벌이게 된다면 경제활성화에 한몫을 하게 될 것이다. 비상품 감귤을 이용한 전투, 멀리(높이)던지기, 탑쌓기, 으깨기, 형상만들기 등 놀이를 하면서 축제를 크게 한판 벌이자는 것이다.

그와 같은 신구간 감귤축제는 제주 감귤의 우수성을 알리는 계기가 될 것이다. 특히 이 가운데 비상품감귤로 전투를 벌이는 '감귤전투'는 신성쟁투(神聖爭鬪)를 통해서 마을간 단합과 제의(祭儀)를 도모했던 우리나라의 석전놀이(石戰戲)를 변용한 것으로 볼 수도 있다.

각종 향전(鄕戰)놀이의 대표격이라 할 수 있는 석전놀이는 서울, 안동,

김해, 경주 등이 유명했고, 참가인원의 사회적 성분도 다양해서 전문적인 투석꾼, 일반서민, 어린이 그리고 대군(大君), 양반, 관원 들도 참가했다. 돌을 던지며 공격하는 투석꾼과 방패로 막으며 수비하는 양군이 막대기로 치거나 탈기(奪旗)로 승패를 내는 경우도 있었던 석전이 궁중에 들어가 군사희(軍事戱)가 되고 중국사신의 관광 대상이 되어 제의적 측면이 사라지고 오락화된다.

그러나 향전으로서 석전놀이가 베풀어지던 장소 그리고 시기 등으로 보아 그것이 점풍(占豊)제의적 놀이라는 점은 확실하다. 매년 초에 평양 백성들이 이부(二部) 나뉘어 대동강에서 수석으로 서로 던져 훤호치축(喧呼馳逐)하였다. 왕이 포열(布列)하고 관전했다는 수석희전이나 고려 우왕이 관전하였다는 석전희와 맥락을 같이 하면서 그 가운데 제의적 의의를 간직했으리라는 것은 짐작이 간다.[17]

감귤전투와 비슷한 사례는 카니발 때 이탈리아의 소도시 이브레아(Ivrea)에서 벌어지는 오렌지전투에서 찾아볼 수 있다.

이탈리아의 소도시 이브레아(Ivrea)에서는 카니발 때 오렌지 전투가 벌어진다. 카니발이 열리면 이브레아는 유례없는 일대 장관이 펼쳐진다. 오렌지 전투는 참회 목요일 이전 두 번의 일요일에 공식적으로 준비되기 시작하는 데, 이틀 동안 여기에 참가하는 팀들이 만나 사령관을 뽑고 전략을 의논한다. 그 다음에는 성대한 축하연이 벌어지고 술도 마신다. 잠두, 돼지고기나 전통적 카니발 음식인 기름진 소시지 등의 음식으로 앞으로 있을 힘든 행사를 위해 체력을 다지는 것이다. 본격적인 축제는 '참회 목요일'에 시작된다. 이브레아 시장으로부터 전권을 위임받은 '장군'이 시청 발코니에 나와 시작 신호를 하면 거창한 역사적 행렬이 움직이기 시작한다. 이

---

17) 이상일, 「한국인의 놀이문화」, 『한국인의 놀이의식과 여가문화』(집문당, 1997), 80-81쪽.

행렬은 저녁 때 이브레아의 가장 큰 장터인 '피아차 마조레'에서 끝나고 이어 대규모의 가장 무도회가 열린다. 사육제 토요일에는 카니발의 공주인 '방앗간 아가씨(mugnaia)'를 뽑고, 일요일에 오렌지 전투가 시작된다. 발로 뛰는 군단과 마차부대로 구성된 아홉 개 팀이 서로 화려한 유니폼을 입고, 있는 힘을 다해 잘 익은 오렌지를 상대방에게 던진다. 얼굴을 철통같이 가리고 특수 헬멧을 쓴 마차부대원들은 그들에게 쏟아지는 오렌지 산탄을 견뎌내야 한다. 관람객이 이 아무런 피해도 입지 않고 이 난리통을 벗어나는 단 한 가지 방법은 중립을 표시하는 빨간 모자를 쓰는 것이다. 오렌지 전투는 화요일까지 계속되는데 카니발의 마지막 날인 화요일 저녁이 되면 댕댕이덩굴로 휘감은 높은 기둥에 카니발이 끝났다는 표시로 불을 댕긴다. 약 350톤의 오렌지가 소요된 이 전투로 인해 달콤한 오렌지 향이 도시 전체를 진동하고, 남국의 과일로 펼쳐지는 이 도취적인 제전의 흔적이 완전히 사라지기까지는 며칠이 걸린다.[18]

물론 시기적으로 볼 때 신구간은 감귤이 귀한 시기이다. 하지만 이 때쯤이면 저장 중에 상한 감귤들이 상당수 나올 시기이고, 신구간 축제 때 감귤전투에 사용할 비상품 감귤들을 미리부터 확보하여 저장해 놓을 수도 있을 것이다. 신구간 축제 때 벌어지는 감귤전투는 비상품 감귤을 소비함으로써 제주지역 경제에 기여할 것이다. 뿐만 아니라 감귤전투에 남녀노소의 일반인들뿐만 아니라 관광객들도 참여하게 하여 그들의 공격적 본능을 발산하게 함으로써 인간의 심성을 정화시킴으로써 공동체의 대동성도 강화하고, 관광객들에게 볼거리도 제공하는 프로그램이 될 수 있을 것이다.

그리고 신구간은 제주도에서 가장 추운 기간임을 감안해서 신구간축제 때 눈[雪]과 관련된 프로그램을 고안해 볼 수도 있다. '눈꽃축제'가

---

18) 울리히 쿤 하인 편, 『유럽의 축제』, 심희섭 옮김(컬쳐라인, 2001), 109-111쪽.

예전에도 없었던 것은 아니지만, 날씨(기상)의 변수가 커서 성공적이지 못했다. 1~2일 기간이라는 짧은 기간에 행해질 경우 날씨(기상)에 좌우되는 '눈꽃축제'는 성공할 확률이 높지 않지만, 가장 추운 기간인 신구간에, 그것도 장장 10여일 간에 걸쳐 행해지는 신구간 축제의 여러 프로그램들 가운데 하나인 제주의 눈[雪]과 관련된 행사가 있다면 성공 확률은 그만큼 높을 것이다.

한편, 1990년대 들어서 신구간에 제주의 도심지역은 쓰레기 대란으로 몸살을 앓기 시작했다. 어느 정도 경제적 풍요를 누리게 되면서 이사를 하면서 버릴 물품이 많아졌기 때문이다. 그러나 쓰레기냐 재화냐 하는 것은 미리부터 정해진 것이 아니다. 어떤 물품도 그것이 필요한 사람에게는 재화가 되지만, 불필요한 사람에게는 쓰레기가 된다. 따라서 아무리 하찮은 물건도 그것을 가장 필요로 하는 곳에 제공되면 귀한 재화가 된다. 쓰레기를 줄이는 최선의 방법은 그것을 필요로 하는 사람에게 제공해서 귀한 재화로 만드는 것이다. 따라서 신구간(축제) 동안에 여러 형태의 아나바다장터를 열게 된다면 그동안 잠자고 있던 물품들에게 새 생명을 불어넣는 일이 될 것이다.

실제로 제주시에서는 몇 해 전부터 신구간에 중고물품들을 무상증여하거나 물물교환할 수 있는 장터를 열고 있다. 이사하면서 버릴 중고 가전제품과 가구 등 사용할 수 있는 물품을 사전 접수신청을 받고 재사용을 희망하는 시민들에게 교환 또는 무상으로 제공하면서 대형폐기물 쓰레기 배출에 따른 수수료 절감과 쓸만한 물품을 무상으로 교환함으로써 재활용 의식 함양에도 큰 효과를 거두고 있다.[19] 신구간 축제기

---

19) 2007년 신구간에는 중고물품 무상교환장터에 각종 가구와 가전제품 등 420여점의 중고물품이 기증되어 402점이 이를 필요로 하는 사람들에게 돌아갔다. 제주일보

간에 온라인과 오프라인 상에서 이러한 교환장터와 나눔장터를 대대적으로 열게 된다면 폐기물이 줄어들게 되어 환경적으로도 좋을 뿐만 아니라 지역민들 사이에 공동체의식이 강화될 것이다.

오늘날에도 신구간이 되면 이사하는 가정에서 새로운 물품들을 구입하게 되고, 상가에서는 할인 경쟁이 이뤄져서 신구간이 되면 침체됐던 경기도 반짝 살아나는 신구간 특수(特需)가 있게 된다. 그러나 최근 들어 신구간이 이사철로서의 기능이 약화되면서 신구간 특수도 점차 사라지고 있다. 따라서 신구간은 경제적 측면에서도 새롭게 자리매김 되어야 한다.

신구간 풍속의 근본 취지는 묵은 것을 털어내고 새로운 것을 준비한다는 데 있다. 따라서 각 매장에서는 이러한 신구간 풍속의 취지를 잘 살려 유행이 지난 제품들을 대폭 할인 판매함으로써 신구간을 문자 그대로 재고(在庫) 정리하는 기간으로 삼는 것이 바람직하다. 신구간 축제 기간에 이를테면 '신구간 떨이축제' 등을 열게 된다면 서민들은 질 좋은 상품을 저렴하게 구입할 수 있게 되고, 상인들의 입장에서도 재고 정리를 할 수 있는 기회가 될 것이다.

5. 맺는말

대체로 지역의 전통문화는 그 지역의 자연적, 사회적 환경을 반영한다. 신구간 풍속도 예외는 아니다. 태풍의 길목에 위치한 화산섬 제주도는 늘 비피해, 바람피해, 가뭄피해 등의 위험을 안고 있었고, 연중

(18825호), 2007년 2월 2일자 참조.

온난해서 세균 감염으로 인한 질병의 위험이 많았다. 따라서 제주사람들은 모든 자연현상을 신의 조화로 여겼고, 만물에 신들이 깃들어 있다고 생각하면서 일상생활에서 신에게 예속되어 살아왔다.

그런 제주사람들에게 대한 후 5일과 입춘 전 2일에 옛 신(神)과 새로운 신이 교체되므로 그 기간에는 가택을 짓고 장사를 지내도 불리하지 않다는 '세관교승'은 하나의 복음(福音)처럼 받아들여졌고, 평소엔 신이 두려워 못하던 일들을 이 기간에 하게 되었다. 따라서 민속학적 관점에서 볼 때 신구간은 제주사람들이 신의 지배로부터 벗어날 수 있는 유일한 기간이었고, 기후학적으로 볼 때 신구간은 문자 그대로 묵은철에서 새철로 넘어가는 과도기이면서도 가장 추운 시기여서 질병으로부터 자유로울 수 있는 기간이었다. 따라서 제주사람들은 신구간을 새봄(새철)맞이 준비기간으로 삼아 변소개축, 집수리 등과 같은 일을 하였다.

그러나 근대화 과정을 거치면서 신구간은 이사철로 굳어져서 임대료 폭등, 쓰레기 대란, 공공기관의 민원폭주 등의 부작용을 낳았고, 관에서는 신구간을 제주도에서 없애야 할 대표적인 악습, 폐습, 미신 등으로 간주하였다. 그런데도 개명천지한 오늘날까지 신구간 풍속은 지속되고 있다. 그런 점에서만 본다면 제주도는 여전히 살아있는 신화의 땅인 셈이다. 그러나 예전에는 신구간이 되면 꼬리에 꼬리를 물던 이삿짐 행렬도 점차 사라지고 있고, 신구간 특수노 점차 실종되고 있다.

문화적 측면에 본다면, 신구간 풍속은 없애야 할 부끄러운 문화유산이 아니라 새롭게 재해석되어야 할 문화적 자산이다. 신화적 세계에 살면서 신이 없는 기간을 설정했다는 것은 대단한 발상이었다. 그것을 오늘날의 관점에서 새롭게 의미를 부여하고 재해석해 본다면 신구간 풍속은 충분히 신구간 축제로 전환이 가능하다.

오늘날 우리는 여러 가지 사회적 굴레 속에서 살아간다. 그리고 그 굴레의 끝을 따라가 보면 신화적 세계에 닿게 된다. 옛 제주사람들이 신구간에 신화적 세계의 금기를 깨었듯이, 오늘날 우리는 신구간의 축제화를 통해 여러 가지 사회적 금기를 깰 수 있다. 신구간 축제 기간에 인간 본연의 모습으로 돌아가 그동안 쌓였던 정신적 스트레스를 풀고 새로운 출발을 할 수 있을 것이다.

신구간에는 신들의 고향 제주도가 인간의 세상이 된다. 신들의 고향에서 신구간 축제 기간에 인간적 욕구를 맘껏 발산하는 것은 제주도에서만 할 수 있는 일이다. 따라서 제주도민과 관광객들이 함께 참여할 수 있는 다양한 축제 프로그램을 기획해낸다면 신구간 축제의 성공 가능성은 높다.

신구간은 새봄(새철)맞이 준비기간이다. 이 점을 최대한 살려서 신구간 축제 기간 동안에 알뜰장터를 마련하여, 집안 구석에 쌓여 있던 물품들을 털어내어 필요한 사람들에게 제공함으로써 폐기물로 될 수도 있었던 자원들을 재활용하고 지역민들에게 공동체 의식을 함양하는 것도 필요하다. 그리고 상인들은 창고에 쌓여 있던 유행이 지난 제품들을 매장에 내놓아서 대폭 할인 판매하는 떨이축제를 한다면, 재고도 줄이고 경제활성화를 이루는 계기가 될 것이다.

제주섬은 우리나라에서 봄이 가장 먼저 오는 곳이다. 그러한 제주의 기후적 특성을 살려 신구간의 축제화를 통하여 정신적, 물질적 차원에서 묵은 것을 털어내고 홀가분하게 새롭게 새봄(새철)을 맞는 것은 신구간 풍속의 본래적 의미와도 부합하는 것이다.

맺음말

제주섬에는 본토와 자연환경이 다른 것 이상으로 독특한 문화가 있다. 하지만 그 어떤 문화도 처음부터 존재했던 것도 아니고, 홀로 존재할 수도 없으며, 다른 문화와 만남 속에서 생겨나고 변형되어 지금에 이르게 된 것이다. 따라서 지금에 와서 독특한 문화라 해서 처음부터 여기에만 있었던 고유한 것이라 하기는 어렵다. 그러나 어떤 문물이 다른 곳에서는 사라졌지만 지금까지 여기에 남아 있다면, 나름대로 자연이나 사회 환경적 요인이 있을 것이다.

제주섬의 여러 풍물이나 문화 가운데 본토와는 다른 것이 한두 가지가 아니다. 그 가운데 가장 두드러진 것 가운데 하나가 '신구간' 풍속이다. 제주사람들은 "신구간, 즉 대한 후 5일에서 입춘 전 3일에는 지상의 신들이 옥황상제에게 일 년 동안 있었던 일들을 보고하러 하늘로 올라갔다가 아직 내려오지 않은 기간이기 때문에 평소에 신이 두려워서 못하던 일들을 해도 아무런 뒤탈이 없다."는 속신에 따라 신구간에 변소를 고치고 집을 수리하고 이사를 한다.

그러한 신구간 풍속은 해방 이후에 4.3사건과 한국전쟁 등의 혼란기와 근대화 과정을 거치면서 '신구간＝이사철'로 굳어졌고, 그로 말미암아 제주사회는 주택부족으로 사글세 대란과 쓰레기, 전화 대란 등 많은 고통을 겪어야 했다. 일주일 남짓한 신구간이 경제적으로 제주사회에 미치는 영향은 대단히 크다고 할 수 있다. 그리고 신구간에 이사를 하면 별 탈이 없다는 속신은 경험적으로도 제주 기후환경과 잘 맞아떨어져서 개명천지한 오늘날까지도 많은 제주사람들이 신화적 세계를 살아가도록 하는 역할을 하기도 하였다.

　이러한 신구간의 유래에 대해서는 정확하게 알 길이 없다. 다만 신구간이 24절기의 맨 마지막 절기인 대한과 첫 절기인 입춘 사이에 있는 것으로 봐서 농경사회의 풍습이라는 것, 그리고 제주섬의 심방[巫覡]들이 굿을 하면서 외는 본풀이[巫歌]에 신구간에 대한 이야기가 전혀 등장하지 않는 것으로 봐서 밖으로부터 온 외래 풍속일 가능성이 많다는 것 등은 짐작할 수 있다.

　신구간 풍속은 "대한 후 5일부터 입춘 전 2일은 곧 신구세관(新舊歲官)이 교차하는 때이다. … 이때에는 산운(山運)에도 거리낌이 없어 길흉살에 이르기까지 극복되므로, 임의대로 가택을 짓고 장사를 지내도 불리함이 없다."는 '세관교승'과 너무나 유사해서 둘 사이에 밀접한 관련이 있다는 점은 추측해볼 수 있다. 그러나 여전히 풀리지 않는 수수께끼는 '세관교승'조가 들어 있는 『천기대요』와 『산림경제』는 조선 후기에 조정과 민간에서 택일을 할 때 참조하던 책으로서, 제주섬보다 본토에서 더 많이 읽혔는데도, 본토에는 신구간과 유사한 풍속이 없다는 점이다.

　거기에는 여러 이유가 있겠지만, 제주섬의 온난다습한 기후탓일 가능성이 높다. 제주섬은 온난다습하기 때문에 겨울에도 식물성장이 가능하다는 이점도 있지만, 일 년 내내 미생물 번식이 가능해서 전염병과 질병의 위험성이 있다. 의학적 지식이 부족하고 방역이 미비하던 시절에 어디를 손대도 질병에 감염이 많던 시절엔, 우리 주위의 곳곳에 알 수 없는 기운(또는 신)이 숨어 있고, 그것을 잘못 건드리면 노여워서 우리를 해한다고 믿는 것도 자연스런 일이었다. 따라서 제주사람들은 모든 것에는 신이 깃들어 있고, 1만8천신이 우리를 지배하고 있다고 믿으면서 살아왔다.

그러던 차에 제주섬에 '대한 후 5일 입춘 전 2일에 신구세관이 교차되는 시기로 지상에 신이 없기 때문에 마음대로 집을 짓고 장사를 지내도 괜찮다'는 '세관교승'이 알려지게 된 것은 제주사람들에게는 복음(福音)과 같은 것이었다. 그리고 실제로 '세관교승'의 내용대로 실천해 본 결과 아무런 뒤탈이 없다는 게 경험적으로 확인되면서 신구간 풍속은 제주사람들에게 정착된 것으로 보인다.

반면에 본토에서 신구간 풍속이 정착될 수 없었던 것도 기후와 관련이 있다. 신구간은 전국적으로 가장 추운 시기에 해당한다. 따라서 신구간에는 (제주섬을 제외하고) 전국이 꽁꽁 얼어붙어 변소를 고치고 집을 수리하고 이사를 할 수가 없었다. 그리고 제주섬은 신구간이 끝나 입춘이 되면 기상학적으로도 봄이 되어 '새철이 들지만', 본토에서는 입춘이 되어도 영하의 날씨가 지속되어 '새철이 들 수가 없다.' 따라서 제주섬은 신구간이 묵은철을 정리하고 새철을 준비하는 새봄맞이 준비 기간으로 적격이었지만, 본토에서는 신구간이 새봄맞이 준비를 하기엔 너무 추웠던 것이다.

물론 묵은철(묵은해)와 새철(새해)이 교체되는 시기에 묵은 것을 정리하고 새 것을 준비하는 풍속은 어디에나 있다. 섣달 그믐날 밤을 지새고 새해를 맞이하는 제석수야(除夕守夜) 풍속, 삼시충(三尸蟲)이 상천하는 섣달 경신일에 밤을 지새는 도교의 경신수야(庚申守夜) 풍속, 부엌신인 조왕(竈王)이 상천하는 섣달 23일과 하강하는 정월 초 4일에 제사를 올리는 중국 민간의 풍속 등은 크게 보면 묵은 것을 정리하고 새 것을 준비하는 풍속이라고 할 수 있다. 그러나 그것들은 새해를 맞는 마음의 준비를 하는 데 그쳤지, 실질적으로 새해를 준비하기 위한 일을 하는 풍속들은 아니었다. 그렇기 때문에 신구간은 노동(일)의 시간인데 반해 그것들은 놀거나 신에게 제사를 지내는 축제(놀이)의 시간이었다.

그리고 신구간 풍속과 윤달 풍속은 그동안 신이 두려워서 못하던 일을 한다는 점에서는 유사하지만, 신구간과 윤달은 본래 그 기능과 역할에서 전혀 다르다. 신구간은 24절기의 끝 절기와 첫 절기 사이에 잇는 것으로 보아 계절의 교체되는 것을 알려주고, 묵은철을 정리하고 새철을 준비하는 기간이다. 반면에 3년에 한번(보다 정확히는 19년에 7번) 있는 윤달은 태음력과 계절 사이에 차이가 나는 것을 조정하기 위해서 있다. 따라서 신구간은 언제나 한겨울(1월 25일부터 2월 1일까지)에 고정되어 있지만, 윤달은 (겨울에는 없고) 봄, 여름, 가을에 폭넓게 걸쳐 있으며, 특히 오뉴월에 윤달이 드는 경우가 많다. 그 점에서 본다면, 신구간 풍속에 대해서는 합리적 근거가 있지만, 윤달 풍속은 합리적 근거를 찾기 힘들다.

신구간 풍속은 이처럼 변소를 고치고 집을 수리하고 이사를 하는 등 평소에는 뒤탈이 날까봐서 두려워 못했던 일들을 하는 새봄맞이 준비 기간이지만, 산업화 시대로 접어들면서 '신구간=이사철'로 고착되어 갔다. 도시화 산업화로 인구이동이 많아지면서 신구간에만 이사해야 한다는 속신은 많은 사회문제를 야기했다. 주택난이 심하던 시절엔 임대료 대란을 일으켰고, 이삿짐이 많아지면서는 이사비용이 커지고 이삿짐센터의 횡포가 심해졌으며, 경제가 나아지면서 이사하는 과정에 묵은 살림살이는 버리고 새 것을 장만하느라 쓰레기 대란을 불러왔을 뿐만 아니라, 물가상승을 부추기기도 하였다.

그렇기 때문에 행정당국에서는 1960, 70년대에는 신구간 풍속을 악습으로 규정하여 뿌리 뽑으려고 많은 노력을 하기도 했지만, 개명천지한 오늘날까지도 지속되고 있다. 지금은 농경사회도 아니고, 그렇다고 질병에 감염될 것을 두려워하는 시대도 아니다. 그런데도 신구간 풍속이 지속되는 이유는 제주도가 다른 지역에 비해 무속신앙이 아직도 많이 살아있기 때문이다. 그러나 정보화 사회인 오늘날까지 신구간 풍속이 지속되는 가장 강력한 이유는 '신구간 = 이사철'로 오랫동안 굳어지면서, 제주사회에서는 임대차 계약기간이 '이번 신구간에서 다음 신구간까지'로 거의 관례화되었기 때문이다.

하지만 시대의 흐름은 신구간 풍속도 거역할 수 없는 것인지, 신구간에 이동하는 인구나 가구수도 예전 같지가 않다. 그리고 경제가 어려워지면서 신구간 특수(特需)도 점차 사라지고 있다. 그런데도 아직도 신구간 풍속은 여전히 제주사회에 살아 있다. 이를테면 제주대학교에서 2007년에 교수아파트를 지으면서 '2009년 신구간 입주 예정'을 전제로 공사를 실시하고 있으니 말이다.

한 지역에서 독특한 풍속이나 문화를 지니고 있다는 것은 문화산업 시대에는 엄청난 자산이다. 신화적 세계에 살면서 신이 없는 기간을 설정했다는 것은 탁월한 발상이었다. 모양새는 다르지만 오늘날에도 우리는 여전히 신화적 세계 속에서 살아간다. 근거 없는 여러 가지 사회적 굴레 속에서 살아가고 있는 것이다. 신화적 세계에 실딘 옛 제주시 람들이 '신구간'에 신화적 세계의 금기를 깨었듯이, 오늘날 우리는 '신구간'에 축제를 벌임으로써 여러 가지 사회적 금기를 깰 수 있다. 신구간 축제 기간에 인간 본연의 모습으로 돌아가 그동안 쌓였던 스트레스를 풀고, 다시 새로운 출발을 하는 계기를 마련할 수 있을 것이다.

신들의 고향인 제주섬도 신구간이 되면 인간의 세상이 된다. 따라서 신구간에 인간적 욕구를 맘껏 발산하는 축제를 기획해보는 것은 대단히 흥미로운 일일 것이다. 신구간에 축제를 벌이면서 정신적, 물질적으로 묵은 것을 털어내고 새롭게 새봄(새철)을 맞이하는 것은 신구간 풍속의 본래적 의미와도 부합한다. 이미 전통 도시축제로 잡리잡은 '탐라 입춘굿놀이'와 연계해서 다양한 '신구간 축제' 프로그램을 개발해낸다면, 관광비수기인 신구간에 관광객 유치에도 도움이 되고, 매장에서는 재고정리 기간으로 활용함으로써 경제 활성화에도 도움이 될 것이다.

그동안 부끄러운 유산으로만 여겨온 신구간 풍속에 단순한 미신을 넘어서는 합리적 근거가 있음을 확인하면서, 아직도 살아있는 신화인 신구간 풍속이 신구간 축제로 거듭남으로써 소중한 제주섬의 문화자산이 되기를 기대한다.

참고문헌

고대경, 『신들의 고향』, 중명, 1997.
고찬화 편저, 『제주의 전설과 민요』, 디딤돌, 2004.
국립민속박물관 편, 『조선대세시기I』, 민속원, 2003.
_____, 『한국세시풍속자료집성』(신문잡지편), 민속원, 2004.
_____, 『한국세시풍속자료집성』(조선전기문집편), 민속원, 2003.
김두봉 『濟州島實記』(1936), 제주우당도서관(영인본)
김명자 외, 『한국의 지역축제』, 문화체육부, 1996.
김봉옥, 『증보 제주통사』, 세림, 2000.
김상헌 저, 김희동 역, 『南槎錄』, 영가문화사, 1992.
김석익, 『心齋集 II』(1914), 제주문화, 1990.
김선풍 외, 『한국의 민속사상』, 집문당, 1996.
_____, 『한국축제의 이론과 현장』(김선풍 박사화갑기념논총), 월인, 2000.
김성원 편, 신편 『한국의 세시풍속』, 명문당, 1994.
김연옥, 『개정 기후학개론』, 정익사, 1999.
김윤식 저, 김익수 역, 『續陰晴史』, 제주문화원, 1996.
김인호, 『한국 제주 역사·문화 뿌리학』상, 우용출판사, 1997.
김춘택 저, 김익수 역 『北軒集』(제주기록), 전국문화원연합회 제주지회, 2005.
김혁제 교주, 『改正增補 天機大要』卷之下, 명문당, 2000.
김혁제 원저, 김동구 편제, 『乙酉年 大韓民曆』, 명문당, 2005.
김혜숙, 『제주도 가족과 궨당』, 제주대학교출판부, 1999.
나카야마 시게루 저, 김향 역, 『하늘의 과학사』, 가람기획, 2001.
담수계, 『증보 탐라지』(1954), 제주문화원, 2004.
大野秋月, 『南鮮寶窟 濟州島』(1911), 제주우당도서관(영인본)
대한역법연구소, 『擇日大鑑』, 대지문화사, 1976.
문무병, 『탐라국입춘굿놀이』, 제주전통문화연구소, 2000.
문승의, 『기상환경의 이해』, 지구문화사, 1987.
박성래, 『다시 보는 민족과학 이야기』, 두산동아, 2003.
박정석, 「화반놀이에 대하여」 『서귀포문화』제2호, 서귀포문화원, 1988
북제주군, 『북제주군지』상, 북제주군, 2000.
성여훈, 『新增參贊秘傳 天機大要』[원본 영인판], 대지문화사, 1981.
市川三喜, 『濟州島紀行』(1905), 제주우당도서관(영인본)

양성지, 『신증동국여지승람』, 고찬화 편저, 『제주의 전설과 민요』, 디딤돌, 2004.
여가문화연구회 편, 『한국인의 놀이의식과 문화』, 집문당, 1977.
울리히 쿤 하인 편, 『유럽의 축제』, 신희섭 옮김, 컬쳐라인, 2001.
윤용택, 「신구간 풍속의 축제화 가능성에 대한 고찰」, 『탐라문화』30호, 제주대학교 탐라문화연구소, 2007.
_____, 「신구간을 아시나요?」, 『과학동아』, 동아사이언스, 2007. 1.
_____, 「제주도 신구간 풍속에 대한 기후환경적 이해」 『탐라문화』29호, 제주대학교 탐라문화연구소, 2006.
_____, 「제주도 신구간 풍속의 유래에 대한 고찰」, 『탐라문화』28호, 제주대학교 탐라문화연구소, 2006.
_____, 「제주도 '新舊間' 풍속에 대한 기후학적 고찰」, 2005한국과학사학회 추계학술대회, 한국과학사학회, 2005. 10. 21-22.
이강로, 『세시풍속과 민속놀이』, 세종대왕기념사업회, 2000.
이광진, 『민속과 축제의 관광적 이해』, 민속원, 2004.
이원진 저, 김찬흡 외 역, 『탐라지』, 푸른역사, 2002.
이정모, 『달력과 권력』, 부키, 2001.
이종영 편저, 김우제 감수, 『百方吉凶寶鑑』, 명문당, 1999.
이증(李增) 저, 김익수 역, 『南槎日錄, 1681』, 제주문화원, 2001.
이창희, 최순권 역주, 『조선대세시기I』(조선전기문집편), 국립속박물관, 2004.
임동권, 『한국세시풍속연구』, 집문당, 1989.
장정룡, 『한중 세시풍속 및 가요연구』, 집문당, 1988.
장정룡, 『韓中 歲時風俗 및 歌謠研究』, 집문당, 1988.
장주근, 「제주도 무속문화의 지역성에 대하여」, 『제주도』14호, 제주도, 1963.
_____, 『한국의 세시풍속』, 형설출판사, 1989.
全南 濟州島廳, 『未開의 寶庫 濟州島』(1924), 제주우당도서관(영인본)
조미영, 「축제의 시작에서 끝까지」, 『문화와 현실』 제8호, 제주문화포럼, 2004.
조성윤 공저, 『제주지역 민간신앙의 구조와 변용』, 백산서당, 2003.
중앙기상대, 『한국기후편람』, 중앙기상대, 1985.
진성기, 「新舊間과 民俗信仰」, 『국어국문학』34·35합병호, 국어국문학회, 1967.
_____, 『무속학』, 제주민속연구소, 2005.
_____, 『제주도 금기어 연구사전』, 제주민속연구소, 1992.
_____, 『제주도민속』, 제주민속연구소, 1997.
_____, 『제주무속학사전』, 제주민속연구소, 2004.

泉靖一, 『濟州島』(1935-1965), 제주우당도서관(영인본)
靑柳綱太郞, 『朝鮮의 寶庫 濟州島 案內』(1905), 제주우당도서관(영인본)
한국천문대 편, 『만세력』, 명문당, 2004.
한양명, 「3.1 민속문화제의 역사와 축제성」, 『3.1 민속문화제의 회고와 전망』, 3.1 민속문화향상회, 2001.
_____, 「축제와 놀이」, 『한국축제의 이론과 현장』, 월인, 2000.
현용준, 「濟州島 巫神性格과 神統」, 『제주도』16호, 제주도, 1963.
_____, 『제주도 무속과 그 주변』, 집문당, 2002.
_____, 『제주도신화의 수수께끼』, 집문당, 2005.
홍만선 저, 민족문화추진회 역, 『국역 산림경제』I, II, 민족문화문고간행회, 1986.
_____, 『山林經濟』(한국학기본총서제8집 吳漢根 소장본 영인본), 경인문화사, 1973.
홍석모, 『동국세시기』- 강무학, 『한국세시풍속기』, 집문당, 1990.
홍순만, 「제주목사에 관한 서설」, 『제주도사연구』창간호, 제주도사연구회, 1991.
『백록어문』창간호, 제주대학교 국어교육과, 1986.
『서울민속대관』(풍수・관습・종교편), 서울특별시, 1996.
『세시풍속』(경상남도편), 국립문화재연구소, 2002.
『21세기 제주 제주인 도민의식 조사보고서』, 제주발전연구원, 1997.
『제주도지』제1권, 제주도, 1993.
『제주도지』하, 제주도, 1982.
『제주도 세시풍속』, 국립문화재연구소, 2001.
『한국기후편람』, 중앙기상대, 1985.
『한국기후표(1971~2000)』, 기상청, 2001.
『한국민속대관』, 고려대학교민족문화연구소, 1995.
『한국민속종합조사보고서』(경상남도편), 문화공보부 문화재관리국, 1972.
『한국민속종합조사보고서』(제주도편), 문화공보부 문화재관리국, 1977.
제주신보, 제주신문, 제주일보, 한라일보, 제민일보 등 제주도내 신문 (1953. 1~2005. 2).

Abstract

The Study of the Seasonal Custom of *Singugan* at *Jeju Island*

Yoon, Yong Taek*

Jeju has a unique seasonal custom of *Singugan* (新舊間, literally means 'between new and old') that cannot be found in the mainland of Korea. *Singugan* is a period of eight days between the fifth day after *Daehan*(大寒, the last of the 24 seasonal divisions of the year, around January 20) and two days before *Ipchun*(立春, the first of the 24 seasonal divisions of the year, around February 4). This period(around January 25 to around February 1) is thought to be the time gods are absent on the earth because they finished their duties for the year so as to ascend to Heaven to hear from the *Okhwangsanje*(玉皇上帝, the Lord of Heaven) their new year's missions. People, therefore, can repair their house or fence and move during the period without any harms because gods don't meddle in human affairs in *Singugan*.

This Myth appears in *Chungidaeyo*(天機大要) and *Sanlimgyongje*(山林經濟) which had been widely read at *Joson* dynasty(1392~1910). But the custom of *Singugan* has not found in the mainland of Korea. Only Jeju residents repair their house or *Tongsi*(Pig-latrine) and move in *Singugan*. It is not well explained that the custom of *Singugan* has been performed only at *Jeju* only on the basis that *Jeju* residents have widely believed in shamanism. Shamanism has been believed in other regions as well.

---

* Department of Philosophy Cheju National University

In *Jeju*, unlike in other reigions, plants are flourished and germs are propagated almost all the year round with the warm and wet climate of Jeju. Only in *Singugan,* plants shrink from flourishing and most germs shrink from propagating at *Jeju. Singugan*, therefore, is the time people need not to fear any diseases and the farmers can have their leisure time at *Jeju*. And *Singugan* is the term that completes the old seasons and prepares for the new season. For these reasons, Jeju islanders are busy repairing their house or pig-latrine and house-moving in *Singugan*.

Many houses were destroyed by fire in *Jeju* 4.3 Uprising(1947-1954), many refugees flowed into *Jeju* in Korean War(1950-1953), and the cityward tendency of the population has brought about housing shortage since 1960s. *Singugan* has come to be house-moving season since the house famine posed a big social problem in *Jeju*.

In the last fifty years the custom of *Singugan* has brought about a sharp rise of rent, a serious problem of refuse, and various civil petitions in many public-service corporations. Therefore the custom of *Singugan* has been regarded as a bad and evil custom which ought to be done away with in the provincial government official world.

But the custom of *Singugan* is not so much a shameful cultural inheritance as the boastworthy one. It is the excellent idea that Jeju Islanders set up the period when 18,000 gods are absent from earth in the community of myth. If we should revaluated the custom of *Singugan* in the modern meaning, we could turn it into the Festival of *Singugan*.

We can go against many social taboos and get rid of mental stress in the Festival of *Singugan*. And if we could make an economical market place which give and take second-hand goods free of charge, we could preserve environment and cooperate the members of community. It is the original meaning of *Singugan* that we get rid of something outdated, mental or material, during some limited period.

저자 · 윤용택

1959; 제주도 서귀포에서 태어나
1986; 동국대학교 철학과를 졸업한 다음에
1995; "붕게(M. Bunge)의 인과론"으로 철학박사 학위를 받고
1990-1998; 동국대, 인천대, 성신여대 등에서 강의를 하면서 계간 『과학사상』 편집주간을 맡다가
2000—; 제주대학교 철학과 교수로 부임하여 과학철학, 환경철학, 생명철학, 제주의 환경과 문화 등에 관심을 가지고 관련 논문과 책을 쓰고 있다.

제주학 총서 8

제주도 신구간 풍속 연구

2008년 3월 31일 초판1쇄 발행
2011년 11월 30일 초판2쇄 발행

저 자 | 윤용택
펴낸이 | 허향진
펴낸곳 | 제주대학교출판부(등록 제주시 제9호)
주 소 | 690-756 제주특별자치도 제주시 제주대학로 102
전 화 | 064)754-2275
팩 스 | 064)702-0549
http://press.jejunu.ac.kr
제 작 | 보고사
　　　　서울시 성북구 보문동 7가 11번지
　　　　전화 (02) 922-2246

정가 12,000원
ISBN 978-89-5971-038-6(93380)
ⓒ 윤용택, 2011
*이 책의 판권은 지은이에게 있습니다.
　지은이의 서면 동의가 없는 무단 전재 및 복제를 금합니다.
*잘못된 책은 바꾸어 드립니다.